SIMS · ZIELGEBIET WELTMEERE

EDWARD H. SIMS

ZIELGEBIET WELTMEERE

Dokumentation der Einsätze im 2. Weltkrieg

MOTORBUCH VERLAG STUTTGART

Einbandgestaltung: Siegfried Horn, unter Verwendung einer Abbildung aus dem Reprint »Der Adler«.

Das amerikanische Original hat den Titel: »Aces over the Oceans – 1939–1945«.

Bildquellen: Archiv Autor und Archiv Dierich.

Die Übertragung ins Deutsche und die redaktionelle Bearbeitung besorgte:
Wolfgang Dierich

Bente, Christian und Frederik
und allen Fliegern des Zweiten Weltkriegs

ISBN 3-613-01228-6

1. Auflage 1988

Satz und Druck: Rems-Druck, 7070 Schwäbisch Gmünd.
Bindung: E. Riethmüller, 7000 Stuttgart 1.
Printed in Germany.

Inhalt

Vorwort 6
Vorwort zur deutschen Ausgabe 9
Einführung 10
Ein Dank zuvor 14
1. Barkhorn im Ärmelkanal 15
2. Jagd auf die Bismarck 39
3. Bader – Absprung über Frankreich 66
4. Rudels größter Tag 86
5. Alarmstart in Guadalcanal 105
6. Notwasserung vor Malaita 119
7. Hartmann – Schwarzes Meer 154
8. Schröer – B-17 überm Mittelmeer 170
9. Rabaul – in der Falle von Zeke 188
10. Am D-Day über der Normandie 205
11. Trägereinsatz gegen Formosa 228
12. Norwegen – Torpedoeinsatz bei Nacht 244

Vorwort

Mein alter Freund Edward Sims, der noch im Zweiten Weltkrieg als Jagdflieger flog, hat wieder ein vorzügliches Buch geschrieben. Es handelt sich nicht um seine Kriegserlebnisse im Luftkrieg gegen Deutschland. Diesbezüglich hält er sich grundsätzlich in seinen Veröffentlichungen bescheiden zurück. Aufgrund seiner Erfahrung als bekannter Zeitungsjournalist, dessen Presse- und Informationsagentur alle US-Zeitungen mit Kommentaren und Berichten versorgt, widmete er sich den erfolgreichsten Jagdfliegern, deren bedeutendste Einsätze er anhand von Interviews sehr genau nachvollzog und niederschrieb.

Schon 1958 hat Edward Sims, als erster Journalist überhaupt, in seinem ersten Buch *American Aces,* das ein Bestseller wurde, außerordentlich genau zahlreiche Jagdfliegereinsätze nachgezeichnet. Nach diesem Buch, das sich vor allem der Jagdflieger der USAAF annahm, schrieb er, gleichsam als Fortsetzung, ein Buch über die besten Jagdflieger der US Navy und des US Marine Corps *(Greatest Fighter Missions).* Während seiner Tätigkeit im diplomatischen Dienst der USA in Europa schrieb er sein Buch *Jagdflieger,* in dem er sich mit amerikanischen, britischen und deutschen Jagdfliegern und ihren atemberaubendsten Einsätzen befaßte. Dieses Buch entwickelte sich in Deutschland zu einem Bestseller. Generalleutnant a. D. Adolf Galland, ehemaliger General der Jagdflieger der Reichsluftwaffe, schrieb das Vorwort und dankte dem Autor für seine faire und objektive Berichterstattung.

Mein treuer Freund Johnnie Johnson, der beste Jagdflieger der britischen Royal Air Force im Zweiten Weltkrieg, schrieb das Vorwort für die englische Ausgabe, die mehrere Auflage hatte. Sims' viertes Buch, *Zweikampf am Himmel,* (erschienen im Motorbuch Verlag Stuttgart) erlebte in den USA bei *TAB BOOKS* eine Neuauflage. Von 1914 bis heute werden die Erfahrungen aus vier Kriegen wiedergegeben, wobei Jagdfliegerasse des Ersten und Zweiten Weltkriegs genauso zu Wort kommen, wie es Veteranen des Korea-Krieges oder des Krieges in Vietnam sind.

Viele Jahre, nachdem *Zweikampf am Himmel* erschienen war, freute ich mich zu hören, daß Edward Sims wieder ein Buch, nämlich *Aces over the Oceans,* abgeschlossen hatte. Dieses Buch wird in deutscher Ausgabe im Motorbuch Verlag Stuttgart nunmehr vorgelegt. Zwölf Einsätze über dem Meer werden detailliert vorgestellt, zumeist von berühmten, allseits bekannten Fliegern geflogen.

Dieses Buch bietet mehr als nur einfache Interviewfakten, die Fliegerasse zum besten gaben. Einige von ihnen sind leider inzwischen verstorben. Das Besondere daran liegt darin, daß persönliche Rückschau auf vergangene Ereignisse und geschichtliche Zusammenhänge von diesen berühmten Männern gegeben wird, die zuvor noch nirgendwo veröffentlicht worden ist, und daß der Autor auf höchst sensitive Art und Weise dem Leser vermittelt, was sie im Kriege erlebten, wie sie den Krieg überlebten und wie sie die Nachkriegszeit meisterten. Sims konnte sich glücklich schätzen, Jagdflieger im Kriege gewesen zu sein, Journalist dazu und später, nach dem Kriege, als Amerikaner in England und Deutschland zu leben. Er nutzte diese Jahre, um Kontakt zu den erfolgreichsten Jagdfliegern zu suchen, zu halten und zu pflegen, weil er wußte, daß diese Männer aus erster Hand über historische Zusammenhänge und Einzelvorgänge berichten konnten, gleichsam eine Geschichtsquelle ohnegleichen bedeuteten. Ihm kam dabei zugute, daß man ihm als Ex-Jagdflieger, der Bücher über Abläufe im Luftkrieg schreibt, vertrauensvoll gegenüberstand und man ihm auf einer gemeinsamen Basis begegnen durfte.

In diesem Buch erfährt der Leser exklusiv, welche Gedanken Sir Douglas Bader, der leider verstorben ist, über die Luftschlacht um England bewegten. Darüber gibt es noch keine Veröffentlichungen! In vielen, langen Gesprächen konnte Sims mit Sir Douglas ein tiefes, persönliches Vertrauenverhältnis aufbauen. Bader und seine Frau waren Gast im Hause von Sims und seiner dänischen Frau Bente in Amerika, so wie Sims manches Wochenende in Baders Landsitz vor den Toren Londons verbringen durfte. Vor Baders Tod noch arbeiteten beide gemeinsam an einem Buchprojekt.

Sims fand Kontakt zu dem Stuka-Flieger Hans-Ullrich Rudel, der nicht überall unumstritten ist. Wie Sims Rudel und seine ungeschminkten Ansichten sieht und analysiert, wird den Leser nicht unberührt lassen.

Beide inzwischen verstorbene, große Flieger konnte der Autor vor ihrem Tode zu besonders ›nervenden‹ Einsätzen hören.

Sims schildert seine Erlebnisse mit dem verstorbenen Generalmajor a. D. Gerhard Barkhorn, der im Kriege 302 Luftsiege errang. Barkhorn, seine Frau und seine Tochter besuchten Sims in Amerika, wo es stundenlang in Gesprächen um Jagdfliegertaktik, Feldzüge, Geschichte allgemein und Nachkriegsprobleme im besonderen ging. Auch Erich Hartmann, mit 352 Luftsiegen der weltbeste Jagdflieger, man darf sagen aller Zeiten, besuchte Sims häufig während seiner Zeit in Deutschland. Der Leser wird Zeuge eines abendlichen Gesprächs im Hause Hartmann, als dieser große Jagdflieger in aller Offenheit über Rußland, den Westen und die Zukunft sprach.

Die vier beschriebenen Jagdeinsätze amerikanischer Piloten flogen anerkannte Asse der US Navy und des US Marine Corps über dem Kriegsschauplatz im Pazifik. Die harten Kämpfe um Guadalcanal werden gleichermaßen beschrieben, wie es auch der Einsatz von Cecil Harris ist, zweitbester Jagdflieger der US Navy, den dieser von Bord eines Flugzeugträgers flog. Ferner schildert ein englischer Flieger seinen Flug gegen die *Bismarck,* ein anderer seine Erlebnisse am D-Day, dem Tag der Invasion, über der Normandie, und schließlich ein Torpedoangriff bei Nacht in den Fjorden Norwegens.

Jeder Feindflug wird in Einzelheiten genauesten nachvollzogen, und zwar meist in den Worten des beteiligten Piloten, wie es sich Sims in allen seinen Büchern zu eigen gemacht hat. Hier wirken Tatsachen so mitreißend und fesselnd, wie es kein Roman besser vermitteln könnte. Da Sims die großen Fliegerasse alle persönlich bestens kannte oder kennt, dazu noch über eigene Kriegserfahrung als Jagdflieger und Historiker verfügt, kann sich der Leser darauf verlassen, daß alle Schilderungen im rechten Licht historischer Genauigkeit bis ins letzte Detail zuverlässig wiedergegeben werden.

Ich empfehle dieses Buch all denen, die dem Mut, der Tapferkeit und den jagdfliegerischen Fähigkeiten, wie sie nur im Luftkampf zutage treten können, Hochachtung und Bewunderung zollen.

Francis Gabreski
Oberst a. D. – USAF –

Vorwort zur deutschen Ausgabe

Die Bücher von Edward Sims zeichnet besonders aus, daß in ihnen deutschen Fliegern und der Luftwaffe stets mit Fairneß begegnet wird. Jeden berühmten Flieger, den der Verfasser in seinen Büchern vorstellt, hat er persönlich im Gespräch kennengelernt und zu den Abläufen im Krieg gehört. Die Ergebnisse seiner Recherchen und Interviews finden sich in der Schilderung von Einsätzen gut aufbereitet wieder.

Da er selbst Jagdflieger war, versteht es Edward Sims, sachkundig zuzuhören und die Kriegserlebnisse der Beteiligten genau nachzuvollziehen und niederzuschreiben. Als Kenner der Kriegsgeschichte vergißt er bei allen Einzelschicksalen nie, sie im Gesamtzusammenhang der Kriegsereignisse zu sehen.

Ihm kam bei der Begegnung mit Fliegerassen zugute, daß er in allen drei Ländern, wo er Kriegsteilnehmer befragte, gelebt hat. Zwei Jahre wohnte er in Tutzing und zwei Jahre als Konsul in München. Gegen Ende des Krieges flog Sims als Jagdflieger von englischem Boden aus seine Einsätze, und in den sechziger Jahren lebte er wieder eine Zeitlang in London.

Seit vierzig Jahren ist er mit Leib und Seele Journalist, dem es nur um die geschichtliche Wahrheit geht. Weder ihm noch den Männern, über deren Schicksal er schreibt, ist daran gelegen, den Krieg oder das sinnlose Töten zu glorifizieren. Ganz im Gegenteil! Zweifelsohne hat es im härtesten Luftkrieg aller Zeiten große Waffentaten und großartige Einzelleistungen von Fliegern gegeben, was nicht verschwiegen werden darf.

Der Leser kennt vielleicht die Bücher »Jagdflieger« und »Zweikampf am Himmel« – erschienen im Motorbuch Verlag –, die in Deutschland wie auch in anderen Ländern der Welt eine breite Auflage erlebten.

»Zielgebiet Weltmeere« ergänzt in idealer Weise die zwei genannten erfolgreichen Werke.

Ich glaube, daß dem deutschen Leser, dessen Interesse der Fliegerei im allgemeinen und atemberaubenden Kriegseinsätzen einzelner hervorragender amerikanischer, deutscher und englischer Flieger im besonderen gilt, dieses Buch von Sims gleichermaßen gefällt und ihn fesseln wird, wie es mit den erwähnten Werken schon der Fall war.

Erich Hartmann
Oberst a. D.

Einführung

In der Nachkriegsliteratur liest man über den Jagdfliegereinsatz im Zweiten Weltkrieg kaum etwas über den Einsatz über See, sondern viel mehr über dramatische Luftschlachten mit heldenhaftem und ritterlichem Verhalten. Das hat gute Gründe, denn selten wurden Marineflieger in längerdauernde Luftkämpfe verwickelt. Daher können Jagdflieger von Marineluftstreitkräften keine besonders hohen Abschußzahlen vorweisen. Zu Beginn des Krieges waren im übrigen die Marinejagdflugzeuge technisch noch recht rückständig.

Deutscherseits ist dieser Aspekt des Luftkrieges im Zweiten Weltkrieg fast bedeutungslos. Im Ersten Weltkrieg gingen aus der deutschen Kriegsmarine einige Jagdfliegerasse hervor. Im Zweiten Weltkrieg bestand Hermann Göring bedingungslos darauf, daß ihm alle Luftstreitkräfte unterstanden. Nur widerstrebend erklärte sich Admiral Erich Raeder bereit, daß die Luftwaffe die Seekriegsflieger, die innerhalb der Kriegsmarine seekriegstypische Aufgaben hatten, voll in ihren Verantwortungsbereich einband. Mit Ausnahme von Seeaufklärungs- und Bordflugzeugen verfügte die deutsche Kriegsmarine während des Zweiten Weltkrieges über keine nennenswerten Fliegerkräfte, nicht einmal über Torpedoflugzeuge, wie sie in allen anderen Kriegsmarinen üblicherweise im Dienst standen.

Weil Hitler zunächst einen Krieg mit England verhindern wollte – und er glaubte bis 1938 daran, diesen Krieg verhindern zu können –, ließ er keine Flugzeugträger bauen. Der einzige, der schließlich bei Kriegsbeginn im Bau war, war zu klein, kam viel zu spät und wurde nie zu Ende gebaut. In der Kriegsmarine gab es keine Sturzkampfflieger, keine Jagdflieger und auch keine Torpedoflieger.

Man kann sich leicht vor Augen führen, was einige deutsche Flugzeugträgerkampfgruppen in den ersten Kriegsjahren gegen die leicht verwundbaren alliierten Schiffsverbände im Atlantik hätten anrichten können. Das wäre seitens der Deutschen Kriegsmarine eine der wesentlichen Entscheidungen und Kriegsvorbereitungen gewesen, um die Schlacht im Atlantik gewinnen zu können. Hätte man der Kriegsmarine den Auftrag erteilt, sich 1936 und 1937 mit allen Kräften auf den Bau von U-Booten zu konzentrieren und wären drei oder vier Flugzeugträger vom Stapel gelaufen, wäre es nicht auszuschließen gewesen, daß Deutschland bis Ende 1941 die Schlacht im Atlantik hätte gewinnen können, bevor Amerika in den Krieg eintrat.

Deutschland begann den Krieg mit nur 57 U-Booten, wovon viele reine Ausbildungsboote waren. Hätte man 250 Boote besessen (im späteren Verlauf des Krieges waren es doppelt soviele), hätte man wahrscheinlich innerhalb von 18 Monaten den alliierten Nachschub unterbinden können. Flugzeugträger hätten mit besten Überlebenschancen und Erfolgsmöglichkeiten in den Atlantik auslaufen können, denn sie wären mit dem Trägerflugzeugtyp der Me 109 ausgerüstet gewesen, der jedem Flugzeugtyp der Royal Navy in den Jahren 1939 bis 1941 überlegen gewesen wäre.

Hätte die *Bismarck* 1941, worüber in diesem Buch noch zu berichten sein wird, einen Flugzeugträger zu ihrem Schutz dabeigehabt, so hätten dessen Bordjäger die veralteten *Swordfish* der Royal Navy, die dann 1941 dem riesigen Schlachtschiff mit ihren Torpedos den Todesstoß versetzten, sicherlich abwehren können.

Den Fliegerkräften der Royal Navy erging es fast so wie denen der Kriegsmarine. Man hielt nicht viel davon. Doch in allerletzter Minute erinnerte man sich ihrer, um sie mit neuem Leben zu erfüllen. 1937 erkannte man ihre Bedeutung. 1939, am Vorabend des Krieges, waren auch die materiellen Voraussetzungen für die Seeflieger der Royal Navy wieder gegeben. Davor hatte die Royal Air Force die Verantwortung für den Einsatz der Seeflieger, wobei der Ausrüstung mit Torpedobombern und Jagdflugzeugen keine bedeutende Aufmerksamkeit geschenkt wurde. Anders als bei den Seestreitkräften der USA und Japans, mußte die Royal Navy mit veralteten und dazu noch zu wenigen Flugzeugen die Kriegsaufgaben wahrnehmen.

Von diesen vier Großmächten konnten nur die USA und Japan mit starken und modernen Seeluftstreitkräften in den Krieg gehen. Die Royal Navy, so schrieb David Brown in seinem Buch »Carrier Fighters«, hatte zu Kriegsbeginn nur 232 einsatzbereite Kampfflugzeuge und 36 Jagdflugzeuge. Die deutsche Kriegsmarine hatte dagegen fast gar nichts vorzuweisen. Aufgrund Hitlers Versicherung, nicht vor 1942 an einen Krieg gegen England zu denken, versprach Göring, bis 1941 vierzehn Seekampffliegergruppen aufzustellen. Nur zwei waren zu Kriegsbeginn einsatzbereit. Sie unterstanden aber der Luftwaffe und nicht der Kriegsmarine.

Diese historischen Tatsachen müssen beachtet werden, wenn man ein Buch über den Einsatz von Fliegern über See und Ozeanen schreiben will. In der amerikanischen und japanischen Kriegsmarine gibt es viele Jagdflieger, die in verbissene Luftschlachten und Einsätze gegen feindliche trägergestützte und von Land aus operierende Jäger verwickelt waren. Es kam zu lange Zeit währenden Luftkämpfen, oft Flugzeugträger gegen Flugzeugträger.

Ganz anders die Lage bei den Fliegern der Royal Navy, die sich nicht im Kampf mit trägergestützten Jagdfliegern der deutschen oder italienischen Kriegsmarine messen mußten. Das soll nicht heißen, daß die Jagdflieger der Royal Navy ein leichteres Leben im Kriege hatten. Ganz im Gegenteil, sie waren zu Beginn des Krieges, bevor die *Seafire* eingeführt wurde, mit ihren *Fulmar* und anderen ›müden Krähen‹ den besten Flugzeugtypen der deutschen und italienischen Luftwaffe ausgesetzt. Erst im Pazifik änderte sich dank neuerer Flugzeugtechnik ihre Lage.

Die großen Waffentaten der englischen Torpedobomber gegen den Hafen von Tarent, gegen die *Bismarck,* gegen den deutschen Nachschub übers Mittelmeer zur Versorgung des Afrika-Korps und manch andere Einsätze weckten schließlich die Aufmerksamkeit der Öffentlichkeit weit mehr als die der Jagdflieger der Royal Navy.

Weil es keine Luftstreitkräfte der deutschen Kriegsmarine gab, betreffen alle Einsatzbeschreibungen des Einsatzes über See natürlich nur die dabei beteiligten Luftwaffenpiloten.

In der Auswahl von zwölf Einsätzen, die von Fliegern der USA, Deutschlands und Großbritanniens über See geflogen wurden, werden selbstverständlich nicht nur Einsätze von Jagdfliegern beschrieben. Die US-Marine hatte Dutzende von Flugzeugträgern und Tausende von Jagdflugzeugen im Einsatz. Die vier amerikanischen Einsätze, die in diesem Buch beschrieben werden, betreffen nur Jagdfliegerasse. Drei der vier über See geflogenen Einsätze von Luftwaffenpiloten wurden von Jagdfliegern, nur einer von einem Stukapiloten, der zu einem Fliegeras wurde, durchgeführt. Die vier Einsätze von Piloten der Royal Navy, die hier nacherzählt werden, befassen sich mit zwei Jagdfliegern und zwei Torpedofliegern. Alle genau nachgezeichneten Einsätze sind die, die die damals beteiligten Flugzeugführer als besonders herausragend erachteten oder die in der Geschichte des Zweiten Weltkriegs eine entscheidende Bedeutung erlangten. Alles das wurde in persönlichen Gesprächen mit den betreffenden Flugzeugführern, den Zeitzeugen, nachvollzogen.

Die Einsätze spielten sich über See ab, ob es die tropischen Gewässer des Pazifiks, die eiskalten Meere des Nordatlantiks oder die des Nordmeeres und der Gewässer vor den Küsten Norwegens waren. So langsame Flugzeuge wie die *Swordfish* und der Stuka, aber auch die besten, wie die *Seafire,* die *Hellcat* und die Me 109 waren dabei. In allen Fällen geht es um höchst gefährliche Waffengänge und Einsätze und um außergewöhnliche fliegerische und soldatische Fähigkeiten und Leistungen.

In der Luftfahrtliteratur klingt zuweilen etwas an, das wie eine Verherrlichung von Luftkriegshelden und ihren Leistungen zeugt, als ob es ein fast sportlich zu sehendes aufregendes Leben sei. Das rührt wohl aus der Zeit des Ersten Weltkrieges her, wo die Fliegerei noch in ihren Kinderschuhen steckte und voller Romantik schien, weil ritterliches Verhalten im Luftkampf, Mann gegen Mann, zu den Tugenden zählte.

Der Krieg aber bedeutet Massentod und Zerstörung, ganz einfach Wahnsinn, das sollte man bedenken!

Andererseits darf nicht vergessen werden, daß in unserem Jahrhundert die Kriegsflieger aller Länder in der Regel doch junge Männer waren, die die vaterländische Pflicht erfüllten, ihrem Land zu dienen, ganz in dem Sinne, wie sie von ihren Regierungen und Mitbürgern dazu angehalten und aufgemuntert wurden, dieser von ihnen erwarteten Pflicht nachzukommen.

Es ist wohl angebracht, all derer zu gedenken, die diese Pflicht erfüllten. Dieses Heldentums und dieser soldatischen geistigen Haltung bedarf es, damit die Freiheit jedes einzelnen Menschen in dieser Welt überleben und erhalten werden kann. Die junge Generation der westlichen Welt täte gut daran, sich der Belastungen, Opfer und der Heldentaten zu erinnern, die das Los einer anderen Luftfahrergeneration war, die sich dem Luftraum verschrieben hatte, dem Medium und Kriegsschauplatz, dem heute entscheidende Bedeutung bei kriegerischen Auseinandersetzungen zukommt.

Edward H. Sims

Ein Dank zuvor

Jedem Flugzeugführer, der im Mittelpunkt eines Kapitels dieses Buches steht, bin ich zu tiefem Dank verpflichtet. Alle beantworteten schriftlich oder im persönlichen Gespräch meine Fragen und scheuten nicht die zeitraubende Tätigkeit. Mir war das alles eine große Freude.

Herrn Wolfgang Schilling danke ich für die Anregung zu diesem Buch, ferner Herrn David Brown, Direktor für Kriegsgeschichte der Royal Navy in London, Herrn John Lampl von British Airways und Herrn Felix Becker von der Lufthansa.

Dank gebührt auch dem verstorbenen Werner Schröer, der mir zusätzlich manche Texte übersetzen half, Franz Forster-Steinberg, Air Vice-Marshall J. E. Johnson, bester Jagdflieger der RAF und Buchautor, sowie dem ehemaligen Luftwaffenoffizier P. W. Stahl, dem heute erfolgreichen Autor.

Meiner lieben Frau Bente, die mir in vieler Hinsicht Stütze war, danke ich ebenso wie Mrs. John ›Pat‹ Smiley und Dorothy Guest, die auf der Schreibmaschine viele Einsätze ›mitflogen‹ und stets alle Tasten im Griff hatten.

David Lindsay aus Stuart in Florida und Pebble Beach, ein Fliegerkamerad, die mich teilweise auf Reisen zu Interviews zur Vorbereitung des Buches begleiteten, ein herzliches Dankeschön. Sir Douglas Bader und General Gerhard Barkhorn waren vor ihrem Tode liebenswerte Gäste in meinem Hause und halfen mir sehr bei der Arbeit an diesem Werk.

Schließlich bin ich folgenden Quellenwerken und Verfassern sehr zu Dank verpflichtet, weil ich auszugsweise zitieren durfte:
›Bring Back My Stringbag‹ von Lord Kilbracken, 1979.
›The Seafire‹ von David Brown, 1973.

KAPITEL 1

Barkhorn im Ärmelkanal

Nachdem ich jahrelang die besten Jagdflieger des Zweiten Weltkriegs befragt hatte, habe ich unter anderem bei den deutschen Fliegerassen einen ganz übersehen – Gerhard Barkhorn. Als einem der zwei Männer in der Geschichte des Luftkrieges, die mehr als dreihundert Abschüsse erreicht hatten, war ihm das Ritterkreuz mit Eichenlaub und Schwertern verliehen worden; ein Orden, den nur wenige deutsche Flieger erhielten. Er war sowohl während des Krieges als auch danach bis in die siebziger Jahre ein begnadeter Flieger und Truppenführer.

Die Umstände brachten es mit sich, daß ich Barkhorn erst Ende der siebziger Jahre kennenlernte, als ich mit den Vorbereitungen zu diesem Buch begann. Widrige Umstände waren es, die ihm 1944 den höchsten deutschen Orden, die Brillanten zum Ritterkreuz mit Eichenlaub und Schwertern, versagten – und ihn auch daran hinderten, so viele Abschüsse wie Erich Hartmann, der erfolgreichste Jagdflieger aller Zeiten, erzielen zu können.

Am 31. Mai 1944 hatte Barkhorn schon fünf Einsätze geflogen und war sehr erschöpft. Ein weiterer Einsatz mußte noch geflogen werden. Er meldete sich freiwillig zu diesem sechsten Einsatz, bei dem für Hans-Ulrich Rudel, den großen Stukaflieger, über den in Kapitel 4 dieses Buches noch zu berichten sein wird, Begleitschutz angesetzt war. Bei diesem sechsten Einsatz wurde er abgeschossen und sehr schwer verwundet, so daß er vier Monate in einem Lazarett liegen mußte. So anerkennenswert seine freiwillige Meldung auch war, Barkhorn hat vielleicht zuviel gewagt und auf sein Glück vertraut. In den fünf Monaten zuvor hatte er siebzig Luftsiege errungen. Hätte er in gleichem Maße seine Erfolge während der Gutwetterperiode, als er im Lazarett lag, fortsetzen können, wären ihm vielleicht 56 Abschüsse gelungen. Er hätte Hartmann den ersten Platz streitig machen können und wäre zum erfolgreichsten Jagdflieger der Luftkriegsgeschichte aufgestiegen.

Natürlich, in einem Krieg gibt es Zigmillionen von Wenns. Niemand weiß, was eventuell geschehen wäre. Mit Sicherheit darf man behaupten, daß Barkhorn, der Zweite in der Rangliste aller Jagdflieger, sehr viele Luftsiege errungen hätte, wäre er im Sommer 1944 mit den langen Tageslichtperioden an der Front gewesen. Als Barkhorn am 31. Mai 1944 abgeschossen wurde, hatte er 273 Abschüsse zu verzeichnen, 42 mehr als Hartmann. Während der Sommermonate, als Barkhorn langsam zu neuen Kräften fand, schoß Hartmann 70 Flugzeuge ab. Für Barkhorn – und Deutschland – sollte es keinen Kriegssommer mehr geben.

Hartmann sah in Barkhorn etwas ganz Außergewöhnliches. 1981 sagte er dem Autor: »Gerd ist der einzige Truppenführer, den ich kenne, für den jeder seiner Männer durchs Feuer ginge. Vater, Bruder, Kamerad, Freund; er ist der Beste.« General Johannes Steinhoff, ehemaliger Inspekteur der Luftwaffe und selbst ein Jagdfliegeras (176 Abschüsse), sieht in Barkhorn den einzigen Jagdflieger des Zweiten Weltkriegs, der nie einen Luftsieg meldete, der dann nicht auch bestätigt wurde.

Hartmann flog viele Einsätze als Staffelkapitän in Barkhorns II. Gruppe des wohl erfolgreichsten Jagdgeschwaders 52. Der an dritter Stelle stehende Jagdflieger aller Zeiten, Günther Rall, war Kommandeur der III. Gruppe JG 52. Diese drei Männer schossen alleine mehr als 900 Flugzeuge an der Ostfront (und einige an der Westfront) ab! Selbst heute noch, nachdem alle Abschußbestätigungen vorliegen, kann man sich diese Zahl kaum vorstellen.

Ähnlich wie Hartmann war Barkhorn ein verhältnismäßig lansam steigender Stern. Seinen ersten Luftsieg errang er nach 119 Feindflügen – mehr als die meisten amerikanischen und viele britische Jagdflieger überhaupt im Verlaufe des gesamten Krieges flogen. Das war im Sommer 1941. Wie Hartmann lag Barkhorn die Me 109, die er während des ganzen Krieges flog, besonders gut. Kurz vor Kriegsende rief General Adolf Galland ihn in seinen Jagdverband 44, wo er mit zu den ersten Jagdfliegern gehörte, die den Turbojäger Me 262 im Einsatz flogen. Seine fliegerische Kriegslaufbahn endete jäh mit einer Bruchlandung in seiner Me 262 auf dem Flughafen München-Riem. Nach dem Anschweben rammte er eine He 111, und seine Maschine ging in Flammen auf. Zwar verletzt, trug er dennoch keine schwerwiegenden Verbrennungen davon. Bei einem ähnlichen Bruch hatte Steinhoff zwei Tage zuvor schwerste Verbrennungen erlitten. Für Galland bedeutete der Ausfall dieser zwei Piloten einen unersetzlichen Verlust.

Barkhorn war in einer glücklicheren Lage als Hartmann, weil

ihn die Amerikaner nicht an die Russen auslieferten, sondern nach England schickten. Am 5. Mai 1945 geriet er in seinem Hause in der Nähe der evangelischen Kirche von Tegernsee in Gefangenschaft, aus der er im September entlassen wurde. In Deutschland herrschten damals schlimme Zeiten, vor allem für diejenigen Familien, die kleine Kinder hatten. Das Ehepaar Barkhorn hatte zwei kleine Töchter, die eine knapp zwei Jahre alt, die andere gerade sechs Monate alt. Eine Zeitlang arbeitete er als Forsthilfsarbeiter, um für seine Familie wenigstens genügend Brennholz zu beschaffen. Später arbeitete er für einen Stundenlohn von 80 Pfennigen in einer Fotofabrik. Er erinnert sich, daß damals die monatliche Fleischration 50 Gramm betrug.

Später zog er nach Trier und war bei VW im Automobilwesen tätig. Nachdem die Bundeswehr aufgestellt wurde, trat er wieder in die Reihen der Luftwaffe ein. Nach dem Krieg stieg er bis zum Rang eines Generalmajors auf und war der erste Kommodore des ersten Düsenjagdbombergeschwaders der Luftwaffe (JaboG 31 »Boelcke« in Nörvenich). 1975 trat er in den Ruhestand. Bis zu seinem Tod bei einem Autounfall, 1983, lebte er in der Nähe von München. Als ich ihn zum erstenmal Ende der siebziger Jahre zu einem Gespräch traf, war er von jugendlicher und stattlicher Erscheinung. Als er, seine Frau und seine Tochter 1982 den Autor in Amerika besuchten, war er noch voller Aktivität, Vitalität und hellwacher Aufmerksamkeit.

Über die lange Zeit, die er brauchte, um endlich Luftsiege zu erzielen, sagte er: »Ich war wirklich ein Spätentwickler. Man muß eben sorgfältig lernen. Ein guter Jagdflieger muß den nötigen Kampfgeist, Erfahrung und dann viel Glück haben.« Als er mir von Glück sprach, antwortete ich: »Aber man kann doch nicht im Einsatz dreihundertundeinmal nur Glück haben!« Seine Antwort: »Doch, man kann. Man muß nur einfach Glück haben.« Und nach einer Pause: »Sechsmal wurde ich abgeschossen, zweimal schwer verwundet, im Lazarett gelegen – wegen meines Beins und meines Knies. Aber ich hatte Glück. Ich hatte gute Vorbilder und Lehrmeister. Sehr viel konnte ich von Heinz Schmidt, gefallen nach 173 Luftsiegen im August 1943, und Waldemar Semelka, 1942 nach 65 Luftsiegen über Stalingrad geblieben, lernen. Ich hatte nur zehn Abschüsse, als ich von Steinhoff die Staffel übernahm. Diese zwei Männer zeigten mir, worauf es beim Schießen im Luftkampf ankam. Nun gut, die Russen waren leichter abzuschießen als die Engländer oder Amerikaner. Der Russe war nicht als selbständiger Einzelkämpfer ausgebildet. Es gab einige hervorragende russische Jagdflieger, aber der Durchschnitt war ganz anders. 1942 traf ich in der Nähe von Charkow auf einen ausgesprochenen Könner, mit dem ich etwa zwanzig Minuten lang in die heftigste Kurbelei geriet. Er flog eine JAK. Gegen Ende des Krieges waren die JAK-9 und einige andere russische Jagdflugzeuge mit den unseren durchaus vergleichbar. Und es gab jede Menge davon! Ich denke dabei an die Zeit auf der Krim, als sich unsere Gruppe etwa 1500 russischen Flugzeugen gegenübersah. Ich glaube, ich habe in einem Monat mehr als fünfzig Feindflugzeuge abgeschossen. Der Schlüssel zum Erfolg im Luftkampf ist, hinter den Gegner möglichst nahe heranzukommen und dann zu schießen. Jeder Jagdflieger wird das versuchen. Aber wie man hinter den Gegner zu kommen versucht, tja, da muß man eben sehen, wie man's schafft – ob von unten oder von oben, und was es noch so gibt.«

Barkhorn hätte noch mehr Abschüsse erreichen können, wäre er nicht 1940 von der Westfront zurückgerufen worden. Im Januar hatte er seinen ersten Feindflug gemacht. Im März schon, bevor an Frankreichs Grenzen die Luftkämpfe aufflammten, wurde er überraschend aus dem Einsatz herausgezogen. Weil sein Bruder gefallen war, schrieb seine Mutter an Göring, ihn ins Reich zu versetzen. Erst im Juli hatte es Barkhorn wieder geschafft, zu seiner Staffel zurückzukehren. Aber Frankreich hatte schon kapituliert. Viele glaubten damals, daß der Krieg vorüber sei.

Barkhorn bringt einen interessanten Gesichtspunkt über die immer noch schwebende Kontroverse ins Gespräch, welches Flugzeug, die »Spitfire« oder die Me 109, im Kurvenkampf überlegen gewesen wäre. »1940 glaubten wir Me-109-Piloten nicht, die *Spitfire* auskurven zu können. Vielleicht später, als wir die Me 109 F bekamen, wäre es gelungen, ich bin mir aber nicht sicher. In Rußland habe ich *Spitefire* Mk. V abgeschossen.«

In der Frage Me 109 im Vergleich mit der Fw 190 neigt Barkhorn eher der Me 109 zu. »Die Fw 190 flog ich auch. Ich konnte mit ihr nicht viel anfangen. Man braucht ein paar hundert Stunden, um mit einem neuen Flugzeugtyp ganz vertraut zu werden, so daß man eins mit seinem Flugzeug wird. Ende Januar 1945 wurde ich Kommodore des JG 6 in Schlesien. Dort hatten wir die Fw 190 D-9. Ich besorgte mir zwei Me 109, um sie unter Luftkampfbedingungen mit der Fw 190 zu messen. Ich konnte die

Fw 190 D ohne weiteres mit der Me 109 auskurven. Ich bin eben ein typischer Me-109-Mann. Die Spitzenkönner der Luftwaffe flogen die Me 109, darauf möchte ich hinweisen.

Den Gegner auskurven, das war die beste Möglichkeit, einen Abschuß zu erzielen. Bei den meisten meiner Abschüsse kurvte ich den Feind aus. Nur bei der *Rata* gelang das nicht. Wir pflegten überhöht zu warten – Höhe ist das halbe Leben – und hinabzustoßen, wenn sich eine gute Schußgelegenheit bot. Beim Kurven, so meinten wir, muß der Gegner durch unser Schußfeld fliegen! Einige Flugzeugführer erzielten Luftsiege von der Seite mittels Vorhalt. Einmal sah ich Rall, wie er einen Gegner mit neunzig Grad Vorhalt abschoß. Aber die meisten zogen es vor, den Gegner auszukurven, sich hinter ihn zu setzen und möglichst nahe heranzugehen. Um in diese Schußposition zu kommen, zieht man in der Kurve so stark, bis einem schwarz vor Augen wird. Denken Sie daran, daß wir ja nicht gegen ein anderes Flugzeug kämpfen, sondern gegen den Mann am Steuerknüppel.«

Trotz aller Bewunderung für Professor Willy Messerschmitt lernte Barkhorn den Schöpfer der Me 109 erst an seinem 80. Geburtstag im Jahre 1978 in Augsburg persönlich kennen. Sie sahen sich nicht wieder, denn kurz danach nahmen er und viele Luftwaffenangehörige an Messerschmitts Beerdigung teil. Barkhorn war schon im Ruhestand, nachdem er zuletzt als Chef des Stabes der 4. Alliierten Luftflotte und der der 2. Alliierten Luftflotte gedient hatte.

Als ich mit Barkhorn Kontakt aufnahm, bat ich ihn, für dieses Buch einen besonders interessanten Einsatz über See zu schildern. Er versprach, seine Akten und Flugbücher einmal durchzugehen. Am 28. November 1978 traf ich schließlich in München ein, um ihn zu befragen. Bayern war tiefverschneit. Vor Morgengrauen war ich in Jiddah in Saudi-Arabien an Bord einer Maschine der Syrian Airlines gegangen und in Damaskus umgestiegen in eine Lufthansa-Maschine, die mich nach München-Riem brachte, wo Barkhorn einst im Jahre 1945 in seiner Me 262 so schwer verunglückte. Ich war froh, endlich nachmittags um fünf Uhr in München gelandet zu sein. Nach recht anstrengenden Tagen im Nahen Osten freute ich mich im Hotel »Bayerischer Hof« so richtig auf ein erfrischendes Bad und ein deftiges Mahl im nahegelegenen »Franziskaner« – und natürlich auf einen guten Schlaf. An diesem Tage konnte ich so in etwa nachempfinden, wie es den deutschen Jagdfliegern von der Ostfront erging, wenn sie aus Rußland zurück in die Zivilisation auf Urlaub fuhren. Lange war es her, daß ich so gut geschlafen habe und mir das Essen wieder derart gemundet hat. In Saudi-Arabien war ich in der Botschaft der USA Gast von Botschafter John West. Mir war es wirklich eine Erleichterung, in Deutschland zu sein. Und gerade in diesem Hotel hatte ich zehn Jahre zuvor andere berühmte deutsche Jagdflieger, so auch den unvergeßlichen, schon verstorbenen Josef Jacobs, ein Jagdflieger des Ersten Weltkriegs, befragen dürfen.

Obwohl es draußen noch schneite, erschien Barkhorn am nächsten Tag pünktlich zwölf Uhr mittags. Jeder Zoll ein Fliegeroffizier, drahtig, gepflegt, in graukariertem Anzug mit breiter rotgelb geblümter Krawatte. Sein volles Haar hatte einen silbrigen Schimmer. Er war 59 Jahre alt, sah aber wie 45 aus. An seiner rechten Wange eine kleine Narbe. Trotz seiner einsfünfundsiebzig wirkt er größer, spannkräftig und adrett. Seit drei Jahren lebt er im Ruhestand, hatte aber seine militärische Haltung nicht aufgegeben. Ähnlich wie Hartmann und viele andere der großen Jagdflieger des Krieges ist er völlig entspannt, leger und unbefangen. Bereits nach kurzer Zeit hatte ich das Gefühl, den mag ich, denn ich hatte es mit einem durch und durch soliden Menschen und einem der unsterblichen Fliegerpersönlichkeiten zu tun, der fern jedes äußerlichen Gehabes ist. Er bemerkte sofort, daß heutzutage nur wenige sich für seine fliegerischen Erlebnisse und Erfahrungen interessieren! Sehr schnell wurde mir klar, was mir entgangen ist, Barkhorn nicht schon viel früher kennengelernt zu haben. Dasselbe trifft auf Werner Schröer zu, der nach dem Krieg viele Jahre in Rom lebte (in Kapitel 8 werden wir mehr über ihn erfahren).

Vor unserem Zusammentreffen hatte Barkhorn seine Frau nach München gefahren. Bei aller Diszipliniertheit rauchte er Zigaretten (*Lord*; Hartmann raucht *Peer Export*). Aber er sagte, er rauche nur wenige Zigaretten am Tag. Beim Mittagessen genoß er einige Glas Weißwein; Brot oder Süßigkeiten rührte er nicht an; er ißt sie ganz selten.

»Von Deutschen, meist jungen Menschen, bekomme ich kaum Briefe, die sich nach meinen Kriegserlebnissen erkundigen. Die meisten Anfragen erhalte ich aus Amerika und England.« Wir lächelten nur müde über all die Kritik, der die Bundesluftwaffe in den vergangenen Jahren seitens der Deutschen ausgesetzt war, vor allem hinsichtlich des *Starfighter* F-104G, den die Presse zum ›Witwenmacher‹ und ›Pilotenkiller‹ hochstilisierte. »Ich war fünf Jahre Geschwaderkommodore und flog die F-104G recht häufig«, sagte er. »Natürlich hatten wir Abstürze, aber die US-Navy hatte im selben Zeitraum mehr Verluste. Kein Mensch machte daraus eine große Geschichte. Jetzt führen wir den *Tornado* ein, vielleicht hört dann das Gerede etwas auf. Davon abgesehen, besteht wenig Interesse an der Luftwaffe und ihrer Geschichte. Kein Mensch in Deutschland will davon etwas wissen.«

Ich sagte ihm, daß Luftfahrthistoriker andererseits an seinen beachtlichen Leistungen durchaus interessiert seien, daß Luftfahrtfans in aller Welt sich mit den Fliegerassen des Zweiten Weltkriegs sehr intensiv beschäftigen. Das liegt zum einen daran, daß die Fliegerasse des Ersten Weltkriegs langsam hinwegsterben, zum anderen, daß sich eine neue nostalgische Welle von Begeisterung für die Helden des Luftkrieges des Zweiten Weltkriegs entwickelt, wie es seinerzeit mit Richthofen und anderen legendären Fliegern aus der Zeit 1914 bis 1918 der Fall war. Auf meinen Vorschlag hin, doch seine Kriegserfahrungen in Buchform zu veröffentlichen, lachte Barkhorn nur (genauso wie Schröer bei ähnlicher Gelegenheit), indem er anmerkte, es gäbe dafür viel zuwenig Leserinteresse. Dennoch enttäuschte er mich nicht. Er durchforstete seine Flugbücher und wählte einen Einsatz über See aus, der zu Beginn seiner Jagdfliegerkarriere höchst erregend und abenteuerlich, aber auch lebensgefährlich war. Um mir bei der Rekonstruktion zu helfen, schrieb er seine Eindrücke und Erlebnisse auf mehreren Seiten Papier nieder.

»Es war im Oktober 1940, im Westen«, sagte er, um dann die Ereignisse des Tages zu erzählen.

Er war Leutnant in der II. Gruppe des JG 52, die in der Nähe von Calais am Ärmelkanal lag. Um diese Zeit waren alle deutschen Träume von einer Invasion Englands noch im Jahre 1940 verflogen. Am 20. Oktober hatte die Luftwaffe die Tagesangriffe gegen England mehr oder weniger vollständig eingestellt. Nur in kleinen Wellen, mittels bombentragenden Jagdflugzeugen – Jabos – und Nachtangriffen sollte die Luftwaffe die Luftoffensive gegen das Inselreich fortsetzen. Am 29. Oktober 1940, dem Tag, um den es hier geht, war Hitler mit seinen Gedanken weit entfernt vom Luftkrieg im Westen. Er hatte gerade eine Tausende von Kilometern umfassende Bahnreise hinter sich, die ihn nach Frankreich führte und zu dem Treffen mit Spaniens Diktator Francisco Franco. Tags zuvor hatte er sich mit Mussolini in Florenz getroffen. Mussolini hatte, zu Hitlers Entsetzen, den Einfall nach Albanien und Griechenland begonnen. Franco hatte es abgelehnt, in den Krieg gegen den Westen einzutreten und dem Deutschen Reich den Durchmarsch seiner Truppen durch Spanien zur Einnahme Gibraltars zu gestatten. Hitler muß wohl schon Hintergedanken gehabt haben, als er ihm einst zur Macht verhalf. Und in der Tat fand er späterhin nie wieder gute Worte über ihn.

Vertreter der französischen Vichy-Regierung, so auch Marschall Pétain, trafen sich mit Hitler zu Gesprächen. Sie erklärten sich für eine europäische Zusammenarbeit bereit, lehnten aber eine Beteiligung am Krieg ab. Von Frankreich eilte Hitler sofort nach Italien in der Hoffnung, den Einfall Italiens nach Griechenland vereiteln zu können. (Italien befand sich schon im Krieg mit England, und Hitler hielt Ägypten für das angemessene Kriegsziel Italiens.) Aber er kam zu spät und mußte das Beste aus einer schlechten militärpolitischen Lage machen. Eine Lage, die ihn veranlaßte, eine Frühjahrsoffensive durch den Balkan vorzutragen und den Angriff auf Rußland zurückzustellen.

Als Hitler am 29. Oktober 1940 nach München zurückkehrte, war der Luftkrieg im Westen, gelinde gesagt, von zweitrangiger Bedeutung. Aber für Barkhorn, einen der jungen, begeisterten Jagdflieger des Dritten Reichs, der sich nach einem Abschuß und Luftsieg sehnte, den Hitler eines Tages noch so bewundern sollte, war dieser Tag nur ein Augenblick, wenn auch von großer Tragweite in seinem Leben, der fast damit endete, was man eine einsame Fliegerkarriere nennen könnte.

Am Dienstag morgen des 29. Oktober spannte sich in der Dämmerung über der französischen Kanalküste ein klarer, blauer Himmel. Es war etwas dunstig und herbstlich kühl, nichts Besonderes für diese Jahreszeit. In einem weißen französischen Landhaus am Rande des Flugplatzes Peuplingue bei Calais wurden Gerhard Barkhorn und sein Stubenkamerad kurz nach Sonnenaufgang vom Unteroffizier vom Dienst geweckt. Frisch gewaschen und rasiert stapften sie durch das schon braun werdende Gras zum nahegelegenen Offizierskasino. Nicht weit davon standen, gut getarnt unter Bäumen abgestellt, die grünlich gespritzten Me 109 E. Barkhorn wußte, daß kein Früheinsatz angesetzt war. Er ließ sich Zeit, in aller Ruhe sein Frühstück einzunehmen. Danach begab er sich in das feldgraue Gefechtstandszelt und fragte nach weiteren Befehlen. Sein Staffelkapitän, Oberleutnant Rudolf Resch, ein Sachse, der später, 1943, als Gruppenkommandeur nach 93 Luftsiegen in Rußland fiel, bestätigte nochmals, daß die 6. Staffel nicht für Früheinsätze eingeplant war. Die Flugzeugführer saßen an Feldtischen und rauchten, spielten Karten oder Schach oder hörten Radiomusik. Sie hörten deutsche oder englische Sender, je nachdem, was das feldgraue Luftwaffenradiogerät an guter Musik hergab. Auf einem der Tische stand ein braunes Feldtelefon.

Kurz vor der Mittagszeit klingelte es, und die Flugzeugführer bekamen Befehl, einen Begleitschutzeinsatz zu fliegen. Die Me 109 des nahegelegenen Platzes Calais-Marck sollten mit 250-kg-Bomben beladen werden und die Docks von London angreifen. Hauptmann Ensslin, der Gruppenkommandeur, führte die Einsatzbesprechung durch, an der unter anderem später bekannte Jagdflieger wie Johannes Steinhoff, damals Staffelkapitän, Major Trübenbach, Barkhorns Kommandeur, und Leutnant Schumann teilnahmen. Das Wetter versprach gut zu werden. Angriffshöhe über London für die Jabos und den Begleitschutz: 7000 Meter. Aufnahme des Begleitschutzes über dem Kanal. Startzeit um 13.46 Uhr.

Hastig schlangen die Flugzeugführer ihr Mittagessen in sich hinein und alarmierten ihre Warte. Eines der neuen Angriffsverfahren gegen London stand bevor.

Die bombentragenden Me 109 von Calais-Marck führte Hauptmann Herbert Ihlefeld, der später 130 Luftsiege errang. Die 6. Staffel, in der Barkhorn flog, stellte den Begleitschutz. Was damals weder Barkhorn noch die anderen deutschen Piloten wußten, aber oft von entscheidender Bedeutung war und erst dreißig Jahre nach dem Krieg, 1975, offengelegt wurde, war die Tatsache, daß die Engländer die Befehlsgebung der Luftwaffe abhörten und entzifferten. Kein Wunder, daß englische Jäger die angreifenden Deutschen bereits in großer Höhe erwarteten, um aus günstiger Angriffsposition auf sie hinabzustoßen. Dieser höchst geheime Abhör- und Entzifferungsdienst der britischen Abwehr hieß ›Ultra‹. Im Sommer 1940 begann er mit der Entzifferung deutscher Gefechtsbefehle, gerade rechtzeitig vor Beginn der Luftschlacht um England. Die Luftwaffe ging in diesen verlustreichen Waffengang gleichsam mit verbundenen Augen, während das Royal Air Force Fighter Command nicht nur die Ziele der Luftwaffe kannte, sondern auch die Stärke der angreifenden Kräfte.

All das wußten die vertrauensseligen deutschen Piloten im Jahre 1940 natürlich nicht. Sie wunderten sich nur, daß die deutschen Bomber, Zerstörer und Stukas in der Luftschlacht um England so hohe Verluste erlitten. Die Jagdflieger kamen noch glimpflich davon. Sie wußten, daß sie in den *Spitfire* und *Hurricane* bedrohliche Gegner hatten. Trotz allem mangelte es den deutschen Jagdfliegern nicht an hohem Kampfgeist. Sie waren überzeugt, zumindest unter gleichwertigen Bedingungen zu kämpfen. Dank des Vorteils ihres Einspritzmotors in der Me 109 konnten sie im Notfall den *Spitfire* und *Hurricane* durch Sturzflug entkommen. Sie hielten ihre Me 109 insgesamt für überlegen. (Die kürzlich von einem englischen Autor aufgestellte Behauptung, daß die Me 109 den beiden englischen Flugzeugen im Kurven überlegen gewesen sei, bedeutete für deutsche und englische Jagdflieger gleichermaßen eine große Überraschung. Niemand bestätigte diese Behauptung. General Adolf Galland, der selbst an der Luftschlacht mit Me 109 teilgenommen hat, bestätigte im Juli 1985 dem Autor ausdrücklich, daß die *Spitfire* im Kurvenkampf überlegen war.)

Barkhorn zog seine lammgefütterten Fliegerstiefel über seine fliegerblaue Luftwaffendiensthose. Er trug Handschuhe und eine warme Fliegerjacke, denn im Oktober war es in großer Höhe sehr kalt. Um 13.30 Uhr wurden die Piloten der 6. Staffel in einem grauen Kübelwagen zu ihren Maschinen gefahren. Sie warfen einen Blick auf die grünschwarze Oberseite und die hellblaue Unterseite ihrer Maschinen. Barkhorn fragte seinen 1. Wart, Unteroffizier Albert Kusterer, der seine Maschine wartete und pflegte und ihn bis 1945 stets begleitete, ob die Maschine in Ordnung sei. Man wartete auf das Zeichen zum Anlassen des Motors. Aus dem Daimler-Benz 601A-Motor des Staffelkapitäns spuckten aus zehn Auspufföffnungen Qualmwolken. Der dreiblättrige Propeller drehte sich schnell, so daß das Geschwaderwappen, ein schwarzroter Wappenschild mit weißem Schwert, an der Rumpfseite bald durch den Qualm sichtbar wurde.

Barkhorn, der am Rande des frischgemähten Feldes unter einigen Bäumen wartete, stieg in seine Maschine und schnallte sich fest, während Kusterer seinen Platz an der Anlasserkurbel einnahm. Barkhorn erinnert sich: »Er war ein Schwabe und vergaß nicht einmal Kleinigkeiten. Solange er mein 1. Wart war und meine Maschine hegte und pflegte, habe ich nie einen Einsatz abbrechen müssen.«. Kusterer kurbelte bereits, als sich die ersten

Propeller zu drehen begannen. Schnell sprang der Motor an und drehte rund; Kusterer sprang von der Tragfläche.

Der Propellerstrom wirbelte Staub auf, als die Maschinen zur Startposition rollten. Barkhorn an der Seite eines erfahreneren Jagdfliegers, denn als 21jähriger war er noch verhältnismäßig unerfahren. Seine Eltern hatten schon einen Sohn verloren. Kurz nach dem Polen-Feldzug war sein älterer Bruder durch eine französische Mine am Westwall gefallen. Dietrich, sein jüngerer Bruder, sollte später über dem Ärmelkanal fallen, fast an der Stelle, die er heute überflog. Alle wurden sie in Königsberg geboren, wo der Vater in glücklicheren Tagen als Bauingenieur tätig war. Der Vater, der in den letzten Kriegsmonaten noch zum Volkssturm eingezogen wurde, um die gegen Ostpreußen anstürmenden Russen aufzuhalten, ist bis heute im Osten vermißt. Nur Barkhorn und seine Mutter überlebten von einer sechsköpfigen Familie aus dem schönen alten Königsberg den Krieg.

Die grün-blauen Jagdmaschinen fegten über das Gras, hoben ab und begannen auf Nordwestkurs in einen dunstverhangenen blauen Himmel zu steigen. Als sie den Platz Peuplingue hinter sich ließen, stiegen die im Osten von Calais-Marck gestarteten, bombenbeladenen Me 109 in Richtung auf den Begleitschutz. Alle Propellernaben waren jetzt auf London gerichtet. Barkhorn konnte voraus schon die englische Küste sehen, als Ihlefeld mit seinen Me-109-Jabos von rechts aufschloß. Beide Gruppen flogen in 5000 Metern. Der Begleitschutz nahm den Verband in die Mitte, und gemeinsam wurde der Steigflug fortgesetzt. Bald leuchteten die weißen Kreidefelsen Dovers von unten herauf.

Der Himmel war fast wolkenlos. Die Sicht versprach gut zu werden, um Londons Docks zu bombardieren. In 6000 Metern überflog der Verband, noch steigend, die Küste. Vor ihm tauchte die große, flächige Weltstadt London auf. Bis jetzt war vom Luftgegner nichts zu sehen! Aber jeder Flugzeugführer im Verband rechnete mit dem Auftauchen von RAF-Jägern. Und innerhalb von Sekunden wurden schon über Sprechfunk die in großer Höhe sichtbaren Kondensstreifen gemeldet. Barkhorn sah sie in 8000 Meter Höhe voraus und vermutete *Spitfire.* Wie bei jedem Feindflug, die englischen Jäger waren kampfbereit und warteten!

London kam näher und näher. Die Maschinen des JG 52 hatten nur wenige Kilometer vor London 7000 Meter Flughöhe erreicht. Durch die riesige Stadt zogen sich die Windungen der Themse. Die

Flak begann zu schießen. Schwarze Flakwölkchen und Splitter hingen rechts und links am Himmel. Die Me 109 waren aber sehr kleine Ziele und flogen zudem sehr hoch. Barkhorn las an seinem Fahrtmesser 420 km/h ab. Unten sah man die Docks. Wer Begleitschutz fliegt, ist an den zu schützenden Verband gebunden. Er darf seine Position nicht verlassen, weder einer *Spitfire* nachjagen, noch nach oben, zur Seite oder nach vorne ziehen. Das forderte seinen Preis. Alle Luftstreitkräfte hatten bis Kriegsende die Lehre gezogen, daß Begleitjäger frei im Luftraum operieren müssen, um feindliche Jäger abfangen zu können, andernfalls wären sie genauso verwundbar wie die langsamer, auf ihrem festgelegten Kurs fliegenden Bomber. An jenem Nachmittag im Oktober hielt Barkhorn stur seine Position am Verband, der gerade die Vororte von London erreicht hatte und sich den Docks näherte. Es war gegen 14.30 Uhr. Die Sonne stand im Westen, links vom Verband. Dunst und Sonne verdeckten nicht vollständig die Sicht auf die feindlichen Kondensstreifen, aber ließen einzelne Flugzeuge nicht erkennen.

Die Me-109-Jabos werfen ihre 250-kg-Bomben ab, die auf die Docks hinunterstürzen, wo bessere Sicht herrscht als gen Westen. Beim Einschlagen der ersten Bomben macht die 6. Staffel eine Kehrtkurve in die Sonne hinein, der Begleitschutz folgt in enger Formation.

Von ihrer schweren Last befreit, können die Jabos jetzt schneller fliegen. Alle Maschinen des Verbandes drücken leicht an, um in der Kurve Fahrt aufzunehmen. Barkhorn hatte seine Bordwaffen nicht eingesetzt. Die feindliche Flak hatte niemanden getroffen. Plötzlich Warnrufe über Sprechfunk! »Spitfire«! Drei Gruppen stürzen sich aus dem Dunst und der Sonne herab. Barkhorn verrenkt sich fast seinen Hals, um den Gegner zu sichten, aber er sieht nichts. Die anderen Jagdflieger im Verband geben Vollgas und beginnen zu kurbeln. Am Himmel entsteht ein wildes Durcheinander sich jagender *Spitfire* und Me 109. Die von oben, mit hohem Fahrtüberschuß herabstoßenden *Spitfire* schießen mit ihren acht Browning-MGs ›aus allen Knopflöchern‹. Barkhorn hört drei dumpfe Schläge. Immer noch kann er seinen Peiniger nicht sehen, der ihn angenommen und beschossen hat, bevor er sich aus dem engen Verbandsflug gelöst hatte. Er kurvt links, er kurvt rechts, vom Gegner nichts zu sehen. Wahrscheinlich hat er mit seinem großen Fahrtüberschuß wieder nach oben in die Sonne gezogen. Aber Barkhorn sieht etwas viel Schlimmeres – er zieht eine weiße ›Fahne‹ hinter sich her, auch schwarzer Qualm mischt sich hinein. Der Ölkühler! Der Motor verliert Kühlflüssigkeit – daher der weiße Dampf – und wird schnell heiß. Die Fahrt nimmt ab. Barkhorn verliert den Anschluß, fällt zurück, allein auf weiter Flur. Sein Luftgegner hat sich wohl ein anderes Opfer gesucht. Von seinen Kameraden nichts zu sehen, keine Spur. Der Daimler-Benz-Motor beginnt unrund zu laufen, und weißer Dampf und schwarzer Qualm legen kilometerweit eine Fährte. Der Höhenmesser zeigt auf 6000 Meter, aber Barkhorn verliert ständig an Höhe. Wird er es zurück zum Heimatplatz schaffen, wenn andere *Spitfire* nicht auf ihn aufmerksam werden? Vergeblich hält er Ausschau nach einer schützenden Wolkenschicht. An jenem spätherbstlichen Nachmittag gab es sie nicht. Aber sein Propeller drehte, wenn auch etwas langsamer, und er setzte seine Flughöhe in Geschwindigkeit um. Die schnittige Konstruktion der Me 109 gibt bei geringem Sinken noch eine ordentliche Geschwindigkeit her. Das läßt ihn etwas hoffen. Voraus läßt sich die Küste Englands zwischen Dover und Folkestone ausmachen. Flughöhe 5000 Meter, immer noch ohne Feindberührung. Und in großer Höhe ziehen seine Kameraden, schon über dem Kanal, mit Vollgas ihrem Heimatplatz entgegen.

Der schwarze Qualm quillt weiter aus dem Motor und zeichnet seine Bahn. Fast 4000 Meter sind erreicht. Der Motor läuft sehr rauh, die Temperaturanzeige läßt eine sehr hohe, kritische Motortemperatur ahnen. Wenn er es nur schaffen könnte . . . der Kanal ist knapp 50 Kilometer breit . . . wenigstens bis in Sichtweite der französischen Küste gelangen . . . vielleicht werden ihn Kameraden sehen. Seine Hoffnungen werden jäh unterbrochen. Da, hinten, ein kleiner, schwarzer Fleck am Horizont! Barkhorn kurvt leicht rechts, dann links. *Spitfire*! Ein feindlicher Jäger, der von oben herabkommt, sich hinter ihn setzt, um dem Angeschossenen den Fangschuß zu geben. – Diesmal hat er ihn wenigstens gesehen. Was tun? Kämpfen kann er nicht, weil der Motor keine Leistung mehr hat. Er müßte sich auch der kleinen Chance begeben, es bis nach Frankreich zurück zu schaffen. Er schaut nach hinten und sieht, wie die Silhouette des Flugzeugs immer größer wird. Er hat die Küste fast erreicht, aber er muß versuchen Höhe zu halten. Es gibt nur einen Ausweg. Wegstürzen! Als die ersten MG-Garben der sich nähernden *Spitfire* an seiner Maschine vorbeigehen, drückt

Barkhorn den Steuerknüppel kräftig nach vorne bis zum Anschlag. Die Me 109 geht in einen steilen Sturzflug über, gerade rechtzeitig, als der Schatten von hinten in Schußweite war. In rasendem Sturz gewinnt die Me 109, immer noch weißen Dampf und schwarzen Qualm spuckend, schnell an Geschwindigkeit. Die Höhenmessernadel dreht sich immer schneller, bis Barkhorn im senkrechten Sturz 1500 Meter Höhe verloren hat. Er muß jetzt seine Maschine abfangen. Vorsichtig zieht er den Steuerknüppel an, ein mehrfaches Lastvielfaches der Schwerkraft drückt sein Blut aus dem Kopf in die unteren Körperteile. Sein Sichtfeld engt sich ein, der sogenannte graue Vorhang legt sich über seine Augen. Die Me 109 hält diese Belastung aus und hat offensichtlich keinen strukturellen Schaden genommen.

Über die grünlich-graue Nase seiner Maschine sieht Barkhorn englische Felder und Landschaft und dann die englische Küste, nachdem er die Maschine wieder im Geradeausflug hatte. Der Höhenmesser stand auf 2000 Meter. Sorgfältig sucht er den Himmel nach allen Richtungen ab. Die *Spitfire* war weg. Sie muß ihn aus den Augen verloren haben, nicht ahnend, daß er mit seinem angeschlagenen Motor so langsam flog.

Hart rechts von Dover überfliegt er die Küste. Englische Flak feuert einige Lagen hinter ihm her. Die Flugzeugkanzel beginnt sich langsam mit Qualm zu füllen. Da vorne, ist das die französische Küste bei Cap Gris-Nez? Werde ich es schaffen? In diesem Augenblick gibt der Motor seinen Geist auf. Jetzt ist ihm klar, daß er nicht mehr zum Heimathafen zurückkommt, auch den Kanal nicht mehr überfliegen kann, der ihn von seinen Kameraden des JG 52 trennt, die bereits im Anflug auf Calais sind. Ständig verliert er an Höhe. Nur dreißig Kilometer müßte er noch zurücklegen. Der Höhenmesser zeigt jetzt 1000 Meter an. Er steht vor der Entscheidung, ob er an der englischen Küste bauchlanden oder mit dem Fallschirm abspringen soll, entweder an der Küste oder über dem Kanal. Ihm bleiben nur Sekunden für die Entscheidung: über dem Wasser oder an der Küste? Entscheidet er sich für die Küste, so wird er in Gefangenschaft geraten. Aber andererseits so weit weg von Frankreich notwassern oder abspringen? Nein, Kriegsgefangenschaft kommt gar nicht in Frage. Etwa einen Kilometer gleitet er mit seiner Maschine weiter, in der Kabine beißender Qualm. Nichts wie raus aus diesem Ding. Jeden Augenblick kann der gefressene Motor zu brennen beginnen. Gebe ich noch mehr Höhe auf, sinken die Chancen für einen sicheren Notabsprung. Jetzt sofort abspringen!

Barkhorn erinnert sich dieser nervlichen Anspannung und Zerreißprobe: »Als ich die Küste überflog, fragte ich mich, was ich tun sollte. Umdrehen und am Strand eine Bauchlandung machen? Kriegsgefangener werden? Der Staffelkapitän würde meinen Eltern einen Brief schreiben und den Leutnant Barkhorn als vermißt melden. Es hieß, bei einer Notwasserung würde das Flugzeug etwa 30 Sekunden schwimmen, ein Notausstieg mit dem Fallschirm wäre aber sicherer. Die Maschine auf den Rücken drehen und sich einfach herausfallen lassen! Oft haben wir über dieses Verfahren diskutiert. Ich habe noch genügend Höhe, und merkwürdigerweise hatte ich überhaupt keine Angst. Sie werden mich schon finden, dachte ich.«

Also öffnete Barkhorn das Kabinendach, drückte den Steuerknüppel scharf nach links und trat kräftig in das rechte Seitenruder. Die Me 109 geht auf den Rücken, aber auch mit der Nase nach unten. Er fiel nicht heraus. Mit seinen Worten: »Warum falle ich nicht heraus? Verdammt nochmal, ich habe vergessen, die Maschine für den Rückenflug auszutrimmen. Ich gehe fast senkrecht nach unten. Ich drücke den Knüppel nach vorne – ich hatte mein Gurtzeug schon geöffnet – die Flugzeugnase hebt sich, ich bin ja im Rückenflug, und ich falle, falle. An meiner linken Brustseite befindet sich der chromblitzende Auslösegriff für den Fallschirm. Ich muß ihn mit meiner rechten Hand erreichen und herausziehen. Ich überschlage mich mehrfach in der Luft, packe ihn aber trotzdem und ziehe kräftig daran. Nach drei Sekunden, sie schienen mir wie Stunden, ein scharfer Ruck, und ich sehe über mir, wie sich die weiße Fallschirmseide zu einer Kuppel entfaltet. Während des Falls habe ich meinen rechten Fliegerstiefel verloren. Schnell kam das Wasser auf mich zu, und unversehens lag ich drin, immer noch in Gedanken über meinen verlorenen Fliegerstiefel!

Der Wind blähte den halbzusammengefallenen Schirm auf und schleifte mich durchs Wasser, zuweilen auch unter Wasser. Ich öffnete den Zentralverschluß des Fallschirmgurtzeugs und löste mich von dem zusammenfallenden Fallschirm. Das Wasser ist bitterkalt. Ich muß alsbald in mein Schlauchboot klettern, das mittels einer Leine mit mir verbunden war. Inzwischen hatte ich auch den linken Fliegerstiefel verloren, was mir das Schwimmen erleichterte. In der Nähe sehe ich eine schwarze Boje, zu der ich hinschwimmen will, um dann mein Schlauchboot aufzublasen. Es ist nicht weit dorthin, und ich beginne zu schwimmen, aber die Strömung ist zu stark. Sie hat nordöstliche Richtung und wird mich an die englische Küste und nicht an die Frankreichs tragen. Jetzt an der kleinen Preßluftflasche das Handrad drehen, damit sich das Schlauchboot mit Luft füllt. Ich bin ganz erschöpft und durchgekühlt. Ich schaffe es, das Preßluftventil zu öffnen. Die Druckluft zischt in die Kammern, und das Boot entfaltet sich. Es ist nicht so leicht, hineinzuklettern. Die nasse Kleidung ist schwer, aber schließlich gelingt es, und ich lasse mich hineinfallen. Kein Land in Sicht, nur die weißen Schaumkronen der Wellen und peitschende Gischt. Ob mich irgend jemand in diesen Wellen finden wird? Ich hätte ja eine Bauchlandung am Ufer machen können und müßte jetzt nicht so frieren. Warum hab ich's nicht getan? Warum mußte ich unbedingt verhindern, in die Hände der Tommies zu fallen? Die Kanalschwimmer, so habe ich gelesen, schmieren sich dick mit Fett ein und schwimmen nur, wenn glatte See ist, und dazu noch mit einem Begleitboot. Werde ich je in meinem Schlauchboot die französische Küste erreichen? Wohl kaum. Ich habe weder Segel noch Paddel, und die Strömung trägt mich nicht nach Cap Gris-Nez oder Calais.

Ich drifte parallel zur englischen Küste. Im Schlauchboot ist zuviel eiskaltes Wasser. Es ist zuwenig Luft drin. Ich muß das Mundstück finden, um es stärker aufzublasen. Der Schlauch mit dem Mundstück befindet sich außen am Boot, in der Nähe meines linken Fußes. Ich beuge mich vor und versuche über Bord zu langen. Und plötzlich, vielleicht lag es an einer Welle, lag ich wieder im Wasser. Jetzt komme ich besser an das Mundstück und blase mein Schlauchboot richtig auf. Dann richte ich es auf und bereite mich darauf vor, wieder hineinzusteigen. Diesmal ist es nicht so leicht. Ich bin ganz steif vor Kälte, vor allem meine Hände, die nicht mehr meinem Gehirn gehorchen wollen. Verzweifelt bemühe ich mich bei dem Wellengang, in das Boot zu gelangen, ohne es wieder umzuwerfen. Schließlich gelingt es mir. Das Wasser aus meiner klatschnassen Uniform sammelt sich am Boden, immerhin einige Zentimeter hoch.

Nichts zu hören, kein Geräusch außer Wind und Wellen. Kein Lebewesen weit und breit, abgesehen von den Möwen, die über den Wellenkämmen segeln, ohne ihre Flügel zu bewegen. Links hinter mir der Treibanker, ein kleiner Leinensack, der mein Boot in Richtung hält. Jetzt sehe ich die englische Küste. Hinter mir, das müßte Dungeness sein, und dort in der Ferne, das müßten die Kreidefelsen von Dover sein. Keine Bewegung an der Küste oder in der Luft, die darauf schließen ließe, daß man beobachtet hat, wie ich auf See niederging. Minuten verstreichen wie Stunden, und die Kälte steigt von meinen Füßen herauf, bis sie den gesamten Körper erfaßt. Den Beutel mit gelbem Farbpulver, den alle Piloten in ihren Schlauchbooten haben, werfe ich über Bord ins Wasser. Er hinterläßt einen breiten Streifen im Wasser, damit die Seenotdienstpiloten das Boot aus der Luft besser ausmachen können. Als ich zum erstenmal im Boot saß, hatte ich ein Dornier-Flugboot bemerkt. Ich hoffte sehr, daß es mich entdecken würde. Aber es war sechs Kilometer entfernt und sah mich nicht. Am Himmel sah ich Me 109, die mit anderen deutschen Maschinen auf Heimatkurs waren. Engländer tauchten nicht auf.

Ich habe keine Signalpistole, die steckt in meinem rechten Fliegerstiefel. Eine halbe Stunde, eine Stunde liege ich hier im Wasser. Der Wind, dem ich ausgeliefert bin, weil das Schlauchboot nur hüfthoch ist, hat meinen Körper ausgekühlt. In der nassen Uniform zittere ich vor Kälte. Meine Hände laufen gelb an. Ich kann sie noch bewegen, um mit einem Stoffbehälter, der innen am Schlauchboot mittels einer Leine festgemacht ist, Wasser aus meinem Boot zu schöpfen. Ich weiß genau, daß ich zu dieser Jahreszeit die Nacht nicht überleben kann. Ich bewege mich mit Wasserschöpfen, um mich so gut wie möglich warmzuhalten.

Nach eineinhalb Stunden mache ich im Südosten ein Flugzeug aus. Ich höre es nicht, weil es in zehn bis fünfzehn Kilometern Entfernung im Tiefflug etwa in der Mitte des Kanals fliegt. Es könnte eine Fw 58 *Weihe* sein. Sucht sie nach mir? Ich habe keine Signalpistole, um mit Leuchtkugeln auf mich aufmerksam zu machen. Nach ein paar Minuten war das Flugzeug mit Südostkurs am Horizont verschwunden. So ein leichtes Flugzeug darf der englischen Küste nicht zu nahe kommen. Seine schwache Bauweise, tuchbespannt, vielleicht noch ohne Bewaffnung, würde es zu verwundbar machen. Ich weiß es nicht.

In großer Höhe überfliegt mich ein Verband auf dem Wege nach England. Vielleicht wieder ein Angriff auf die Londoner Docks? Ich kann das Brummen der Motoren deutlich hören. Wie gut haben es die Piloten da oben, in einem trockenen Flugzeug! Bald sind sie verschwunden, und wieder wird es still. Gerade, als ich mich auf einem Wellenkamm befinde, sehe ich ein Boot. Im Wellental verschwindet es. Träume ich etwa schon, oder bilde ich mir etwas ein? Ich muß schreien und mit den Armen winken. Ich brülle, bis es mir die Stimme verschlägt, und meine Arme sind schwer wie Blei und völlig erschöpft. Sucht das Boot nach mir? Es fuhr davon. Ich muß meinen Kopf ganz nach rechts drehen, um von ihm einen flüchtigen Blick zu erhaschen.

Diese Enttäuschung und die Eiseskälte deprimieren mich zutiefst. Ich komme zu dem Schluß, daß es Unsinn ist zu glauben, aus dieser Lage, knapp unter der englischen Küste, jemals wieder nach Frankreich zurückzukommen.

In meiner Verzweiflung erregt ein Motorgeräusch meine Aufmerksamkeit. Ich suche den Himmel in Richtung Frankreich ab. Es hört sich an wie eine Me 109 und wird immer lauter. Mehr als eine Maschine? Ich schaue mir die Augen aus dem Kopf. Welch eine Freude, zwei Me 109! Sie fliegen direkt auf mich zu. Ich stehe auf, so gut es geht, und winke. Sogar mit dem Farbbeutel fuchtele ich in der Luft herum. Werden sie mich entdecken? Werden sie den gelben Farbstoff in den Wellen sehen? Sie fliegen auf mich zu, einer senkt kurz seine Fläche leicht, und schon brausen sie über mich hinweg, in eine Kurve hineinziehend. Sie müssen mich gesehen haben. Sie kommen zurück, überfliegen mein Schlauchboot, und einer der Piloten winkt mir zu. Es ist Leutnant Günter Witt von meinem Jagdfliegerhorst. Jetzt fliegt einer davon, und ich wundere mich, was wohl passieren wird. Der andere fliegt über mir Kurven. Recht gefährlich, so nahe der englischen Küste und so tief über dem Wasser. Jetzt weiß ich, worum es geht. Die abfliegende Me 109 weist das Boot auf mich ein. Nach einigen Minuten sehe ich das Boot, wie es mit geradem Kurs auf die Position des über mir kurvenden Flugzeuges zuhält, also auf mich!

Die Minuten ziehen sich dahin, aber das Boot – ich weiß nicht, um welche Klasse es sich handelte – kommt immer näher. Es läuft mit voller Kraft voraus. Das ist gut so, denn es ist jetzt spätnachmittags, wo nicht mehr viel Tageslicht bis zur Nacht bleibt. Das 32 Knoten laufende Seenotboot ist schnell zur Stelle. Ich sehe die Matrosen an der Reeling. Sie werfen mir ein Tau zu, während die Me 109 auf Südostkurs Richtung Frankreich in den sicheren Heimathorst abfliegen. Ich erfasse das Tau, habe aber nicht die Kraft, meinen Körper daran hinaufzuziehen. Meine Hände sind verkrampft und finden keinen Griff, sie waren zu unterkühlt. Wieder werfen sie mir ein Tau zu, ich kann es fassen, aber mich daran nicht hochziehen. Schließlich hängt sich ein Matrose außenbords an die Reeling, um nach mir zu greifen. Er bekommt meine rechte Hand zu fassen, die er mit eisernem Griff umklammert. Er kann mich so weit hochziehen, daß andere helfende Hände zupacken können. Sie ziehen mich an Bord. Endlich in Sicherheit, gerettet in der aufkommenden Abenddämmerung! Der Kapitän befiehlt volle Kraft voraus nach Frankreich. In der Nähe spritzen Wasserfontänen hoch. Die feindliche Küstenabwehr hatte das Boot entdeckt und feuerte auf uns. Wir gewinnen an Entfernung zu ihr und nehmen Kurs auf Calais. Man bringt mich sofort unter Deck und zieht mir meine nassen Kleider aus. Geschickte Matrosenhände rubbeln mich mit einem groben Frottiertuch trocken und warm, um den Kreislauf anzuregen. Das hilft ungeheuer. Man bietet mir einen Cognac an, den ich in kleinen Schlucken zu mir nehme, so daß nach und nach neue Lebenskräfte in mir wach werden. Nach ein paar Minuten bin ich gestärkt genug, um an Deck zurückzugehen. Wir sind kurz vor dem Einlaufen in den Hafen von Calais!

Ich bin noch einmal davongekommen. Die Entscheidung, so nahe vor der englischen Küste mit dem Fallschirm abzuspringen, sollte sich als Dreh- und Angelpunkt meiner militärischen fliegerischen Laufbahn erweisen. Ich hätte in Kriegsgefangenschaft geraten und überleben können, und ich hätte die englische Sprache beherrschen lernen. Es wäre aber eine triste und verlorene Zeit gewesen. Nicht einen einzigen Luftsieg hätte ich errungen. Das sollte erst im Juli des nächsten Jahres der Fall sein. Nach Kanada hätte man mich geschickt. Ich wäre nie ein richtiger Jagdflieger geworden, hätte nicht heiraten und Vater werden können, hätte ich so gehandelt. Mein dringendster Wunsch war seinerzeit, wieder zu meiner Staffel zu stoßen. Und zu meinem Glück schaffte ich es tatsächlich.

Als ich am Pier von Calais von Bord ging, begrüßte mich Major Woldenga und fuhr mich zur Staffel zurück. Ich hatte eine Unteroffiziersuniform und graue Socken an und hatte ganz schön viel Cognac im Blut. Na ja, alles in allem gesehen, war der Eindruck auf meinen Vorgesetzten eher negativer denn positiver Natur. Zurück in Peuplingue, hörte ich, daß man mich schon als vermißt betrachtete. Ich war der einzige Pilot der Staffel, der abgeschossen worden war. Mein Bursche hatte schon meine Sachen zusammengepackt. Es war nach sechs Uhr abends. Es gab eine riesige Wiedersehensfeier, recht feucht-fröhlich ging es dabei zu. An diesem Abend genossen wir alle sichtlich ausgelassen meine Geburtstagsfeier.«

Barkhorn, dessen Laufbahn an jenem Oktobertag fast beendet worden wäre, war ein Spätentwickler. Er mußte mehr als 100 Feindflüge bis zu seinem ersten Abschuß machen. Nach seinem Notabsprung über dem Kanal blieb er noch einige Zeit in Frankreich. Dann verlegte der Verband nach Belgien und später nach Holland. Vor Beginn des Rußland-Feldzuges verlegte der Verband an die Ostfront. Und erst dort konnte Barkhorn, der inzwischen eine Brille trug, was sein Sehvermögen erheblich verbesserte, seine Abschußerfolge derart steigern, daß er zum zweitbesten Jagdflieger der Luftkriegsgeschichte aufstieg.

Im Juni 1943 wurde er an der Ostfront Kommandeur der II./JG 52, im Januar Kommodore des JG 6. Gegen Ende des Krieges flog er, wie schon erwähnt, die Me 262 im Jagdverband des Generals Adolf Galland. Insgesamt flog er 1104 Feindeinsätze und erreichte am 1. Mai 1945 die magische Zahl von 300 Luftsiegen, der zweite und letzte Jagdflieger, dem das gelang. Nach seiner Bruchlandung aufgrund eines Triebwerkausfalls seiner Me 262 kam er ins Lazarett Tegernsee.

Von dort wurde er nach Hause entlassen. Er hatte es nicht weit, denn er wohnte auf der anderen Seite des Sees. Er hatte immer noch einen Kopfverband, als er am 5. Mai 1945 in seinem Heim von amerikanischen Soldaten gefunden wurde. Einer betrat das Zimmer. Barkhorn händigte ihm seine Pistole aus. Sichtlich nervös nahm der Amerikaner die Pistole entgegen. Er muß sie wohl sehr ungeschickt und fest in die Hand genommen haben. Es löste sich ein Schuß, das Geschoß blieb im Tisch stecken. Bleich im Gesicht, begleitete ihn der amerikanische Soldat aus dem Haus und auf der Fahrt im Jeep nach Starnberg. Nach ein paar Tagen ging es weiter nach Heidelberg und von dort mit dem Flugzeug nach London, wo er als Kriegsgefangener mit Galland und anderen berühmten Fliegern festgehalten wurde. Im Juni 1945 wurden sie entlassen. Auf dem Weg zurück nach Deutschland schlug ihnen eine Welle des Hasses und der Feindseligkeit entgegen. In Cherbourg, wo sie von Bord des Schiffes gingen, das sie von Southampton übersetzte, wurden sie von haßerfüllten Franzosen gesteinigt. Barkhorn erinnert sich an Walter Krupinski, ein bekannter Jagdflieger, der damals sein Ritterkreuz am Hals trug und schwer getroffen wurde.

Am 9. September 1945, dem Geburtstag seiner Mutter, kehrte

Barkhorn nach Hause zurück. Es waren keine glücklichen Tage. Der Vater galt noch als vermißt. Das letzte, was sie von ihm gehört hatten, war eine Postkarte, die ein Kamerad im Juli geschickt hatte. Im Februar des letzten Kriegsjahres hatte man seinen 60jährigen Vater noch zum Vokssturm eingezogen, dem letzten, verzweifelten Aufgebot, das der nach Westen drängenden russischen Flut entgegengeworfen werden sollte. Als seine Heimatstadt Königsberg fiel, geriet er in Gefangenschaft. Nach dieser Karte vom Juli hat die Familie nie mehr etwas von ihm gehört. An jenem Septembertag bestand die ostpreußische Flüchtlingsfamilie aus Barkhorn, seiner Frau, den zwei kleinen Töchtern und seiner Mutter. Der Bruder Helmut war im Oktober 1939 an der Westfront gefallen, und Dietrich fiel im August 1943 im Westen als Flugzeugführer im JG »Richthofen« Nr. 2.

Wenn Barkhorn aus seinen Kriegserfahrungen schöpfte, erwähnte er immer wieder im Zusammenhang mit Fragen zum Jagdeinsatz, daß es weniger auf das Flugzeug ankommt – das gilt insbesondere für leistungsmäßig gleichwertige Maschinen – als vielmehr auf den Mann am Steuerknüppel. Erst dort scheiden sich die Geister. Er stimmt englischen und amerikanischen Piloten hinsichtlich der Bewertung der Me 109 und Fw 190 nicht zu. Alliierte Piloten bewerten im allgemeinen die Fw 190 als die bessere Maschine.

»Zu bemerken ist immerhin, daß die besten Jagdflieger der Luftwaffe die Me 109 flogen«, machte Barkhorn deutlich. Selbst wenn er 1940 nicht glaubte, in seiner »Emil« (Me 109 E) die *Spitfire* auskurven zu können, steht die Frage im Raum, ob es ihm gelungen wäre, wäre er willens und fähig gewesen, die Maschine hart genug in einer Kurve heranzunehmen. Der Autor Len Deighton hat in seinem aufsehenerregenden Buch »Jagdflieger« (erschienen 1977 bei Jonathan Cape) behauptet, die Me 109 wäre theoretisch der *Spitfire* und *Hurricane* im Kurvenflugvermögen überlegen. Ihr engster Kurvenradius betrug etwa 230 m, der der *Spitfire* 270 m und die *Hurricane* kurvte maximal mit 245 m Radius. Seiner Meinung nach beruhte die Fähigkeit, ein anderes Flugzeug auszukurven, allein auf Rücksichtslosigkeit und Wagemut des Piloten, inwieweit er seine Maschine bis an die äußersten Leistungs- und strukturellen Festigkeitsgrenzen heranfliegen wollte. (Weitere Aussagen großer Jagdflieger darüber in den folgenden Kapiteln.)

Andere Me-109-Experten haben dem Autor versichert, sie hätten sich bis zum letzten Kriegstag in ihren Me 109 nie unterlegen gefühlt. Das bestätigte auch Erich Hartmann. Festzuhalten ist jedoch, daß alle *Spitfire-* und die meisten Luftwaffenpiloten 1940 glaubten und wahrscheinlich heute noch glauben, während der Luftschlacht um England wäre die *Spitfire* der Me 109 im Kurvenkampf überlegen gewesen. Nach so vielen Jahren erregt die Frage natürlich Aufsehen, ob dieses kleine berühmte Jagdflugzeug des verstorbenen Prof. Willy Messerschmitt in den Händen hervorragender Jagdflieger besser war, als es Kenner der Materie, Flugzeugführer oder Historiker, in den Nachkriegsjahren annahmen.

Zugegebenermaßen zögerten die meisten Piloten, ihre Maschinen bis an die äußersten Bruchlastgrenzen zu fliegen, weil sie befürchten mußten, die Maschine bricht in der Luft auseinander. Als 1941 die ersten Fw 190 am Himmel auftauchten, nahmen die englischen Piloten wie selbstverständlich an, diese Maschinen wären ihren *Spitfire* im Kurvenkampf überlegen, was sie ein Jahr lang ihrerseits gegenüber der Me 109 glaubten. Barkhorn ließ als Kommodore des JG 6, das mit Fw 190 ausgerüstet war, Anfang 1945 zwei Me 109 auf seinen Jägerhorst nach Schlesien bringen, um sie bei Luftkampfübungen mit der Fw 190 zu messen. Nach Barkhorns Meinung konnte die Me 109 ihre Stärken am besten im kurvenden Luftkampf gegen die Fw 190 ausspielen. Vielleicht wird sich dieses Geheimnis nie endgültig lösen lassen. Barkhorn besteht darauf, daß die *Spitfire* des Jahres 1940 besser kurven konnte als die Me 109 E! Liegt es möglicherweise daran, daß er damals noch nicht der Spitzenkönner im Luftkampf war wie in den späteren Jahren? Nun denn, wer wäre dann kompetent genug, sich mit den Werturteilen der besten Jagdflieger des Krieges auseinanderzusetzen?

1982 war ich zum letztenmal mit Gerd Barkhorn zusammen. Er, seine Frau Christl und Tochter Ursula besuchten uns im Frühjahr in unserem Heim in den Bergen in der Nähe von Asheville, North Carolina. Tausend Meter über dem Meeresspiegel saßen wir abends auf dem Balkon mit Blick auf die Lichter von Cane Creek Valley. Einen ähnlichen Blick hatte man vom Balkon am Stimmer See, wo das Kaisergebirge herüberleuchtete und unten im Tal Kufstein liegt.

Barkhorn war immer herzlich in seinem Wesen und ganz unverkrampft und natürlich. Alle, die ihn kennenlernten, mochten ihn einfach gern. Er hatte Freude an guter Gesellschaft und angeregten Gesprächen. Einer Zigarette und einem Glas Weißwein war er nie abgeneigt. Fast zu jeder Tageszeit lautete seine Antwort auf die Frage, »Möchten Sie noch ein Glas Wein? – Aber natürlich«.

Anfang 1983 hatte ich die traurige Pflicht, für Zeitungen in den USA einen abschließenden Artikel über einen der besten Jagdflieger der Geschichte zu schreiben, der in Auszügen wiedergegeben wird:

ZWEI DER BESTEN KRIEGSFLIEGER DER WELT OHNE DANK DES VATERLANDES ZU GRABE GETRAGEN

München, – 4. Juli 1983 –

Auf der Autobahn in der Nähe Bonns überholte der Luftwaffengeneral Gerhard Barkhorn, in Begleitung seiner Frau, mit seinem Wagen einen italienischen Lastzug.

Als er sein Auto nach links zog, um an dem Lastzug vorbeizukommen, setzte auch der Lastzug zum Überholen eines vor ihm fahrenden Fahrzeugs an. Barkhorn bremste hart. Die Fahrbahn war naß. Sein Auto geriet aus der Spur und rutschte quer. Ein nachfolgender Wagen raste in die Breitseite von Barkhorns Fahrzeug.

Christl Barkhorn war auf der Stelle tot; Barkhorn wurde innerhalb von Minuten in ein Krankenhaus gebracht. Ursula Barkhorn, seine Tochter, erinnert sich daran: »Als man ihn ins Krankenhaus fuhr, war er bei vollem Bewußtsein. Erst danach fiel er ins Koma, in dem er vier Tage bis zu seinem Tod dahindämmerte.

Wir waren wie betäubt. Ich wurde als älteste Tochter zuerst verständigt. Noch am selben Tag fuhr ich nach Bonn, aber Vater hat sein Bewußtsein nie wiedererlangt. Ich war immer diejenige, an die er sich wandte. Als seine Mutter starb, wir waren damals nach dem Krieg in England, war ich es, die mit ihm nach Deutschland zur Beerdigung und Regelung des Nachlasses fuhr. Er sah in mir so etwas wie einen Sohn. Wenn es um irgendwelche Dinge ging oder Probleme anstanden, hat er sich immer an mich gewandt.

Lange Zeit war ich für ihn das kleine Mädchen. Spät erst suchte ich meine eigenen Wege und ging nach New York. Das war hart für ihn, hatte er mich doch so lange unter seinen Fittichen gehalten. Ich mußte aber diesen Bruch vollziehen, um selbständig zu werden. Ein ganzes Jahr brauchte er, um das schließlich zu verwinden.« Ursula Barkhorn lebt heute in einem Vorort von München. Vor einigen Tagen äußerte sie: »Ich möchte nicht mehr in das Haus zurück. All ihre Sachen stehen noch dort wie früher. Wir werden alles verkaufen.«

»Dann die Beerdigung . . . Alles was Rang und Namen hatte, war aus Bonn angereist«, sagte Ursula Barkhorn. »Die Luftwaffe wollte mit einer Ehrenformation das Grab überfliegen, aber meine Schwester wollte das nicht. Also gab es keinen Überflug von Jagdmaschinen der Bundeswehr während der Begräbniszeremonie!« (Kriegskameraden hielten diese Entscheidung für unerhört.)

KAPITEL 2

Jagd auf die ›Bismarck‹

Im Mai 1941 wurde im Atlantik die Jagd aus der Luft gegen Deutschlands größtes Schlachtschiff – seinerzeit das beste Schlachtschiff der Welt – eröffnet. Das Schiff wurde gefunden und versenkt.

Ursprünglich sollte die *Bismarck* zu diesem Unternehmen gar nicht auslaufen, denn Hitler und der den Streifzug in den Atlantik durchführende Admiral, Flottenchef und Vizeadmiral Günther Lütjens, waren dagegen. Aber Großadmiral Erich Raeder, dessen Wünschen sich Hitler bis dahin, später dann nicht mehr, stets gefügt hatte, lehnte es ab, diesen lange geplanten, kühnen Schlag gegen die englische Seeschiffahrt abzublasen. Der Oberbefehlshaber der Kriegsmarine setzte seinen Kopf durch.

Es mutet wie eine Ironie der Geschichte an, daß der folgenschwere Verlust von Deutschlands und der Welt modernstem Schlachtschiff von dem ältesten und unmodernsten Flugzeugtyp, der im Krieg noch zum Einsatz kam, verursacht wurde. Es war eine *Swordfish* der Royal Navy, ein langsam fliegender Doppeldecker mit offenem Führersitz. Das war alles, was die Royal Navy im Jahre 1941 für den Torpedoeinsatz aufbieten konnte. Erst 1938 hatte man der englischen Kriegsmarine wieder Flugzeuge zugebilligt, nachdem zuvor die im Ersten Weltkrieg gebildete Royal Air Force auch alle Seeluftstreitkräfte geführt hatte. Insbesondere in den Jahren vor dem Krieg vernachlässigte die RAF die Entwicklung von Seeflugzeugen, vor allem aber die von Torpedoflugzeugen.

Die *Bismarck,* ein 53 000-t-Kriegsschiff, vollgepackt mit der modernsten Technik seinerzeit, hielt man dank ihrer Bauweise für fast unsinkbar. Sie war ausgerüstet mit der neuesten Feuerleitanlage, die ihre Werte mittels Funkmeß (Radar) koppelte. Bei voller Kraft voraus konnten bis zu 30 Knoten gelaufen werden, so daß pro Tag etwa 1200 Kilometer zurückgelegt werden konnten. (Als das Schlachtschiff schließlich in die Enge getrieben und gesunken war, befand es sich rund 600 Kilometer von Brest entfernt, dem französischen Hafen, den Admiral Lütjens verzweifelt zu erreichen suchte. Er hätte es in 16 Stunden schaffen können.)

Die englische *Swordfish,* die die *Bismarck* daran hinderte, Brest zu erreichen, landete einen Zufallstreffer an der Ruderanlage der *Bismarck.* Wie das Schicksal so spielt, dieser Treffer kam in letzter Minute der Abenddämmerung, so daß das Schlachtschiff noch kurz vor dem Erreichen eigener Sicherungskräfte lahmgelegt werden konnte. Hätte der Torpedo an jenem Abend des 26. Mai 1941 die Ruderanlage, auf die gar nicht gezielt worden war, nicht getroffen, so hätte die *Bismarck* die Nachtstunden nutzen können, um mit Ostkurs aus dem Raum gefährlicher Luftbedrohung herauszulaufen. Am nächsten Tag schon sollten Me 109 die Sicherung des Luftraumes über dem Flottenverband übernehmen. Anlaß für den Angriff der *Swordfish,* die von dem Flugzeugträger *Ark Royal* startete, war die Aufklärungsmeldung eines *Catalina*-Flugbootes vom Coastal Command. Dieser Seeaufklärer sichtete die *Bismarck* morgens im Raum etwa 1000 Kilometer westlich von Brest. Dieser Aufklärungsflug war ein Hauruck-Einsatz, den Sir Frederick Bowhill, Befehlshaber der Luftstreitkräfte des Coastal Command, wirklich in letzter Minute befohlen hatte.

Es gab noch weitere schicksalhafte Zufälle und Ereignisse. Die *Bismarck* konnte ihre Verfolger um 3 Uhr in der Frühe des 25. Mai abschütteln, nachdem sie am 24. Mai die *Hood,* einen 48 000-t-Schlachtkreuzer, innerhalb von Minuten versenkt hatte. Aber Admiral Lütjens wußte nicht, daß er den englischen Kreuzern, die ihm gnadenlos auf den Fersen waren, entkommen war. Nach Beendigung des atemberaubenden Seegefechts vom 24. Mai konnte er durch die hereinbrechende Nacht Einzelheiten seines Erfolges nicht mehr ausmachen und weitermelden. Erst nach dem Ausmanövrieren seiner feindlichen Verfolger setzte er zwei lange Gefechtsmeldungen über die zurückliegenden Ereignisse auf dem Funkwege nach Berlin ab. In London und anderswo peilten englische Abhörstellen die Funksignale. Anhand der Peilergebnisse ließ sich auf den Seekarten die neue Position der *Bismarck* ermitteln. Fast unglaublich, aber wahr, die Werte wurden ungenau in die Seekarten der Royal Navy übertragen! Noch einmal hatte die *Bismarck* eine Chance zu entkommen. Wegen der fehlerhaften Karteneinzeichnungen gewann das große Schlachtschiff mehrere Stunden Vorsprung vor seinen Verfolgern. Sein Schicksal war besiegelt, als in der letzten Minute des letzten Tages ohne eigenen

Jagdschutz die Ruderanlage versagte und das Schiff bewegungsunfähig wurde.

Die dramatischen Ereignisse um das tragische Schicksal der *Bismarck* suchen ihresgleichen, ganz abgesehen von den vielen Einzelheiten, die, in ihrer Gesamtheit betrachtet, allen Regeln der Wahrscheinlichkeiten im Seekrieg zum Trotz zuwiderliefen. Die *Bismarck* sollte ursprünglich mit ihrem Schwesterschiff *Tirpitz* auslaufen. Doch die *Tirpitz* war seinerzeit noch nicht einsatzbereit. Dafür sollten die Schlachtkreuzer *Scharnhorst* und *Gneisenau* von Brest auslaufen, um zu dem Flottenverband zu stoßen. Kurz vor dem geplanten Einsatz fielen auch sie wegen der Reparatur von Kriegsschäden aus. Lütjens entließ die *Prinz Eugen,* sein einziges Begleitschiff, am 24. Mai aus seinem Verband, nachdem er die *Hood* versenkt und das neue englische Schlachtschiff *Prince of Wales* beschädigt hatte. Hätte die *Prinz Eugen* mit ihrer Flakabwehr der *Bismarck* am 26. Mai die leichtverwundbare *Swordfish* vom Leibe halten können?

Eine andere Unwägbarkeit betrifft das U-Boot U-556 von Korvettenkapitän Herbert Wohlfahrt. Er lag am Morgen des Tages, an dem die *Bismarck* torpediert wurde, in günstiger Position zur *Ark Royal,* dem Flugzeugträger, von dem die *Swordfish* gegen die *Bismarck* abheben sollte. U-556 hatte jedoch schon alle seine Torpedos verschossen.

Von den mehr als 2000 Mann Besatzung der *Bismarck,* viele davon zählten zum Spitzenpersonal der Kriegsmarine, wurden nur 110 gerettet. Admiral Lütjens war nicht unter den Überlebenden. Die *Bismarck* hatte aber noch ihren Tribut gefordert. Von den 1419 Mann der *Hood* überlebten nur drei, ferner gab es Gefallene auf der *Prince of Wales,* die vier 38-cm-Treffer der *Bismarck* und drei 20-cm-Treffer der *Prinz Eugen* erhielt. Die *Bismarck* selbst wurde von zwei 35,5-cm-Granaten der *Prince of Wales* getroffen. Die *Prinz Eugen* erreichte ungefährdet den Hafen von Brest. Beide Kriegsmarinen verloren Prunkstücke ihrer Flotten, und die Royal Navy mußte die Beschädigung ihres neuesten Schlachtschiffes in Kauf nehmen.

Die Versenkung der *Bismarck* markierte einen Wendepunkt in der Geschichte der deutschen Kriegsmarine des Zweiten Weltkriegs. Hitler, den der Verlust der *Bismarck* zutiefst getroffen hat, hat nie wieder einen derartigen Einsatz von Schlachtschiffen genehmigt. Die tragischen Ereignisse im Atlantik bedeuteten den

Anfang vom Ende der militärischen Laufbahn des Admirals Raeder, der das Vertrauen Hitlers nicht mehr zurückgewinnen konnte und schließlich 1943 durch Admiral Karl Dönitz ersetzt wurde. Das Spiel schien zunächst aufzugehen. Wäre die Ruderanlage der *Bismarck* nicht durch den Zufallstreffer eines veralteten Torpedobombers lahmgelegt worden, hätten sich Raeders Planungen in hervorragenden Seekriegserfolgen niedergeschlagen. Sowohl Raeder als auch Dönitz bezeichnen in ihren Memoiren das *Bismarck*-Unternehmen als eine Angelegenheit, der im allerletzten Augenblick der Erfolg versagt blieb. Dönitz merkt an, daß er auf Bitten Lütjens hin am 24. Mai 1941 einen Riegel mit sieben U-Booten südwestlich der Marschrichtung der *Bismarck* und ihrer Verfolger errichtete, um diese mittels Torpedos zu vernichten. Und wieder griff das Schicksal ein. Aufgrund von Ölverlust mußte Lütjens Kurs auf einen Hafen nehmen. Durch anfänglichen Süd- und späteren Südostkurs verloren die U-Boote Kontakt zu ihm.

Fünfzehn Jahre nach dem Untergang der *Bismarck* wurde in einer deutschen Veröffentlichung behauptet, die *Bismarck* wäre erst nach der Zündung von Selbstzerstörungsladungen endgültig gesunken. (Weder Raeder noch Dönitz erwähnen davon etwas in ihren Nachkriegserinnerungen.) – Es scheint, daß Selbstversenkungsladungen angebracht worden sind, andererseits aber auch, daß das ungeheure Feuer, mit dem die *Bismarck* eingedeckt wurde, wahrscheinlich eher als die Selbstversenkungsladungen für den Untergang verantwortlich waren. Wären sie in erster Linie der Grund für den Tod der *Bismarck* gewesen, so wären mit Sicherheit viel mehr von der Besatzung über Bord gegangen, und man hätte dem geschlagenen, vom Tode gezeichneten Koloß am 26. Mai 1941, um 10.36 Uhr, den Gnadenstoß versetzt. In diesem Zusammenhang sei erwähnt, daß in den Nachkriegsberichten über die Kriegsmarine der Selbstversenkung von deutschen Schiffen, insbesondere den U-Booten, eine zu hohe Bedeutung zugemessen wird. Man sah darin ein ehrenvolles Schicksal. Die *Bismarck* hat nie kapituliert. Mit wehender Flagge ging sie unter.

So viel zum Schicksal und seinen Unwägbarkeiten. Wenden wir uns nun der Geschichte der alten *Swordfish* zu, die im Mai 1941 das Ende der *Bismarck* einleitete. Darum geht es schließlich in diesem Kapitel.

1978 machte ich mich in London auf die Suche nach einem Royal Navy-Piloten, der beim Angriff auf die *Bismarck* beteiligt gewesen war. Der in Fragen zur Geschichte der Royal Navy bewanderte Historiker David Brown wußte von einem, der an Englands Südküste leben sollte. Aber unsere ersten Bemühungen blieben erfolglos. Englische Autoren erklärten, daß die meisten Flugzeugführer der *Ark Royal,* die an den entscheidenden Angriffen gegen die *Bismarck* teilgenommen haben, im Verlaufe des Krieges gefallen wären.

Sechs Monate nach dem Untergang der *Bismarck* konnten die Deutschen im November 1941 an der *Ark Royal* Vergeltung üben. U-81 torpedierte sie mittschiffs 50 Kilometer vor der Küste Gibraltars. Sie sank unter schweren Mannschaftsverlusten, noch bevor sie in den rettenden Hafen geschleppt werden konnte. Die geretteten Piloten hatten später beim Einsatz im Fernen Osten in ihren Reihen hohe Verluste zu beklagen.

Endlich gelang es mir 1980, einen *Swordfish*-Piloten ausfindig zu machen, der bei den Torpedoeinsätzen gegen die *Bismarck* dabei war. In der Nähe von Portsmouth konnte ich die lang ersehnte Gelegenheit zu einem ausführlichen Gespräch mit ihm wahrnehmen.

Bevor wir uns näher mit seinen bemerkenswerten Erfahrungen über diesen Einsatz beschäftigen, den er mit acht anderen von Bord des Flugzeugträgers *Victorious* flog, sollen die Leser zunächst etwas über das eingesetzte Flugzeugmuster erfahren. Die englischen Piloten nannten ihre *Swordfish* einfach ›Stringbag‹ (Einkaufsnetz mit großem Fassungsvermögen, im übertragenen Sinne etwa ›Mehrzweckkiste‹; d. Ü.). Die Flugzeugfirma Fairey Aviation kam mit diesem Flugzeug dem Wunsch der Royal Navy nach, ein Muster zu bekommen, das alle wesentlichen Aufgaben erfüllen könnte. Die sechs Hauptaufgaben, die ursprünglich verlangt wurden, waren:

Seeaufklärung
Fühlunghalter
Artilleriebeobachter
Begleitschutz für Geleitzüge
Torpedoeinsatz und Sturzbomber
Minenleger und Träger anderer Schwerlasten

All diese Aufgaben bei einem Flugzeug unter einen Hut zu bringen, das zudem noch eine niedrige Landegeschwindigkeit für Flugzeugträgerlandungen, befriedigende Sturzgeschwindigkeiten als

Sturzbomber, stabiles Flugverhalten und ausreichende Reichweite für den Torpedoeinsatz und den Begleitschutz von Geleitzügen und anderes mehr erbringen sollte, war in der Tat schon eine technische Leistung. Der Prototyp, der diesen Anforderungen gerecht werden sollte, war 1934 von seinem Konstrukteur Marcel Lobelle vorgestellt worden. Er bewährte sich von Anfang an und erhielt die Bezeichnung *Swordfish* (Schwertfisch). Irgend jemand machte dann die Bemerkung, daß keine Hausfrau mehr an vielfältiger Warenauswahl in ihr Einkaufsnetz hineinpacken könne. So entstand der Name ›Stringbag‹, der alsbald Anklang fand. Die fliegenden Besatzungen nannten seitdem ihren Torpedobomber und Doppeldecker liebevoll ›Stringbag‹.

Nur wenige Verbesserungen wurden an diesem Flugzeug bis 1939, dem Ausbruch des Zweiten Weltkriegs, vorgenommen. Somit begann die Royal Navy den Krieg mit einem langsamen, seinerzeit schon veralteten torpedotragenden Doppeldecker. Weil die RAF mit ihren Forderungen nach Flugzeugen in kritischer Phase des Luftkriegs Vorrang eingeräumt bekam, hatte die Royal Navy zurückzustehen, so daß sie bei Kriegsende 1945 immer noch die alten ›Stringbag‹ im Dienst hatte. Es war das einzige englische Kriegsflugzeug, das von Anfang bis Ende des Krieges durchgehend im Einsatz stand.

Die ›Stringbag‹ konnte mit einem 725-kg-Torpedo beladen werden, ihre Reisegeschwindigkeit betrug 170 km/h, und im fast senkrechten Sturz erreichte sie 350 km/h, aus dem sie sich noch in 150 Meter über Grund abfangen ließ. Sie hatte vorzügliche Langsamflugeigenschaften in allen Höhenbereichen. In vieler Hinsicht mutete sie wie ein Relikt aus dem Ersten Weltkrieg an – offene Kabine, ein durch den Propeller feuerndes Vickers-MG, das der alte ›Stringbag‹-Pilot Charles Lamb als die Weiterentwicklung von Pfeil und Bogen bezeichnete, und ein nach hinten gerichtetes Lewis-MG. Die Besatzung bestand aus drei Mann. Vorne saß der Pilot, dahinter der Beobachter und ganz hinten der Bordschütze. Fliegerhaube und Fliegerbrille sowie vieles andere ihrer persönlichen Ausrüstung unterschieden sich wenig von den Dingen, die in den Luftkämpfen des Ersten Weltkriegs getragen wurden.

Diese Art Fluggerät flogen die englischen Piloten fast sechs Jahre lang über allen Weltmeeren im Zweiten Weltkrieg. Trotz der Zulieferungen modernerer Flugzeuge aus den USA in späteren Kriegsjahren hielten viele die ›Stringbag‹ für unersetzbar. Sie flogen Einsätze vor der norwegischen Küste und schützten bis ins Frühjahr 1945 die nach Murmansk laufenden alliierten Geleitzüge (darüber mehr im Kapitel 12). Man darf ohne Übertreibung behaupten, daß die Piloten und Besatzungsmitglieder, die in dem veralteten Flugzeug im offenen Cockpit grimmiger Kälte trotzten und Jahr für Jahr weite Flüge über eisige Meere durchführten, zu den Tapfersten der Tapferen zählten. Im Falle einer Notwasserung blieb ihnen meist keine Hoffnung auf Rettung. Häufig konnten die Mutterschiffe nicht lange beidrehen, um nach ihnen zu suchen, wenn man überhaupt wußte, wo man suchen sollte. Oft verhinderten schlechtes Wetter oder Dunkelheit alle Rettungsversuche.

Kapitänleutnant Philip David Gick, 1913 in Portland (Dorset) als Sohn des verstorbenen Sir William John Gick geboren und am Ramsgate College erzogen worden, war einer der unerschrockenen Männer, der 1941 die *Swordfish* flog. »Percy« Gick trat 1930 in die Royal Navy ein, nachdem er sowohl die Aufnahmeprüfung für die Verwaltungs- als auch die Ingenieurlaufbahn nicht bestanden hatte. Er ließ sich nicht entmutigen und schaffte es schließlich, in die Ingenieurlaufbahn zu kommen (»Ein Bewerber hatte einen Motorradunfall, so daß ich eine Chance bekam«). Auf dem Umweg über die Ausbildung zum Verwaltungsbeamten kam er zur Fliegerei. Nach zweieinhalb Jahren fliegerischer Ausbildung bekam er 1936 als Leutnant zur See sein Flugzeugführerabzeichen verliehen. Um diese Zeit war das deutsch-englische Flottenabkommen unterzeichnet, und Hitler hatte die Besetzung des Rheinlandes vollzogen. 1939 war er in Leuchars/Schottland stationiert. Zu Kriegsbeginn lag er im Lazarett und war über seinen körperlichen Zustand sehr unglücklich, der ihm keine Gelegenheit bot, an der Front dabeizusein. Aber er sollte noch genügend Zeit und Möglichkeiten für den Fronteinsatz bekommen. 1964 trat er als hochdekorierter Konteradmiral Gick in den Ruhestand, um dann in einem Werftbetrieb bei Portsmouth tätig zu sein. Dorthin fuhr ich an einem grimmigkalten, regnerischen Wintertag im Jahre 1980. Aus seinem Munde wollte ich hören, wie es ihm damals, 1941, bei seinen Flügen gegen die *Bismarck* ergangen ist.

Der Zug von der Londoner Waterloo Station lief pünktlich um 12.26 Uhr in Havant ein. Vor dem Bahnhof stand ein roter Rover. An seinem Steuer saß der Pilot, dessen vorzügliches Sehvermögen ihn zu den ersten Piloten machte, die am 24. Mai 1941 die riesigen Umrisse der mit 2000 Mann an Bord auf Südkurs laufenden *Bismarck* sichteten. Gick trug blaue Hosen, einen blauen Pullover mit rotem Schal und blaue Leinenschuhe. Sein Haar ist grau und schon etwas schütter; er war 67 Jahre alt. Aber er macht einen frischen, spannkräftigen Eindruck, ist schnell in seinen Bewegungen und von gepflegtem Äußeren, der Blick seiner grünen Augen ist klar und offen. Das gewinnende Lächeln zur Begrüßung erklärt die Beliebtheit in seinem Wohnort. Seit vierzig Jahren glücklich verheiratet, wird der Held des Ortes von jung und alt liebevoll ›der Admiral‹ genannt. Wir fuhren zum »Crown Hotel« nach Emsworth, in dessen Bar der Admiral gerne zu einem Drink ›an Land geht‹. Dort richteten wir unseren Blick zurück auf die geschichtlichen Ereignisse. Ich bat ihn, mir die erregenden Geschehnisse aus den Tagen im Mai 1941 zu schildern. Hier sein Bericht:

»Noch im Lazarett, wo ich 1939 bei Kriegsbeginn lag, erhielt ich den Auftrag zur Ausbildung von Torpedofliegern. Bis April 1941 nahm ich diese Aufgabe wahr. Dann wurde ich Einsatzoffizier der von Korvettenkapitän Eugene Esmonde geführten 825. Staffel. Wir lagen damals im schottischen Machrihanish und flogen die *Swordfish*. Da unsere Maschinen von der Flugzeugfirma Blackburn gebaut waren, nannten wir sie ›Blackfish‹. Zu den Einsatzverfahren gehörte der Abwurf von Übungstorpedos im Tiefflug, die etwa 1000 Meter vor dem Ziel ausgeklinkt wurden. Mit Hilfe von in den Tragflächen eingebauten Kameras versuchten wir, unsere Abwurftechnik immer mehr zu verfeinern. Man sprach davon, daß wir bald zum Fronteinsatz kommen sollten. Aber kein Mensch ahnte, daß es sehr viel schneller auf uns zukam.

Die Ausbildung wurde bis Mai fortgesetzt. Inzwischen hatte ich ein Entwicklungsgerät entworfen, mit dessen Hilfe die von den Bordkameras gemachten Bilder innerhalb von zwei Stunden ausentwickelt vorlagen, so daß kurz nach den Übungseinsätzen bereits die Auswertung vorgenommen werden konnte. Vorher hatte es zwei Tage gedauert, bis wir die entwickelten Bilder in den Händen hatten. Die Ausbildung machte zwar Fortschritte, aber die meisten jungen Flugzeugführer begannen gerade erst damit, sich in die Abwurftechnik hineinzufinden und in ihren Leistungen zu verbessern. Keiner hatte je eine Flugzeugträgerlandung gemacht. Am 21. Mai traf überraschend ein Fernschreiben von der Admiralität ein. Wir hätten sofort alle Vorbereitungen zu treffen, an Bord des Flugzeugträgers *Victorious* zu verlegen!«

Anlaß zu diesem Fernschreiben war das Auslaufen der *Bismarck* aus dem Hafen von Gdingen am 18. Mai 1941. Die *Bismarck* hatte den Großen Belt durchquert und am 21. Mai in Bergen festgemacht. Dort wurde sie zum zweitenmal von Aufklärern gesichtet. Diese Nachricht drängte die Admiralität zu dem Befehl, noch nicht vollständig ausgebildete Flugzeugführer und Besatzungen unter Führung von Gick auf die *Victorious* zu verlegen. Die *Victorious* hatte schon *Hurricane*-Flugzeuge an Bord, die für Malta bestimmt waren. Weil diese Ladung nicht gelöscht werden konnte, hatten nur zusätzlich neun *Swordfish* und sechs *Fulmar*-Jagdmaschinen Platz an Deck. Sir John Tovey, der Flottenchef, wußte genau, daß Kapitän Bovell mit seiner *Victorious* nicht einsatzbereit war, und daß seine Bordflugzeugführer keine Erfahrung mit Trägerlandungen hatten. Auf ständige Rückfragen von höheren Stellen hin entschied sich Bovell, nachdem er sich mit dem für den fliegerischen Einsatz verantwortlichen Offizier, Fregattenkapitän H. C. Ranald, und dem dienstältesten Staffelkapitän, Korvettenkapitän Esmonde, beraten hatte, daß die *Victorious* in See stechen solle. Am 21. Mai befahl Tovey der *Hood,* der *Prince of Wales* und den Begleitschiffen, zu Patrouillenaufgaben in die Dänemark-Straße (zwischen Grönland und Island) zu laufen. Ein Aufklärer des Coastal Command, der trotz schlechtester Wetterbedingungen nach Bergen vorstieß, meldete, daß die *Bismarck* und die *Prinz Eugen* ausgelaufen seien. Daraufhin setzte der Flottenchef mit dem Rest seines Flottenverbands, wozu auch die *Victorious* mit den neun *Swordfish* und ihren Besatzungen zählte, Kurs mit dem Ziel, den beiden deutschen Kriegsschiffen den Weg abzuschneiden, um sie zu stellen.

Deutscherseits bedeutete die Feindfahrt der *Bismarck* den Höhepunkt langfristiger und sorgfältiger Planungen und Anstrengungen für die Führung des Seekrieges der deutschen Kriegsmarine im Atlantik. Der für die *Bismarck* befohlene dreimonatige Einsatz verfolgte das Ziel, der englischen Seeschiffahrt einen Schlag zu versetzen und damit die lebenswichtigen Versorgungswege zu unterbrechen. Das hätte gelingen können, wenn die Planungen des Oberkommandos der Marine nicht durch den englischen Luftangriff auf die im Hafen von Brest liegenden *Scharnhorst* und *Gneisenau,* die sich dem Flottenverband von *Bismarck* und *Prinz Eugen* anschließen sollten, vorzeitig zunichte gemacht worden wären. Es ist zweifelhaft, ob die langsamen *Swordfish* der *Ark Royal* die *Bismarck* in die Enge hätten treiben können, wenn sie über dieselbe Abschirmung und Sicherung wie andere Großschiffe verfügt hätte.

Ende Februar 1941, nachdem die Ostsee eisfrei war, begannen die *Bismarck* und die *Prinz Eugen* mit den Ausbildungsfahrten, wobei besonderes Augenmerk auch kleinsten Einzelheiten gewidmet wurde. Tanker und Versorgungsschiffe mußten im Atlantik neue Positionen beziehen, ferner wurden zahlreiche U-Boote in die Operation, die den Decknamen »Rheinübung« erhielt, mit einbezogen.

Es war für die *Bismarck* verhängnisvoll, daß sie ohne die *Tirpitz* und die beiden Schlachtkreuzer im Hafen von Brest operieren mußte, und daß sie schon bald nach dem Auslaufen von einem feindlichen Aufklärer gesichtet wurde. Aus deutscher Sicht war der Standpunkt der Kriegsmarine verhängnisvoll, die seinerzeit für die Fahrt in den Atlantik der Passage der Dänemark-Straße und nicht zwischen Schottland und Island den Vorzug gab. Das hatte teilweise damit zu tun, daß in den öffentlichen Medien Englands lang und breit über die Vorhaben einer Verminung der Passage zwischen Schottland und Island berichtet wurde. Doch im Mai 1941 war die Verminung dieser Durchfahrt alles andere als ausreichend. Die Engländer begannen Ende 1940 im Rahmen der Abwehrmaßnahmen gegen U-Boote mit der Verminung. In derart tiefen und stürmischen Gewässern halten sich Minenfelder meist nicht lange, ganz abgesehen davon, daß über Wasser laufende Schiffe, die mit Minenräumgeräten ausgerüstet sind und auf geradem Kurs die Minengassen durchqueren, kaum gefährdet waren.

Das sich bald abzeichnende Seegefecht in der Dänemark-Straße war für die deutschen Schiffe noch nicht bedrohlich. Sie gewannen in der Tat die Begegnung. Danach hatten sie ihre Verfolger fast ununterbrochen im Nacken. Ohne Sicherungsschiffe und Luftunterstützung, die ihn hätten abschirmen können, befand sich Admiral Lütjens in ungünstiger Lage, wenngleich es ihm beinahe gelungen wäre, dem ausgeworfenen Netz zu entschlüpfen und einen französischen Hafen zu erreichen. Es sei daran erinnert, daß es zu jener Zeit weder in der englischen noch in der amerikanischen Kriegsmarine ein Schiff gab, das an die Leistungen einer *Bismarck* oder *Tirpitz* nur annähernd herangekommen wäre. Die *Hood,* sehr bald von der *Bismarck* versenkt, verfügte über eine beträchtliche Feuerkraft und war das größte Kriegsschiff der Royal Navy. Trotz ihrer

42 000 t wies sie Schwächen in der Panzerung auf, was den Überlegungen der Royal Navy aufgrund ihrer Erfahrungen nach der Seeschlacht im Skagerrak zuzuschreiben war. Das Kriegsschiff war bereits über zwanzig Jahre alt.

Die *Bismarck* und *Prinz Eugen* liefen unbehelligt nördlich von Schottland vorbei und erreichten am 23. Mai in den frühen Abendstunden die Dänemark-Straße. Von dort funkten die englischen Kreuzer *Suffolk* und *Norfolk* die Blitzmeldung, daß sie mittels Radar die deutschen Schiffe geortet haben und nach einem noch glimpflich verlaufenen Feuerüberfall sich absetzen konnten, um in gehörigem Abstand weiterhin Fühlung zu halten. Bis zur Morgendämmerung des 24. Mai hoffte man, die Großkampfschiffe der Royal Navy zu einem Seegefecht heranführen zu können. Vizeadmiral L. E. Holland, Flottenchef der *Hood* und *Prince of Wales* sowie weiterer sechs Zerstörer, ließ die Zerstörer gegen 2 Uhr auf dem ursprünglichen Nordkurs, während er mit seinen Großkampfschiffen auf südlichen Parallelkurs zu den deutschen Schiffen abdrehte. Zwischenzeitlich steuerte Sir John Tovey, Flottenchef eines mächtigen Geschwaders, zu dem die *Victorious,* Schlachtschiffe, Kreuzer und Zerstörer gehörten, im Südosten der deutschen Schiffe Westkurs und hoffte so, falls die *Bismarck* und *Prinz Eugen* der *Hood* und *Prince of Wales* entkommen sollten, die Schiffe südlich der Dänemark-Straße abfangen zu können.

Am Morgen des 24. Mai, um 5.49 Uhr, bekam Admiral Holland an Bord der *Hood* dank der Meldungen der Fühlung haltenden Kreuzer die deutschen Schiffe in Sicht. Fälschlicherweise ließ er das Feuer gegen die *Prinz Eugen* eröffnen. Schon drei Minuten später korrigierte er seinen Fehler und ließ von seinen beiden Schiffen die *Bismarck* unter Beschuß nehmen, die ihrerseits inzwischen die englischen Schiffe ausgemacht hatte und sofort die *Hood* unter Feuer nahm. Das dramatische Seegefecht zwischen diesen vier mächtigen Schiffen war von erstaunlich kurzer Dauer. Die *Hood* hat die *Bismarck* wahrscheinlich nicht getroffen, aber schon in der ersten Minute des Gefechts brach im Mitteldeck der *Hood* ein Feuer aus. Nach drei oder vier Minuten konnten Deckmannschaften der *Prince of Wales,* die in Kiellinie zur *Hood* lief, die jetzt aber 20 Grad nach Backbord gedreht hatte, entsetzt beobachten, wie zwei schwere Granaten an der Rumpfseite des größten englischen Schlachtschiffs mit riesigen Wasserfontänen einschlugen, woraufhin es zu einer unmittelbar folgenden Explosion kam.

Wo vorher noch die *Hood* zu sehen war, schossen Flammenwände hoch in die Luft. Die Magazine waren hochgegangen! Die *Prince of Wales,* die auf den neuen Kurs der *Hood* eingedreht hatte, mußte hart Gegenruder geben, um nicht in das Wrack und die Trümmer hineinzulaufen. Alles, was von der *Hood* nach der Explosion noch zu sehen war, und das nur für kurze Zeit, war, wie sie kenterte und über Bug und Heck sank.

Die Feuerfolge der deutschen Schiffe war schneller als die der englischen. Nachdem die deutschen Schiffe das Feuer auf die *Prince of Wales* konzentriert hatten, nahmen die Nahtreffer und Volltreffer bedrohlich zu. Die englischen Schiffe hatten sich zudem noch in ungünstige Schußwinkel manövriert, so daß sie nicht ihre gesamte Feuerkraft einsetzen konnten. Die *Prince of Wales* fiel bald aus, weil sie einen Treffer auf die Brücke erhielt, der hohe Personalverluste zur Folge hatte. Der Kapitän des neuen Schiffs, dessen Besatzung noch nicht voll ausgebildet war und wo waffentechnisches Lehrpersonal der Waffenfirma beim Laden der Geschütze mithelfen mußte, war sich darüber im klaren, daß er der *Hood* in die Tiefen des Ozeans folgen würde, wenn er sich nicht mit seinem Schiff aus dem Seegefecht lösen würde. Nach sieben Treffern (vier aus den 38-cm-Rohren der *Bismarck* und drei aus den 20,3-cm-Rohren der *Prinz Eugen*) drehte er ab. Interessanterweise kamen weder die *Suffolk* noch die *Norfolk* bei diesem Seegefecht je in Reichweite der *Bismarck,* obwohl sie sich dem Verband der englischen Großkampfschiffe in der Morgendämmerung angeschlossen hatten. Die *Suffolk* feuerte aus 22–24 Kilometer Entfernung sechs Lagen, die aber alle zu kurz einschlugen. Die beiden Schlachtkreuzer beschatteten weiterhin die deutschen Kriegsschiffe, die davon absahen, die *Prince of Wales* zu verfolgen und zu versenken, was ohne weiteres möglich gewesen wäre. Das war nicht Lütjens Aufgabe. Der einzige deutsche Marineoffizier, der seinerzeit dabei war, Baron von Müllenheim-Rechberg, hat berichtet, daß viele der Schiffsbesatzung über diese Entscheidung sehr enttäuscht waren.

Gegen Ende des Tages bahnte sich der Umschwung an. Aber für Gick und alle englischen Seeleute und Flieger wirkte die Nachricht von der innerhalb von Minuten erfolgten Versenkung des Prunkstücks der Royal Navy und die Beschädigung der *Prince of Wales,* die gefechtsunklar wurde, wie ein Schock. Das Geschwader von Tovey mit der *Victorious* setzte Kurs, um der *Bismarck* den Weg abzuschneiden. Auf ihn setzte man in England alle Hoffnungen. Andere englische Schiffe, wie auch die Force H, die sich von Gibraltar heraufbewegte, erhielten Befehl, Kurs auf die deutschen Schiffe zu nehmen.

Admiral Lütjens sah sich schweren Entscheidungen gegenüber. Verhängnisvoll für ihn war die technische Neuerung Radar an Bord der *Suffolk* und *Norfolk,* die er nicht hoch genug einschätzte. Diese Fehlbeurteilung der Lage sollte sich später für ihn folgenschwer auswirken. Das vordergründigste Problem der *Bismarck* war jedoch ein Treibstoffleck, das durch einen der zwei Volltreffer der *Prince of Wales* gerissen wurde (der andere Treffer durchschlug ein Boot an Deck). Der entscheidende Treffer schlug im Backbord-Treibstoffbunker ein, so daß Öl an Bord und in die See auslief und Seewasser in die Bunker eindrang. Die Schäden lagen unter der Wasserlinie und waren nicht sichtbar. Die *Bismarck* bekam leichte Schlagseite nach Backbord, sie verlor an Fahrt und das Vorderdeck sackte etwas ab. Lütjens ließ Taucher im Schiffsrumpf Rohrleitungen verlegen, damit das Öl nach hinten gepumpt werden konnte. Über die Einschlagstelle wurde eine Lackmatte gezogen. Nach etwa zwei Stunden Arbeit konnte die Fahrt wieder aufgenommen werden. Das Umpumpen dauerte noch Stunden, so daß erst am nächsten Morgen das Vorderdeck wieder normal im Wasser lag.

Da er pausenlos von den zwei englischen Schlachtkreuzern beschattet wurde, mußte sich Lütjens entscheiden, was mit der *Prinz Eugen* zu geschehen habe. Er ging folgerichtig davon aus, daß er von einem großen englischen Flottenverband letztendlich gestellt würde. Sollte er seinen Schlachtkreuzer entlassen, damit er sich in Sicherheit bringen könne, solange keine größeren Gefahren drohten? Mit edler Geste entschied er genau zur richtigen Zeit, den Schlachtkreuzer aus seinem Verband zu entlassen. Mit nur acht 38-cm-Geschützen hatte er einem gegnerischen Geschwader, das über siebzehn 38-cm-Geschütze verfügte, im Seegefecht eine Niederlage bereitet. Er konnte mit seinem jetzt angeschlagenen Schlachtschiff nicht mehr davon ausgehen, bei weiteren Seegefechten diesen Erfolg zu wiederholen.

Als der Tag sich neigte, schob sich der gemischte Flottenverband von Sir John Tovey mit der Ortungshilfe von Horchstellen unerbittlich von Osten heran. Die Torpedoflieger der *Victorious* wurden in Alarmbereitschaft versetzt, um gegen die *Bismarck* zu fliegen, sobald der Flugzeugträger bis auf 160 km Entfernung heran war.

Jetzt sollten Gick und seine Kameraden mit der *Swordfish* ihre Chance bekommen. Es war noch hell. Die englische Flotte nutzte die sogenannte doppelte Sommerzeit, so daß es in diesen Breiten zu dieser Jahreszeit erst um Mitternacht dunkel wurde. An Bord der *Victorious* machte sich Gick seine Gedanken, wann ihm und seinen acht Kameraden wohl der Einsatzbefehl erteilt werde und wie die Piloten, die noch nie eine Flugzeugträgerlandung gemacht hatten, mit der Lage zurechtkommen würden. Er, sein Beobachter, V. K. ›Duke‹ Norfolk, und sein Heckschütze, L. D. Sayer, wußten, daß die Flotte mit aller Kraft voraus lief, um die *Bismarck* abzufangen.

Alle fieberten nach Revanche. Ihre Position war etwa 500 Kilometer ostwärts der *Bismarck*. Admiral Tovey steuerte einen Kurs, der ihm die Möglichkeit bot, die *Bismarck* selbst dann noch zu stellen, wenn sie auf Nordkurs gedreht hätte. Andererseits bestand bei diesem Ansatz die Gefahr, daß die *Bismarck* entkommen wäre, wenn sie Südwestkurs eingeschlagen hätte. Am frühen Nachmittag, die *Norfolk* und *Suffolk* hielten als Beschatter ständig Fühlung, nutzte die *Bismarck* ein Nebelgebiet und lief auf Gegenkurs ihren Peinigern entgegen. Merkwürdigerweise hatte der Kapitän der *Norfolk* das ungute Gefühl, daß die *Bismarck* genau diesen Schachzug ausführen werde. Obwohl er den Radarkontakt verloren hatte, lief auch er in dem Nebelgebiet auf Gegenkurs. Als die Sicht plötzlich aufklarte, zeichnete sich in nur dreizehn Kilometer Entfernung am Horizont drohend die *Bismarck* ab. Die *Norfolk* machte sich in aller Eile aus dem Staub.

Die *Bismarck* hatte gar nicht die Absicht, die feindlichen Kreuzer anzugreifen, sondern manövrierte nur, um das Ausscheren der *Prinz Eugen* taktisch vorzubereiten. Und sie schaffte es, sich abzusetzen, ohne daß es die Engländer bemerkten. Erst einige Tage später, nachdem sie den sicheren Hafen Brest angelaufen hatte, wurde sie dort entdeckt. Die *Bismarck* nahm ihren alten Kurs Richtung Südwest wieder auf. An Bord der *Victorious* machten sich die Flugzeugführer Sorgen über das Wetter. Aus wolkenverhangenem Himmel regnete es. Bei 27 Knoten Fahrt schlingerte die *Victorious* beträchtlich. So manchem an Bord war nicht behaglich zumute, denn das Schlachtschiff *Repulse,* das mit voller Fahrt 27 Knoten in Kiellinie folgte, kam regelmäßig achteraus bei schlechter Sicht gefährlich nahe heran, weil der Kapitän die Umdrehungszahl der Maschine nicht zurücknehmen wollte.

Nachmittags wurde die *Bismarck* von zwei in Island gestarteten Aufklärern entdeckt. Um 16.40 Uhr drehte die letzte der Maschinen ab, um ihren Heimatplatz zu erreichen. An Bord der *Bismarck* faßte Lütjens den Entschluß, wegen des Treibstoffverlustes mehr auf Südkurs zu drehen, was ihn auch näher an Brest heranführte. Zu allem Unglück für die Deutschen brachte dieses Manöver die *Bismarck* und ihre Verfolger aus dem Operationsbereich eines weiter südwestlich auf der Lauer liegenden U-Boot-Rudels heraus. Am gleichen Nachmittag entschloß sich Admiral Tovey, die *Victorious* mit vier leichten Kreuzern seinem langsam laufenden Flottenverband vorauszuschicken, damit die Trägerflugzeuge schneller in Angriffpositionen kommen. Die *Bismarck* komplizierte die Lage, indem sie auf Westkurs drehte, nachdem sie in einem kurzen Seegefecht auf einen ihrer Verfolger, die *Suffolk,* das Feuer eröffnet hatte. Die *Prince of Wales* schoß zwar zurück, verzeichnete aber keine Erfolge an der *Bismarck.* Dieser kurze Ausfall nach Westen vergrößerte den Abstand zwischen dem Schlachtschiff und dem sich nähernden Flugzeugträger. Die *Prinz Eugen* konnte sich nach Südwesten absetzen und alleine, unbehelligt von feindlichen Verfolgern, ihren Weg nehmen.

So zogen sich die kritischen Stunden dieses entscheidenden Tages, des 24. Mai 1941, dahin. An Bord der *Victorious* standen die aufgerüsteten neun *Swordfish* mit ihren Besatzungen für den Einsatz bereit. Es war fast 21 Uhr und immer noch hell. Kapitän Bovell wollte um diese Zeit etwa seine *Victorious* bis auf 160 Kilometer Reichweite an die *Bismarck* herangeschoben haben, was ihm aber nicht gelang. Er hielt weiter auf die von der *Suffolk* und *Norfolk* gemeldete Position zu. Noch eine Stunde verstrich, und nach den Einzeichnungen auf den Seekarten waren es knapp 200 Kilometer bis zur *Bismarck.* Jetzt mußte es gewagt werden, jetzt oder nie! Es war 22 Uhr und weiterhin taghell. Trotz starker auffrischender Nordwestwinde und wechselnden schweren Regenschauern erteilte Kapitän Bovell den neun *Swordfish* den Startbefehl. Das war der Augenblick, auf den Gick, Esmonde und all die anderen Flieger gewartet hatten.

Schon lange hatte Gick seine Fliegerbekleidung angelegt – fellgefütterte Kunstlederjacke, brauner Fliegerhelm mit flexiblem Sprachrohr, dicke Socken und schwere Fliegerstiefel. Im kleinen Lageraum der *Victorious* war die Einsatzbesprechung über die Anflugverfahren schon beendet. In ihren Kajüten an Deck oder im

Lageraum warteten die Besatzungen auf den Einsatzbefehl. Die Maschinen waren bereits warmgelaufen, und sie standen bereit, auf das Startzeichen hin angelassen zu werden.

Als die Alarmierung durchgegeben wurde, rannten die Piloten mit ihren Besatzungen zu ihren Doppeldeckern und schnallten sich in den neun ›Mehrzweckkisten‹ fest. Die Warte standen bereit, die Kurbel in der Hand, um den Anlasser des 760-PS-Motors in Schwung zu bringen. Sie kurbelten so lange, bis der hohe singende Ton den richtigen Klang hatte. Sodann zog der Flugzeugführer einen metallenen Ring links in seinem Führersitz, der einen Draht betätigte, um den Schwungkraftanlasser an den Pegasus-Motor zu kuppeln. Zunächst spuckte der Motor Qualmwolken, um schließlich ein wenig mühselig anzuspringen. Bald lief er rund und brummte mit dem typischen Motorengeräusch, das sogar den peitschenden Wind übertönte.

Für den Start lief die *Victorious* fast Höchstfahrt, also 30 Knoten oder schneller. Die silbergrauen Doppeldecker hoben und senkten sich im Gleichklang mit dem Trägerdeck, das bei prasselndem Regen genau in den steifen Wind gedreht hatte. Flugzeug Nr. 5A mit Esmonde als Pilot wurde als erstes für den Start freigewunken. Mit laut röhrendem Motor hob es langsam am Ende des Decks ab. Es war kurz nach 22 Uhr. Nach und nach folgten die anderen, formierten zum Verbandsflug und nahmen Kurs nach Westen. Das feste Fahrwerk, die bullige Flugzeugnase, zahlreiche Flächenverstrebungen und die Doppeldeckeranordnung der Tragflächen ließen knapp 90 Knoten oder weniger erreichen. Der unter dem Rumpf hängende Mark-II-N-Torpedo wog etwa 725 kg. Zwei Querverstrebungen in Augenhöhe vor dem Piloten enthielten eine horizontal angeordnete Reihe von Lichtern. Die Piloten hatten in der Ausbildung gelernt, mit ihrer Hilfe beim Angriff auf Schiffe den richtigen Vorhalt zu ermitteln, wobei die Auslösung des Torpedos bei 2000 Meter zugrunde gelegt war. Der Abstand zwischen den Lichtern entsprach jeweils 5 Knoten Fahrt des anzugreifenden Schiffes. Machte ein Schiff beispielsweise 20 Knoten Fahrt, so mußte der Pilot das vierte Licht auf den Bug des Gegners anhalten, damit Flugzeuglängsachse und Torpedo den richtigen Vorhalt auf das feindliche Schiff hatten.

Die neun *Swordfish* der *Victorious* flogen kettenweise mit je drei Maschinen. Die Kettenführer waren Esmonde, Gick und Kapitänleutnant H. C. P. Ballard. Rechts und links von Gick, etwas nach hinten gestaffelt, flogen die Besatzungen von W. F. C. Garthwaite und Oberleutnant zur See D. P. B. Jackson. Alle Maschinen flogen sehr tief über dem Wasser. Unter den Wolken herrschte hervorragende Sicht, und alle Augen waren auf die schwergehende See im Westen gerichtet. Die ersten Schiffe, die in Sicht kommen sollten, mußten die *Norfolk, Suffolk* und *Prince of Wales* sein, die backbords der *Bismarck* ihren Kurs liefen, wo sie seit kurz nach 18 Uhr, als die *Bismarck* kurzfristig Gegenkurs genommen hatte, Position bezogen hatten.

Es dauerte bis ungefähr 23.20 Uhr, daß die *Swordfish*-Piloten, die jetzt zum Schutz gegen Flakbeschuß in den Wolken flogen, durch ein Wolkenloch endlich ein Schiff ausmachten. Einige glaubten, es wäre die *Bismarck.* Esmonde bereitete sich auf einen Torpedoangriff vor. Als die *Swordfish* aus den Wolken stieß, identifizierte er das Schiff als die *Norfolk,* der die falsche Angriffsrichtung mißfiel, so daß sie sofort Erkennungssignal schoß. Esmonde, Gick und die anderen folgten dem neuen anliegenden Kurs der *Norfolk* weiter nach Backbord in Richtung auf die *Bismarck.* Wieder tauchte ein Schiff wie aus dem Nichts auf. Diesmal war es ein Küstenwachboot der US Coast Guard, die *Modoc,* die ein unerklärlicher Zufall inmitten des sich entwickelnden Dramas geführt hatte. Von neuem nahmen die *Swordfish* die Orientierung auf, wobei ihnen die *Norfolk* Hilfen gab.

Zehn Minuten später, knapp an der Wolkenuntergrenze im Regen fliegend, war es Gicks Beobachter Norfolk, der als erster auf seinem kleinen Radarbildschirm die Umrisse des großen deutschen Schlachtschiffs entdeckte. »Ich habe die *Bismarck* auf dem Schirm!« brüllte er recht laut. »Backbord voraus. Achteraus ist die *Norfolk.* Aber zwischendrin zeichnet irgend etwas Komisches!« (Das war die *Modoc*).

Der Beobachter von Esmonde hatte mit seinem Radargerät Schwierigkeiten, konnte aber die *Norfolk* ausmachen. Die *Swordfish* flogen weniger als 300 Meter über See. Esmonde befahl allen die Angriffsvorbereitung. Die üblichen Angriffsverfahren schrieben vor, aus 500 Metern bis auf 20 Meter hinabzustürzen, um die Torpedos dann nach einer kurzen Phase im langsamen Geradeausflug auszulösen. Wenn die ›Stringbag‹ mit achtzig oder neunzig Knoten sich dann so dahinquälte, war sie in höchstem Grade verwundbar. Der linke Daumen des Piloten lag auf dem Auslöseknopf des Steuerknüppels, um jederzeit den Torpedo auf seine Bahn zu schicken. Und plötzlich, die Maschinen waren im Steigflug auf 500 Meter begriffen, sahen sie genau vor sich durch ein Wolkenloch die *Bismarck,* die sofort auf die langsamen Torpedobomber mit allen Flakrohren das Feuer eröffnete. Gick und die anderen lockerten schnell den Verband auf. Das Flakfeuer ließ den *Swordfish*-Verband vollends platzen. Gick konnte die explodierenden Flakgranaten nicht nur sehen, sondern auch die schwarzen Flakwölkchen mit ihrem beißenden Sprengstoffgeruch riechen.

»Esmonde entschied sich, sofort anzugreifen«, erinnert sich Gick. »Wir waren Backbord voraus. ›Speed‹ Pollard drehte mit seinen drei Maschinen ab, um von der anderen Seite her anzugreifen. Ich entschied mich, den Steigflug fortzusetzen, damit ich in die bestmögliche Position für den Torpedoangriff kam. Dann schien die *Bismarck* ihr Abwehrfeuer auf uns zusammenzufassen, denn wir flogen mit einem Mal durch dicke schwarze Flakwolken. Norfolk schrie mir zu: ›Keine Sorge, die zerlegen alle vor uns.‹ Seinerzeit wußten wir das aber nicht so genau. Vor kurzem sah ich in einer Fernsehsendung der BBC einen deutschen Flakoffizier, der erklärte, daß die Schußtafeln der *Bismarck* nur bis zur Untergrenze von 100 Knoten (185 km/h Fluggeschwindigkeit) reichten. Mit anderen Worten, unterhalb dieser Geschwindigkeit stimmten die Feuerleit- und Vorhaltwerte nicht mehr! Aus diesem Grund zerlegten die Flakgranaten wahrscheinlich alle vor uns, wir flogen knapp 80 Knoten!

Zwischenzeitlich hatte Esmonde mit seinen drei Maschinen auf die *Bismarck* eingekurvt, um die Torpedos abzuwerfen. Als sie ihre Torpedos gerade ausgelöst hatten, die natürlich vorbeigingen, drehte die *Bismarck* auf mich ein, der ich bereits im Anflug auf das Schiff war. Da ich nicht mehr den richtigen Vorhalt hatte, entschloß ich mich, den Angriff abzubrechen. Ich kurvte nach Backbord und drückte meine Maschine herunter bis kurz über die Wellenkämme. Das war vielleicht eine schwere See! Nach Beendigung der Kurve nahm ich wieder Kurs in Richtung auf die *Bismarck,* die uns offensichtlich nicht mehr ausmachen konnte, weil wir so tief flogen. Von etwas Backbord achteraus setzte ich meinen Anflug von neuem an. Mich begleiteten an der linken Fläche ›Pat‹ Jackson und rechts William Garthwaite. Pat und ich blieben ganz tief, aber Bill flog etwas zu hoch, so daß er gesehen wurde, woraufhin die Flak sofort zu schießen begann. Pat und ich klebten fast mit unseren Fahrwerken an den Wellenkämmen. Diesmal schossen schon schwerere Kaliber, ich schätze so 10,5-cm-Flak und 7,7-cm-Flak gemischt. Vor mir konnte ich die mächtigen Umrisse des Schlachtschiffs erkennen. Wir bereiteten uns auf den Torpedoabwurf vor. Wir ließen uns für den Anflug etwas länger Zeit als üblich. Bei 2000 Meter hatte ich mein Ziel sauber im Visier.

Zur Stabilisierung des Torpedos am Rumpf nutzten wir eine besondere Vorrichtung. Es war eine Art Drahtwinde, die den Torpedo festzurrte. Ich spannte den Draht, zählte bis drei und drückte dann mit meinem Daumen den grauen Auslöseknopf am Steuerknüppel. Wir drei Maschinen lösten gleichzeitig aus, und die 5,5 Meter langen Torpedos zogen ihre Bahn gegen das große Schlachtschiff. Ich zog sofort in eine Linkskurve und hielt mich dicht über dem Wasser. Dann empfahl uns die *Norfolk,* wir sollten von dem Kriegsschiff ein paar Fotoaufnahmen machen. Daher zog ich meine Maschine etwas hoch und begann zu fotografieren. Jetzt schossen sich die 38-cm-Geschütze der *Bismarck* auf uns ein. Wir befanden uns noch in der Nähe des Schiffs und konnten das Aufblitzen des Mündungsfeuers genau sehen. Die Einschläge lagen gefährlich nahe. Plötzlich schlug ein Treffer unmittelbar unter uns im Wasser ein. Wir hatten noch nicht genügend Höhe gewonnen, und die riesige hochsteigende Wasserfontäne traf die ›Stringbag‹ mit voller Wucht. Das schüttelte uns ganz schön durch und hatte an der Rumpfunterseite große Teile der Stoffbespannung zerfetzt. Sayer schimpfte: ›Die Saukerle haben uns den Keller unterm Haus weggeschossen!‹ Diese Bemerkung tat den angespannten Nerven recht gut. Ich brach das Fotografieren sofort ab und machte mich mit meiner Kette aus dem Staub, so schnell es ging. Wir wollten nicht mehr abwarten, ob unsere Torpedos die *Bismarck* getroffen haben oder nicht, ohnehin flogen wir auch viel zu tief, um überhaupt etwas zu sehen.«

Auf der anderen Seite des Kriegsschiffs setzte Pollard mit seiner Kette von Steuerbord im Tiefstflug an. Sie hatten auch ihre ›Fische‹ abgeworfen und machten sich unter Umgehung der Flakabwehr auf den Rückflug zur *Victorious.* Es war 23.30 Uhr und die Dunkelheit brach an diesem 25. Mai 1941 kurz nach 0.30 Uhr ein. Aus den schon erwähnten Gründen rechneten alle in der sogenannten doppelten Sommerzeit (die aus kriegswirtschaftlicher Notwendigkeit an und für sich nur für Großbritannien galt; d. Ü.). Alle Zeitmesser zeigten – auf Greenwich-Zeit bezogen – zwei Stunden mehr als der tatsächliche Sonnenstand an. Ferner kamen wegen der weit im Westen befindlichen Position nochmals zwei Stunden Tageslicht hinzu. Die genaue Sonnenuntergangszeit war 20.52 Uhr GMT (Greenwich Mean Time).

Alle neun *Swordfish* kamen durch! Sie bahnten sich ihren Weg nach Osten, der auf sie zulaufenden *Victorious* entgegen. Kapitän Bovell und alle Mann an Bord der Flotte warteten voller Spannung auf die Ergebnismeldungen des Torpedoangriffs. Obwohl es keiner der Flugzeugführer wußte, traf einer der neun Torpedos die *Bismarck* mittschiffs, wobei ein Matrose den Tod fand und sechs Mann verwundet wurden. Wiederum war Admiral Lütjens gezwungen, die Fahrt seines Schiffes zu verringern. Jeder neue Treffer war schmerzlich und wirkte sich auf die Einsatzfreudigkeit der Seemannschaft aus. Nach den drei Volltreffern, die die *Prince of Wales* am Morgen setzte, kam nun noch ein Torpedotreffer von den Fliegern der *Victorious* hinzu.

Der Rückflug zur *Victorious* war alles andere als beruhigend und forderte die Anspannung aller Kräfte. Die *Swordfish* mußten die *Victorious* unter allen Umständen finden, andernfalls der Absturz in die aufgewühlte See bevorstand. Die *Victorious* und ihre Begleitschiffe hätten bei ihrer Jagd auf die *Bismarck* kaum Zeit gehabt, nach in Seenot befindlichen Fliegern zu suchen.

An Bord der *Bismarck* glaubten die Flakkanoniere, einige der langsamen silbergrauen Torpedobomber abgeschossen zu haben. Sie waren diesem Schicksal aber alle entkommen und flogen jetzt durch Sturm und Regen und langsam sich verdunkelndem Himmel in Richtung auf die Position, wo sich die *Victorious* befinden sollte.

Der Rückflug war glücklicherweise kürzer als der Hinflug; die *Victorious* folgte auf demselben Kurs wie ihre Bordflugzeuge und hatte seit dem Start der neun Maschinen inzwischen etwa 80 Kilometer Strecke zurückgelegt.

Gick bewegten sorgenvolle Gedanken über seine Kameraden, von denen die meisten seit Mitte April von ihm ausgebildet worden waren. Sie hatten zwar gelernt, die ›Stringbag‹ zu fliegen und die Taktiken des Torpedoangriffs anzuwenden, aber sie hatten noch keine Erfahrung, mit ihren Maschinen auf dem Deck eines Flugzeugträgers zu landen. Bei grober See den Flugzeugträger finden, war eine Aufgabe für sich. Eine wieviel schwierigere würde es erst bedeuten, alle neun Maschinen sicher an Deck herunterzubringen.

Die ›Stringbag‹ flogen sehr tief über dem Wasser in weitgefächerter Formation. Esmonde hatte wie seit dem Start die Führung.

Es war der 25. Mai, 0.30 Uhr, es standen also noch knapp 20 Minuten Tageslicht zur Verfügung. Gerade rechtzeitig entdeckten einige im Verband Schiffe im Osten, die auf sie zuliefen.

Esmonde gab Zeichen, daß er zuerst landen wolle. Er landete sicher. Gick kurvte einmal um die *Victorious* herum und bekam als zweiter die Landeaufforderung. Beim Anflug achtete er ununterbrochen auf das sich hebende und senkende Landedeck und den Decklandeoffizier mit seinen gelben Signalkellen, denn er wollte sicher sein, seine Maschine möglichst dort aufzusetzen, wo der Fanghaken in die Fanganlage greifen konnte. Er schätzte Flughöhe und -geschwindigkeit genau richtig ein, es gab einen harten Ruck, als der Fanghaken griff, und die Maschine stand. Nachdem er den Motor abgestellt hatte, stieg Gick schnell aus und eilte auf die Brücke, um seinen jungen Kameraden bei ihren Landeanflügen helfend und bestärkend zur Seite zu stehen. Oft schlug sein Herz bis in den Hals hinauf. Aber jeder schaffte es, auf dem nie ruhig stehenden Deck zu landen, zumal sie voller Zuversicht anfliegen konnten, nachdem sie die guten Landungen von Esmonde und Gick beobachtet und über Funk entsprechende Hilfestellung erhalten hatten. Gick war erleichtert und stolz zugleich. Um ein Haar hätte es ihn noch erwischt, als er nach der Landung an Deck in seiner Maschine von einer überkommenden Welle überspült wurde. Wieder entspannte Sayer mit seiner Bemerkung die mißliche Lage: »Mensch, was haben wir nur für 'n großes Lokusrohr in dieser Kiste.« Damit erinnerte er in schlagfertiger Weise an die aufgerissene Rumpfunterseite ihrer Maschine.

Lütjens setzte seine Fahrt fort. Die Belastungen, tagelang dauernd beschattet zu werden und in höchster Gefechtsbereitschaft zu bleiben, müssen ihn erschöpft haben. Seit dreißig Stunden saßen ihm die Verfolger im Nacken. Drei Stunden später eröffnete sich ihm eine Chance, die er klugerweise nutzte. Die drei Beschatter folgten der *Bismarck* auf ihrem Zickzackkurs. Für kurze Zeiten verloren sie die *Bismarck* auf den Radarschirmen, um sie bald wieder zu orten. Bei einem dieser Manöver, das er sorgfältig vorbereitete und ausführte, drehte Lütjens die *Bismarck* nach Steuerbord aus dem vom Radar bestrichenem Feld heraus. Statt wieder nach Backbord zu drehen, nahm er Fahrt auf und setzte Kurs nach Westen. Das genügte, um gegen 3 Uhr am Morgen des 25. Mai 1941 den drei englischen Schiffen eine Lektion zu erteilen. Sie folgten ihrem bisherigen Suchkurs, aber die *Bismarck* tauchte auf ihren

Radarschirmen nicht mehr auf. Diese Meldung sorgte in London und auf allen anderen englischen Schiffen für Bestürzung.

Wieder einmal war die *Bismarck* ihrer Verfolger, die ihr seit dem Abend des 23. Mai auf den Fersen waren, entledigt. Lütjens drehte über Steuerbord auf Gegenkurs, kreuzte hinter seinen Verfolgern ihren Kurs und steuerte nach Osten in Richtung Brest. Stünden ihm zwei Tage ohne Feindberührung zur Verfügung, so könnte er den rettenden Schirm der eigenen Jagdsicherungskräfte erreichen.

Doch kurz war die Freude über das gelungene Absetzmanöver, denn Lütjens beging einen verständlichen, aber unheilvollen Fehler, der ihn schließlich sein Schiff und sein Leben kosten sollte. Er bot alliierten Abhör- und Horchdiensten die Gelegenheit, seine Position zu peilen. In der falschen Annahme, er unterliege immer noch englischer Radarüberwachung, weil die Funkmeßanlage der *Bismarck* weiterhin feindliche Hochfrequenzimpulse empfing, funkte Lütjens ein langes Fernschreiben nach Berlin, in dem er seine Position preisgab und seine Gefechtsmeldung vom Tage absetzte. Diesem Funkfernschreiben folgte kurz darauf ein ergänzendes mit ähnlichem Umfang. Was er nicht wußte, war die Tatsache, daß die *Bismarck* feindliche Hochfrequenzimpulse auffing, die aus großer Entfernung kamen, aber nicht mehr von den englischen Schiffen, die sie abstrahlten, empfangen werden konnten. Die englischen Radargeräte hätten über die doppelte Hochfrequenzenergie verfügen müssen, um die von der *Bismarck* zurückgestrahlten Impulse empfangen zu können.

In der Admiralität in London sorgte der deutsche Funkverkehr für beträchtliches Aufsehen. Die Engländer waren verblüfft darüber, daß die *Bismarck* ihre Position gerade auf diese Weise preisgeben würde, nachdem sie offensichtlich erst dem Netz ihrer Verfolger entschlüpft war. Gleichermaßen erging es Berlin und Paris (Gruppe West), die es wie ein Schlag traf. Ein Blitztelegramm aus Paris befahl Lütjens, unbedingte Funkstille zu bewahren. Die dortigen Funkabhörstellen hatten englischen Funkmeldungen entnommen, daß die Engländer um 3 Uhr die Fühlung zur *Bismarck* verloren hatten. Aber der Funkbefehl aus Paris kam für die *Bismarck* zu spät. Auch englische Abhörstellen hatten den Funkverkehr der *Bismarck* gepeilt. Somit konnte die Jagd wieder aufgenommen werden. Es sollte jedoch eine Weile dauern, bis man in Reichweite seiner Beute war.

Die Morgendämmerung stieg am Sonntag, dem 25. Mai 1941, herauf, und die deutsche Schiffsbesatzung war sich sicher, daß keine englischen Schiffe in Sichtweite oder als Verfolger vorhanden waren (obwohl ihre Position preisgegeben worden war). Während der Nacht hatte die *Bismarck* gegenüber ihren Feinden viele Stunden Vorsprung gewonnen. Ein anderes Geschwader als das von Sir John Tovey mußte sich jetzt ihrer annehmen. Zu allem Unglück für die mißliche Lage der Engländer, schlug die Flotte von Tovey Nordkurs ein, weil falsche Karteneinzeichnungen vorgenommen wurden. Die Torpedoflieger an Bord der *Victorious* wußten natürlich nichts von diesem Fehler. Morgens erwarteten sie den Einsatzbefehl für den nächsten Einsatz gegen die *Bismarck,* um ihr den Todesstoß zu versetzen. Kapitän Bovell setzte diesen Einsatz auch an. Anhand ihrer Berechnungen, wo die *Bismarck* stehen sollte, hoben die *Swordfish* in aller Frühe ab, um die Suche aufzunehmen. Sechs *Fulmar*-Jäger gaben Begleitschutz. Solange sie auch suchten, kein Flugzeugführer, Beobachter oder Heckschütze fand die *Bismarck.* Obwohl die Maschinen bis zum letzten Tropfen Sprit in der Luft blieben, kehrten alle mit leeren Händen zurück. So erging es auch Gick, der darüber folgendes berichtet:

»Wir blieben so lange in der Luft, bis wir die kritische Treibstoffgrenze erreicht hatten. Ich hatte schon auf den 55-Liter-Reservetank geschaltet. Schließlich schafften wir es, den Träger zu finden. Als sich das Heck meiner Maschine auf dem Landedeck senkte, starb der Motor ab. Pat Jackson hatte zu wenig Kraftstoff, um zum Träger zurückzufliegen. Er mußte eine Notwasserung machen. Trotz aller Suchbemühungen fanden wir ihn nicht. Er saß zwölf Tage in seinem Schlauchboot, bis ihn durch Zufall ein Fischkutter aus dem Wasser zog.« Für Gick und die anderen, die auf der *Victorious* landen konnten, war jener Sonntag, am 25. Mai, ein enttäuschender Tag. Das Geschwader von Tovey stand jetzt viel zu weit im Norden und von der *Bismarck* entfernt, um diese Strecke in angemessener Zeit zu überwinden.

Für die 2000 deutschen Seeleute an Bord der *Bismarck* war es ein friedlicher Sonntag, zumal man sich dem eigenen Hafen näherte. Die Ruhe war jedoch trügerisch, denn die Admiralität in London kannte den Kurs der *Bismarck,* die ihren Funkverkehr nicht einschränkte. Die Force H dampfte nach Norden, um ihr den Weg abzuschneiden. Auch das Coastal Command setzte Seeaufklärer ein. Am nächsten Morgen, Montag, den 26. Mai, beschlich die

Besatzung der *Bismarck* das ungute Gefühl, von neuem beobachtet und eingekreist zu sein. Flugzeuge erschienen am Himmel und beschatteten das Schiff den ganzen Tag lang. Die Stimmung hob sich, als bekannt wurde, daß Hitler mehrere Glückwunschadressen übermittelt hat und dem leitenden Artillerieoffizier sowie Admiral Lütjens, der an diesem Tag seinen Geburtstag feierte, das Ritterkreuz verliehen hatte. Zusätzlich hieß es, am nächsten Tag, Dienstag, würden 81 Maschinen, darunter auch Langstreckenbomber, für den Schutz der *Bismarck* eingesetzt werden. So nah und doch so fern . . .

Nur den 26. Mai 1941 mußte die *Bismarck* noch durchstehen. Am Dienstag wäre sie in Reichweite eigener abschirmender Fliegerkräfte gewesen. Admiral Tovey, der die Hauptkräfte führte, hatte sich entschlossen, die Verfolgung und Jagd auf die *Bismarck* abzubrechen, wenn es ihr gelänge, in den Raum etwa 320 Kilometer westlich von Brest und St. Nazaire hineinzukommen, wo Fliegerkräfte ihren Schutz übernehmen würden. Ganz Deutschland verfolgte diesen dramatischen Wettlauf und wartete und hoffte. Als sich der Tag neigte, schien es so, als ob Lütjens es an jenem Montag, 26. Mai, noch schaffen könnte. Aber die Force H mit dem Flugzeugträger *Ark Royal* schob sich von Süden heran. Mehrere Stunden dieses Tages hatten die Langstreckenaufklärer der *Ark Royal* die *Bismarck* beschattet. Um 10.30 Uhr hatte ein *Catalina*-Flugboot des Coastal Command die *Bismarck* etwa 1100 Kilometer westlich von Brest entdeckt. Aber es dauerte noch bis in die Nachmittagsstunden, bis die *Ark Royal* nahe genug heran war, um von ihrem Deck Luftangriffskräfte starten zu lassen, die kurz vor 15 Uhr abhoben. Die 14 gestarteten *Swordfish* griffen jedoch fälschlicherweise eines der eigenen Schiffe an, und zwar den englischen Kreuzer *Sheffield,* der mit knapper Not verzweifelt allen abgeworfenen Torpedos ausweichen konnte. Die entsprechenden Kommentare der Schiffsführung wird man sich wohl lebhaft vorstellen können! Wieder einmal stand das Glück der *Bismarck* zur Seite.

Unerschrocken bereitete die *Ark Royal* einen zweiten Angriffsschlag vor. Um 19.10 Uhr starteten 15 *Swordfish* zu einem zweiten Versuch, ihr deutsches Ziel zu finden. In letzter Stunde schien es zu gelingen. Kurz nach 21 Uhr hatten die 15 Maschinen die *Bismarck* in Sicht. Sie stiegen auf Höhe, und zehn Minuten später setzten sie zum Angriff an. Von 15 abgeworfenen Torpedos trafen dieses Mal zwei die *Bismarck.* Das erste traf den Panzergürtel, ohne nennenswerten Schaden anzurichten, ganz ähnlich wie seinerzeit bei dem Angriff der *Swordfish* von der *Victorious.* Aber einer der *Swordfish*-Piloten hatte Glück. Sein Torpedo beschädigte das Steuerbordruder der *Bismarck* derart, daß es verklemmte. Dieser Treffer war für die *Bismarck* verhängnisvoll, obwohl sie immer noch einen guten Vorsprung hatte, um den sicheren Hafen zu erreichen, sofern sie mit voller Fahrt weiterlaufen könnte. (In der Nacht hätte sie den halben Weg bis Kap Finisterre, ihrem Ansteuerungspunkt, zurücklegen können.) Es sollte jedoch anders kommen. Trotz verzweifelter Anstrengungen konnte Lütjens sein Großschiff nicht auf Kurs halten. Es drehte sich unablässig in den Wind. Es sollte die letzte Nacht im Leben von fast 1900 deutschen Seeleuten werden. Später in der Nacht näherten sich feindliche Zerstörer, die von der sich jetzt im Kreis drehenden, manövrierunfähig gewordenen *Bismarck* abgeschlagen wurden. Die Lage des Schiffes war hoffnungslos geworden.

Selbst U-556 konnte nicht helfen. Aus guter Schußposition beobachtete der Komandant durch sein Sehrohr, wie die *Ark Royal* und *Renown* der Force H nach Norden liefen, um die *Bismarck* endgültig zu vernichten. U-556 hatte aber bereits alle seine Torpedos verschossen! So wurde der 27. Mai 1941 zum Schicksalstag für die *Bismarck.* Nachdem sie von englischen Schlachtschiffen und Flugzeugen, die sie gnadenlos bekämpften, eingekreist war, war das Ende der *Bismarck* besiegelt. Die *Bismarck* hat nicht kapituliert. Unter dem Getöse der hochgehenden Selbstversenkungsladungen ging sie mit wehender Flagge in der tosenden See unter.

Wie erging es nun Gick und der *Victorious,* deren Torpedoflieger am Abend des 24. Mai der *Bismarck* den ersten Torpedotreffer versetzten? Nach dem erfolglosen Sucheinsatz am nächsten Morgen mußte Admiral Tovey mit der *Victorious* und seiner Kreuzerdivision wegen Treibstoffmangels Island ansteuern. Er hatte viele Stunden vergeudet, weil er fälschlicherweise Nordkurs eingeschlagen hatte. Jetzt war Sir John mit den Schlachtschiffen *King George V* und *Rodney,* seinen Zerstörern sowie Begleitschiffen in voller Fahrt auf Südostkurs in Richtung auf die *Bismarck.* Die Zerstörer hatten die *Bismarck* schon in der Nacht des 26. Mai erreicht und mit Torpedos bekämpft. Am Morgen folgten die Schlachtschiffe, um in das dramatische Seegefecht einzugreifen.

Die Nachricht vom Tod der *Bismarck* ließ unter den *Swordfish-*

Piloten an Bord der *Victorious* keine fröhliche Stimmung aufkommen. Ihnen war deutlich, daß fast die gesamte englische Flotte nach dem deutschen Schlachtschiff suchen mußte. Und als Seeleute empfanden sie doch irgendwie ein Mitgefühl für die Deutschen, die einen so heldenhaften Kampf geführt hatten. Andererseits gedachten sie auch der englischen Seeleute, die mit der *Hood* das Seemannsgrab fanden, und waren froh über die Veränderung des militärischen Gleichgewichts im Atlantik, die sich nach der Versenkung der *Bismarck* einstellte. Sehr bald jedoch sollte Gick Zeuge deutscher Vergeltung für diesen Verlust werden. Er und seine Kameraden der 825. Staffel fanden sich alsbald an Bord der *Ark Royal,* die im Mittelmeer kreuzte. Als die *Ark Royal* den Weg eines deutschen U-Boots schnitt, war der Kommandant schußbereit. U-81 versenkte sie ungefähr 50 Kilometer vor Gibraltar.

Wir saßen immer noch im »Crown Hotel« in Emsworth, und Gick berichtete über die Versenkung:

»Die nächsten sechs Monate war ich auf der *Ark Royal* stationiert. Wir flogen im Mittelmeer Einsätze im Rahmen der U-Boot-Bekämpfung. Es war am 13. November 1941. Ich war gerade gelandet. Plötzlich ereignete sich eine Explosion furchtbarer Natur. U-81 hatte uns torpediert (es war Kapitänleutnant Friedrich Guggenberger, der im folgenden Monat auch die *Malaya* versenkte). Das Schiff war offensichtlich schwer angeschlagen. Ich ging alsbald an Bord eines Kutters, der mich zu einem Zerstörer ganz in der Nähe übersetzte. Doch die *Ark Royal* sank nicht sofort. Nach einer Weile gingen wir zurück an Bord, um einige persönliche Dinge zu bergen. Nach einigen Bemühungen gelang es, das Schiff halbwegs flottzumachen, aber die Schlagseite nahm immer mehr zu. Dann liefen die Magazine voll. Im letzten Augenblick rannte ich herum, um zu sehen, ob auch keiner mehr an Bord wäre. Unten fand ich einen einsamen Heizer. Ich fragte ihn, was er dort zu tun habe. Er antwortete nur, er bliebe solange auf seinem Posten, bis er Befehl bekäme abzurücken. Den Befehl erteilte ich sofort. Kurz danach kenterte das Schiff, aber wir waren in Sicherheit.«

So erlitt der Flugzeugträger das gleiche Schicksal wie das, was er der *Bismarck* sechs Monate zuvor bereitet hatte.

Gick überlebte und flog von anderen Flugzeugträgern weiter, teilweise im Einsatz im Fernen Osten. 1980 war er immer noch flink, aufgeweckt und spannkräftig. Er zeigte mir seine Werftschuppen und den Kanal, den er hat anlegen lassen, damit die bei ihm liegenden Boote bei Flut auslaufen konnten. »Ich mußte einen Kredit aufnehmen, um das hier alles aufzubauen«, sagte er. »Als einmal die Kreditgeber versuchten, eine Hypothek für verfallen erklären lassen wollten, war ich fast am Ende. Ich schaffte es, durchzuhalten und genügend Aufträge hereinzuholen, so daß mein Betrieb weitermachen konnte. Bis zu meinem Lebensende werde ich nichts anderes mehr anfangen. Fliegen tue ich nicht mehr. Doch, mit Fluggesellschaften schon, aber nicht mehr alleine am Steuerknüppel. Und im übrigen, das liegt ja alles schon so lange zurück . . na ja, ich hätte nichts dagegen . . . wenn . . .«

KAPITEL 3

Bader-Absprung über Frankreich

Bei meinen Reisen in den Nachkriegsjahren, als ich in Deutschland, England und Amerika lebte, interessierte ich mich immer schon mehr für das Leben und die Laufbahn des inzwischen verstorbenen Sir Douglas Bader als für irgendeinen anderen alliierten Spitzenjagdflieger. Bader ging nicht nur in den Ländern der ehemaligen Westalliierten ein Ruf und Mythos wie seinerzeit bei Richthofen voraus, sondern auch in Deutschland und anderen Ländern war er durchaus ein Begriff. Das hing damit zusammen, daß sein Leben eine Fülle außergewöhnlicher Ereignisse enthielt, wie man sie sonst nur in großen, spannenden Romanen findet.

Bis 1979, als er in Fürstenfeldbruck und München am Jagdfliegertreffen der Gemeinschaft der Jagdflieger teilnahm, wozu ihn auch der Autor überreden half, war Bader seit 1945 nur selten in Deutschland gewesen, in dem er fast vier Jahre als Kriegsgefangener zugebracht hatte. Es dauerte bei ihm lange Zeit zu vergeben, oder besser gesagt zu vergessen, daß Deutschland den Zweiten Weltkrieg begonnen hatte. Er haßte Hitler und die Nazis über alles. Dennoch hatte er am Jagdfliegertreffen 1979 seine helle Freude. Nie machte er einen Hehl daraus, daß er die Leistungen seiner ehemaligen Kriegsgegner bewunderte und ihren Mut und ihre Fähigkeiten anerkannte. So schrieb er beispielsweise wenige Jahre nach dem Krieg das Vorwort zu der englischen Ausgabe des Buches »Trotzdem« von Hans-Ulrich Rudel, obwohl seine und Rudels politische Ansichten meilenweit voneinander entfernt waren. Er pflegte angemessenen Kontakt mit General Adolf Galland, der Bader nach seiner Gefangennahme 1941 in seinem Gefechtsstand empfing und bewirtete. Seit dieser Zeit rühren seine Sympathien für den deutschen Jagdfliegergeneral her, dessen jagdfliegerischen Leistungen er Bewunderung zollte. Sie arbeiteten beratend an Filmen über die Luftschlacht um England mit, die, nebenbei bemerkt, gewöhnlich zum Fortbestehen der Kriegslegenden beitragen.

Erst vor einigen Jahren fand sich Bader bereit, die Abschußzahlen der Luftwaffe, die er stets in höchstem Grad anzweifelte, anzuerkennen. Bader und der Autor waren sich jahrelang in dieser Frage uneins. Am Ende eines Besuches in Baders Landsitz außerhalb Londons, im Jahre 1978, als er mich zum Abflug nach New York zum Flugplatz fuhr, erläuterte Bader mir endlich seine Ansicht über die höheren Abschußzahlen deutscher Jagdflieger:

»Wir zogen unsere Leute aus dem Einsatz und beförderten sie. Man ließ sie nicht fünf oder sechs Jahre im Fronteinsatz. In der Luftwaffe hingegen hielt man die Jagdflieger so lange im Luftkriegsgeschehen, bis sie mit all der gewonnenen Erfahrung sich zu wirklichen Spitzenkönnern entwickelt haben. Auf diese Weise haben sie es zu fast unglaublichen Abschußzahlen gebracht.«

Vor zehn Jahren machte ich als Gastgeber eines festlichen Abendessens in London Erich Hartmann und Bader miteinander bekannt. Damals war Bader ein unbequemer Gast, der die Abschußerfolge der deutschen Jagdfliegerasse rundheraus anzweifelte und sich nur mit Mühe zu einem Foto mit einem deutschen Jagdfliegeras bewegen ließ.

Zu Baders Berühmtheit trug ein Film über sein Leben in ähnlichem Maße bei, wie wohl auch die Tatsache, daß er bei einem Flugzeugunfall vor dem Krieg beide Beine verloren hatte. Nicht zu vergessen sein einsatzfreudiges Wesen und sein sprühendes Temperament sowie seine Zähigkeit, wie er diese Behinderung zu bezwingen vermochte. Was auch immer zu seinem Ruhm beigetragen haben mag, Tatsache ist, daß Bader bis zu seinem Tode im Jahre 1982 der bekannteste und meisterwähnte westalliierte Jagdflieger des Zweiten Weltkriegs geblieben ist. Das ist bemerkenswert, zumal er nur bis August 1941, als er in Frankreich in Kriegsgefangenschaft geriet, als Jagdflieger im Einsatz stand. Bis zu seinem letzten Lebenstag lehnte er es ab, irgend etwas über den Jagdfliegereinsatz im Zweiten Weltkrieg zu schreiben, was nach August 1941 geschehen ist. »Ich kenne den Luftkampf aus eigener Erfahrung bis August 1941, und ich werde nicht vergleichende Abhandlungen über Luftkriegsereignisse verfassen, die später stattgefunden haben«, stellte er mir gegenüber eindeutig klar.

Er befaßte sich sehr eingehend mit den kriegsgeschichtlichen und operativen Fragen des Luftkriegs bis zu besagtem Zeitpunkt. Über die Luftschlacht um England, an der er noch teilgenommen hatte, vertrat er einen eigenen deutlichen, aber auch interessanten Standpunkt. 1972, bei einem Gespräch im RAF-Club in London, erläuterte er mir diesen im einzelnen zum erstenmal:

»Der verantwortliche Befehlshaber, Hugh Dowding, führte die Luftschlacht um England etwa in dem Sinne, wie es General Bernard Montgomery einmal einem seiner Kommandierenden Generale empfohlen hatte: ›Sie führen das Gefecht, und wenn Sie Unterstützung brauchen, wenden Sie sich an die Korpskommandeure.‹ Das hätte aber er, der Verantwortliche für die Kampfführung, tun müssen. Die Einsatzleitung war falsch. Es gab drei wesentliche Phasen in der Luftschlacht – Angriffe gegen die Schifffahrt, gegen die Flugplätze und gegen die Städte. In der letzten Phase, als die Verbände der Luftwaffe sich in ihren Versammlungsräumen bis auf über 5000 Meter Höhe schraubten, um dann ihrem Ziel entgegenzufliegen, konnten wir abschätzen, wohin sie etwa flogen – nach London nämlich. Die Staffeln aus Tangmere oder sonstwo konnten die deutschen Verbände erwischen, wenn diese den Zielabflug nach links machten. Flogen sie rechtsherum ab, dann gerieten sie über See, so daß Jagdfliegerführer Keith Park auf Staffeln der 11. Fighter Group zurückgreifen mußte, die bereits im Steigflug von deutschen Jägern angegriffen werden konnten.

Immer wieder habe ich vorgeschlagen, daß wir von der 12. Fighter Group (weiter im Norden) die anfliegenden Feindverbände angreifen sollten, bevor sie über London waren. Ich wurde abgewiesen. Mit unseren Staffeln hätten wir das leicht schaffen können. Worauf es mir ankommt, ist festzustellen, daß es gegen diesen Vorschlag Bedenken gab, die lang und breit begründet wurden. Aber ich vertrete den Standpunkt von Trafford Leigh-Mallory, Kommandeur der 12. Fighter Group. Die Staffeln der 11. Group hätten die Feindmaschinen auf ihrem Rückflug packen können. Schließlich unterband Leigh-Mallory aus diesem Grund die Abstellung von Staffeln unserer Group an die 11. Group.

Zu den wichtigsten Regeln im Luftkampf zählen Höhe, Angriff aus der Sonne und beim Schießen nahe rangehen. Ich habe die Erfahrungsberichte der großen Jagdflieger des Ersten Weltkriegs eingehend gelesen. Dort war es genauso. 1940 bekamen wir von Bodenleitstellen Richtungsanweisungen in den Gefechtsraum. Ich wollte eine möglichst günstige Position in die Sonne hinein haben. Ich hielt mich im Zweifelsfall nicht an die Richtungsangaben und kurvte in die von mir gewünschte Position. Die Aufgabe eines guten Verbandsführers ist nur, den Verband in eine vorteilhafte Ausgangslage zu führen. Alles andere müssen die Rotten oder

Schwärme dann so gut sie können selbst schaffen. Mehr kann er auch nicht tun. Der Flug im großen Verband hat nur die Aufgabe, mit vielen Flugzeugen zusammen und geordnet an einem Ort im Luftraum anzukommen.«

1972 waren die englischen Kriegsakten der Öffentlichkeit und kriegsgeschichtlichen Forschungen noch nicht zugänglich, so daß kaum jemand abschätzen konnte, welche außergewöhnlichen Vorteile das RAF Fighter Command in der Luftschlacht um England genoß. Aufgrund der von ›Ultra‹ entzifferten deutschen Geheimschreiben wußten die RAF-Befehlshaber sehr häufig im voraus, wann, wo und in welcher Stärke deutsche Verbände angreifen werden. Nur dadurch konnten die englischen Jagdstaffeln so schnell und genau gegen die feindlichen Verbände angesetzt werden. Bader ist der Meinung, daß Park zwei der drei Grundsätze für den Luftkampf nicht beachtet hat – Höhenvorteil und taktische Ausnutzung des Sonnenstandes. Er meint, bei besseren Jägertaktiken hätte es nicht so hohe Verluste gegeben. Wie dem auch sei, mit Sicherheit zog sich Bader, der Leigh-Mallory taktisch beraten hatte, wegen seiner Kritik, die RAF würde die Luftschlacht nicht unter Beachtung und Wahrnehmung aller Vorteile führen, beträchtlichen Unmut seiner Kameraden und Vorgesetzten zu. In gewissem Maße darf man dafür Verständnis haben, denn es waren vor allem die Jagdflieger, und hier besonders die der 11. Fighter Group, die in heldenhaftem Einsatz ihr Letztes in die Waagschale warfen, um den Himmel über England zu verteidigen.

Gut verständlich, daß die Luftschlacht um England, gerade weil sie möglicherweise der strategische Wendepunkt und ein Sieg von historischer Bedeutung war, reich an Legenden und umgeben von einem gewissen Mythos ist. Verzerrende Entstellungen über Kräfteverhältnisse und Verlustzahlen, die trotz aller wissenschaftlichen Erkenntnisse heutzutage immer noch wiederholt werden, tragen weiterhin zu falschen Vorstellungen in der Öffentlichkeit bei. Ein zuverlässiger, zusammenfassender Bericht über die Luftschlacht um England findet sich in dem entsprechenden Kapitel meines Buches »Jagdflieger – Die großen von einst« (erschienen 1968 im Motorbuch Verlag Stuttgart). In diesem Zusammenhang sei darauf hingewiesen, daß im Erscheinungsjahr des Buches von den Vorteilen, die die RAF aufgrund der Entzifferungsergebnisse von deutschen geheimen Luftwaffenbefehlen gewann, in der Literatur noch nichts bekannt war. Als sich 1975 die englischen Archive für die

Forschung öffneten, bestätigte sich die vom Autor auch an anderer Stelle geäußerte Vermutung und Schlußfolgerung.

Die von Göring, zahlreichen englischen RAF-Marschällen, Giulio Douhet und Billy Mitchel vertretene Theorie, daß Bomber stets durchkommen, widerlegte Dowding, indem er den deutschen Bomberkräften eine Niederlage bereitete. Das wurde ihm nur recht schäbig gedankt. Diese Ungerechtigkeit trug mit dazu bei, daß nach dem Krieg kein Engländer dafür empfänglich war, wenn in Fragen zur Luftschlacht um England Kritik laut wurde. Das darf aber nicht als Bestätigung gesehen werden, die RAF habe in der Luftschlacht um England die bestmöglichen Verteidigungsanstrengungen unternommen. Es stimmt natürlich, daß sie gut genug waren. Wenn mit hoher Wahrscheinlichkeit behauptet werden darf, daß die RAF in ihrer Taktik und im operativen Rahmen manches hätte besser machen können, so gilt für die Luftwaffe, daß ihre Taktiken noch fehlerhafter und umstrittener waren. Nun gut, die Luftwaffe führte in kritischer Phase der Schlacht einen vergeblichen Kampf, denn ihre Gegner kannten jeden Schachzug im voraus.

Bei den Vorbereitungen zu diesem Buch kam mir die Idee, der Leser wolle sicher etwas über Bader erfahren, der im Laufe seiner Einsätze im Jahre 1941 schließlich immer über See flog, ob nun Ärmelkanal oder Nordsee. Der Einsatz, der mich am meisten fesselte, war der, als er als vermißt galt, worüber so viele Gerüchte umliefen, und die Ereignisse nach der Gefangennahme Baders durch Piloten von Adolf Gallands JG 26 an der Kanalküste. Gallands und Baders Erinnerungen daran weichen in Teilen voneinander ab, was nicht überraschen darf, wenn man an Zeitungsreporter denkt, die über ein und dasselbe Ereignis durchaus in Einzelheiten verschieden berichten können. Im folgenden werde ich die unterschiedlichen Betrachtungsweisen ansprechen.

Ein weiterer Grund, warum ich Bader in dieses Buch mit aufgenommen habe, ist der Umstand, daß Bader praktisch so etwas wie ein Sprecher aller RAF-Jagdflieger war, die in der Luftschlacht um England gekämpft hatten. In diesem Zusammenhang widersprach er den interessanten Behauptungen von Len Deighton, die dieser in seinem aufsehenerregenden Buch »Fighter« (erschienen bei Jonathan Cape, 1977) aufgestellt hat. Der Autor hält das Buch für eine interessante Studie trotz der zu allgemeinem Widerspruch herausfordernden Behauptung, in der Luftschlacht um England wäre die Me 109 E der *Hurricane* und *Spitfire* im Kurvenkampf überlegen gewesen. Ich vermute, daß es theoretisch und vom Entwurfskonzept her gesehen vielleicht möglich gewesen wäre. Möglich wäre es auch, meiner Ansicht nach, daß die Spitzenkönner unter den Jagdfliegern der Luftwaffe, wenn sie draufgängerisch genug waren, diese Überlegenheit mit ihrer Me 109 im Kurvenkampf gelegentlich herstellen konnten, ohne Gefahr zu laufen, eine Tragfläche zu verlieren. Tatsache ist, daß sowohl die englischen als auch die deutschen Piloten seinerzeit der Überzeugung waren, daß die *Spitfire* der Me 109 an Wendigkeit überlegen wäre. Oder lag es doch nur an den Fähigkeiten der einzelnen Flugzeugführer? In der Praxis wird es wohl so gewesen sein, daß es ein äußerst schwieriges und waghalsiges Unterfangen war, die Me 109 bis an die Bruchlastgrenze in einer Kurve zu ziehen. Im Juni 1985 sagte General Adolf Galland dem Autor, daß seiner Überzeugung nach die *Spitfire* der Me 109 im Kurvenkampf eindeutig überlegen war und daß deutsche Me-109-Flieger kaum Probleme im Zusammenhang mit dem ›Abmontieren‹ von Teilen ihrer Maschinen hatten. Es gibt jedoch auch Äußerungen, im Falle von extremen, ruckartigen Flugmanövern hätte es zum Bruch von Tragflächen oder des Leitwerks kommen können. Die Beweisführung in dem Buch »Fighter« ist so verblüffend, daß man in diesem Punkt schon weiter nachhaken sollte. Galland, der im Westen 104 Abschüsse erzielte und später General der Jagdflieger wurde, war viel in Luftkämpfe mit *Spitfire* verwikkelt. Er spielt die Frage um die Bedeutung des Kurvenflugvermögens herunter und glaubt, daß die Me 109 im Jahre 1940 einfach das bessere Jagdflugzeug gewesen ist. Air Vice-Marshal Johnnie Johnson, der beste Jagdflieger der RAF, bleibt dabei, daß die *Spitfire* der Me 109 im Kurvenkampf überlegen war. 1980 hörte ich den inzwischen verstorbenen Werner Schröer zu dieser Streitfrage. Er meinte, die besten Jagdflieger, wie Hans-Joachim Marseille, mit dem er zusammen in Afrika flog, machten sich im Einsatz bewußt zunutze, daß die Vorflügel der Me 109 automatisch ausfuhren, kurz bevor es zum Abreißen der Strömung über dem Tragflügel kam. Gute Flieger setzten zuweilen zusätzlich die Landeklappen mit ein. Es bleibt die Frage, in welchem Geschwindigkeitsspektrum sowohl Landeklappen als auch Vorflügel genutzt werden konnten. Galland sagt, die Flächenbelastung der Me 109 war zu hoch, als daß sie mit gleicher Geschwindigkeit mit einer *Spitfire* hätte mitkurven können. Dem stimmte Bader zu:

»Was soll denn all das Theoretisieren? 1940 hängten wir in jedem Kurvenkampf die Me 109 ab. Es kommt doch darauf an, wie es in der Praxis wirklich war. Ich hörte, daß die Maschinen über Vorflügel verfügten, und die Dinger manchmal ausfuhren. Aber wir konnten die Burschen immer auskurven und taten es auch. Die Me 109 konnten stets ihren Motor auf Notleistung bringen, den Knüppel nach vorne und die Nase runter, und so auf diese Weise sich aus dem Luftkampf davonstehlen. Wir von der englischen Jagdfliegergemeinschaft stimmen mit vielen Punkten der Theorie über das bessere Kurvenflugvermögen der Me 109 nicht überein, worüber wir vor kurzem in einer Stellungnahme unseren Standpunkt dargelegt haben.

Wer uns im Kurvenkampf wirklich überlegen war, war die 1941 an die Front gekommene Fw 190, aber nur so lange, bis wir die verbesserte *Spitfire* Mk. IX erhielten. Die Fw 190 war der *Spitfire* und *Hurricane* überlegen. Fragen Sie Johnnie Johnson, er wird das bestätigen.«

Als er am 9. August 1941 über Frankreich abgeschossen wurde, flog Bader eine *Spitfire*. Bis zum heutigen Tage gibt es über den genauen Ablauf der Ereignisse widersprüchliche Berichte. Galland gibt in seinem klassischen Werk »Die Ersten und die Letzten« seine Version davon, und Bader wiederum eine andere. Gallands Bericht wird heute allgemein für richtig erachtet, denn er konnte sich auf Augenzeugen berufen, während Baders Bericht der eines alleine Beteiligten ist. Kein RAF-Pilot, auch sein Rottenflieger nicht, hat den Abschuß von Bader beobachtet. Alleine hatte er sechs Me 109 angegriffen, als seine *Spitfire* getroffen wurde.

Um ein wenig Klarheit in die ganze Geschichte zu bekommen, brachte ich bei der Vorbereitung zu diesem Buch diese Frage bei einem Gespräch mit Sir Douglas noch einmal auf. Von den Ereignissen des 9. August 1941 berichtete er mir aus seiner Sicht, worauf wir im folgenden noch zurückkommen werden.

Als die Luftwaffe im Mai 1941 einen großen Teil ihrer Kräfte vom Westen in den Osten, zum Aufmarsch gegen Rußland, verlegte, ging die RAF in Frankreich zur Offensive über. Das war eine teuer erkaufte Entscheidung und Unternehmung. Bezogen auf die Verluste konnte die Luftwaffe in den nächsten zwei Jahren den Kampf zu ihren Gunsten entscheiden. Genau wie im Ersten Weltkrieg verfolgten die Engländer das operative Ziel, die Deutschen unablässig unter Druck zu halten und ihre Absprungbasis anzugreifen. Das war für die Deutschen vorteilhaft, denn sie konnten jetzt mittels Radar und Funkpeilung frühzeitig erkennen, wann Luftangriffe auf Ziele in Frankreich zu erwarten waren. Wenn englische Flugzeugführer mit dem Fallschirm abspringen mußten, gerieten sie in deutsche Kriegsgefangenschaft. Deutsche Piloten standen nach so einem Absprung alsbald wieder im Einsatz. Sofern Jagdflieger notlanden mußten, dann wurden sie von Deutschen und nicht von Engländern geborgen. Mit anderen Worten, im Vergleich zu den Verhältnissen bei der Luftschlacht um England seinerzeit 1940, hatte sich die Lage genau ins Gegenteil verwandelt.

Die dauernden Kampfhandlungen kamen so richtig Baders Wesen und Einsatzfreude entgegen. Er kostete das aus. Aber im August 1941 glaubten Kameraden, bei ihm eine gewisse Einsatzmüdigkeit und Erschöpfung zu bemerken. Er war inzwischen zum Gruppenkommandeur aufgestiegen und führte drei Staffeln (145., 610. und 616.), ausgerüstet mit *Spitfire* Mk. II, im Einsatz gegen die Me 109 des JG 26, das unter Gallands Führung an der französischen Kanalküste lag. Luftkämpfe waren an der Tagesordnung. Als Zeichen für die von der Luftwaffe erzielten Erfolge insgesamt sei auf Galland verwiesen, der im Sommer und Herbst jenen Jahres 25 Abschüsse erreichte, davon 21 *Spitfire*!

Der 9. August 1941 war ein sonniger Sommertag mit durchziehender Bewölkung, Wolkenuntergrenze in etwa 1200 Meter über Grund. Bader startete mittags und führte die südlich von London stationierte Jagdgruppe Tangmere, deren drei Staffeln freie Jagd über Frankreich durchführen sollten. Beim Steigflug fiel über dem Kanal der Fahrtmesser von Baders Maschine aus. Dann verlor er die für die Höhensicherung zuständige Staffel aus den Augen. Das fing ja gut an! Aber die nach unten abgesetzte Staffel (24 Maschinen) und die Höhensicherung (12 Maschinen) hielten ihren Kurs. Die Funkstille wurde strikt beachtet, damit die deutschen Horchdienste nicht vorzeitig aufmerksam wurden. Die drei Staffeln der braungrün gestrichenen *Spitfire* setzten ihren Steigflug über den an dieser Stelle etwa 120 Kilometer breiten Ärmelkanal mit südöstlichem Kurs fort.

Als 8500 Meter Höhe kurz vor der französischen Küste bei Le Touquet, etwa 35 Kilometer südlich von Boulogne, erreicht waren, konnte Bader die Höhensicherungsstaffel wieder ausmachen. Etwa 35 Kilometer ostwärts von Boulogne starteten aus dem Raum

St. Omer und Abbeville Me 109 der Luftwaffe, um den englischen Jagdverband abzufangen. – Keiner der deutschen Piloten wäre auf die Idee gekommen, daß am selben Abend noch Bader im Lazarett von St. Omer liegen sollte, in der Stadt, wo sein im Ersten Weltkrieg gefallener Vater beerdigt lag. – Bader hatte auf seinen vertrauten Rottenflieger, Alan Smith, verzichten müssen, weil dieser in London dienstlich verhindert war. Seine Stelle nahm der Neuseeländer Jeff West für diesen Einsatz ein.

Im Sprechfunkverkehr hatte Bader das Rufzeichen ›Dogsbody‹ (Arbeitstier). An den Rumpf seiner Maschine hatte er die Buchstaben DB pinseln lassen. Ein Kamerad meinte, das bedeute eher ›Dogsbody‹ als Douglas Bader. Aus dieser Zeit rührt das ›Dogsbody‹ her.

Kurz nach Überfliegen der französischen Küste entdeckte die in Baders Verband Höhensicherung fliegende Staffel etwa 600 Meter tiefer zwölf im Sonnenlicht glitzernde Me 109, die sich im Steigflug befanden und dadurch sehr gefährdet waren. Die *Spitfire* hatten den Höhenvorteil. Der oberhalb fliegende Ken Holden hatte die Feindjäger gemeldet. Innerhalb von Sekunden hatte Bader sie in Sicht. Er erteilte den Befehl zum Angriff und wies seine Kameraden ausdrücklich an, sich Zeit zu lassen, denn es wären genügend Feindjäger im Luftraum. Bader flog immer mit der 616. Staffel, weil sie von den drei Staffeln am wenigsten Einsatzerfahrung hatte. Zwölf Maschinen seines Verbandes befahl er, als Höhensicherung zurückzubleiben, während er die Vorbereitungen traf, sich auf die von unten voraus anfliegenden Opfer zu stürzen. Mit ihm im Angriffsschwarm flogen West, Hugh Dundas und Johnnie Johnson, der später einmal Englands Jagdfliegerass werden sollte. Holden führte die zwölf *Spitfire* der Höhendeckung. Er mußte den tiefer fliegenden 24 Jägern, die sich auf die völlig überraschten Deutschen stürzten, den Rücken freihalten. Da die *Spitfire* genauso wie die Me 109 an der Rumpfunterseite himmelblau gestrichen waren, waren sie von unten her nur schwer gegen den blauen Himmel auszumachen, weil sich kaum Kontraste zeigten. Die englischen Piloten konnten ihre Gegner von oben besser sehen, weil sie sich vor dem Hintergrund der Erdoberfläche abhoben.

Obwohl die Me 109 ihre Luftgegner verhältnismäßig spät sahen, und zwar erst als die *Spitfire* auf sie einkurvten, war es für sie dennoch zu spät. Bader hatte sich in der Mitte des deutschen Jagdverbandes einen Viererschwarm Me 109 zum Ziel erkoren. Er legte seine Maschine in eine Steilkurve und stürzte nach unten auf die Feindmaschinen zu. West, Dundas und Johnson folgten ihm in etwas gelockerter Formation. Der Ansatz war nicht günstig gewählt. Bader merkte, daß er zuviel Fahrt gewinnen würde, um noch in gute Schußposition zu kommen. Jetzt kurvten Me 109 ein, die an den äußeren Flügeln des deutschen Verbandes flogen, um sich den acht anderen *Spitfire* der 616. Staffel, die wie Bader im Sturz waren, entgegenzuwerfen. Baders Opfer, die zweite Me 109 von links im anzugreifenden Schwarm, kurvte und verlor dadurch an Geschwindigkeit. Entsetzt merkte Bader, er werde gleich mit dem Gegner kollidieren. Um dem unvermeidlichen Zusammenstoß auszuweichen, drückte er seine Maschine hart nach unten weg. Johnson sah auch, daß er zuviel Fahrt hatte, um schießen zu können. Er schaffte es, die Fahrt zu verringern, und eröffnete das Feuer auf seinen Luftgegner, wobei er bei der Me 109 an der rechten Tragfläche Teile wegfliegen sah.

Innerhalb kürzester Zeit entwickelten sich die Luftkämpfe Mann gegen Mann. Galland gelingen in dieser Kurbelei zwei *Spitfire*-Abschüsse. Bader ist bei seinem Sturz bis auf 7300 Meter abgefallen und ist nun allein auf sich gestellt. Er schaut nach hinten und sieht sich nicht verfolgt, so daß er wieder zu steigen beginnt, um Höhe zu gewinnen. Er ist sehr gefährdet, weil er sich ohne Deckung allein über Feindgebiet inmitten zahlreicher deutscher Jäger befindet. Der die Höhensicherung führende Holden entdeckt mit einem Male weitere zwanzig Me 109, die von oben her auf die beiden tiefer gestaffelten *Spitfire*-Verbände zum Angriff einzukurven beginnen. Über Sprechfunk gibt er erregt durch: »Um Himmels willen, Abwehrkurve!« Dabei vergaß er durchzugeben, für welchen Teilverband dieser Warnruf galt. Alle tiefer fliegenden *Spitfire* reißen die Abwehrkurve, so daß ein wildes Durcheinander beginnt. Die *Spitfire* hatten ursprünglich den Vorteil gegenüber den von unten kommenden Me 109 genutzt, nun wurden sie von oben her angegriffen.

Während des Steigflugs sieht Bader etwas tiefer, genau vor sich, drei Rotten Me 109 (sechs Flugzeuge). Obwohl seine Chancen nicht besonders gut scheinen, will es Bader versuchen, es mit ihnen aufzunehmen. In Tangmere hat er seine Piloten stets davor gewarnt, sich allein an einen derartigen Feindverband über Frankreich heranzumachen. Wenn sie ihn nicht vorzeitig entdecken, bliebe ihm die Möglichkeit offen, rechtzeitig den Angriff abzubrechen. Bader schiebt den Gashebel bis zum Anschlag vor, überprüft noch einmal das Zielgerät und die Waffenschalter, drückt seine Maschine leicht an, um Fahrt aufzuholen, und nähert sich von hinten der mittleren Rotte. Schnell holt er auf, und schon hat er den Rottenflieger voll in seinem gelb leuchtenden Visierkreis. Er drückt den Waffenschalter am Steuerknüppel und acht 7,7-mm-MGs feuern. Sein Luftkampfopfer ist getroffen, gelbe Flammen schlagen aus dem Rumpf. In einer plötzlichen Explosion trudelt der Gegner der Erde entgegen. Bader drückt den Knüppel leicht nach rechts, um den Rottenführer ins Visier zu bekommen. Die fünf Feindjäger haben ihn bis jetzt noch nicht entdeckt, so daß er auch auf sein zweites Opfer das Feuer eröffnen kann. Aus 100 Meter Schußentfernung hämmern die acht MG in die Me 109 hinein. Weißer Rauch wird sichtbar. Kaum hängt Bader den Gedanken nach, daß ihm das Glück wohl hold ist, kurvt die linke Me-109-Rotte auf ihn ein. Als sein zweiter Luftgegner nach unten wegzustürzen beginnt, reißt Bader seine Maschine in eine harte Rechtskurve, um sich an die rechte Rotte heranzupirschen. Plötzlich spürt er einen Schlag. War das eine Kollision? Oder waren das Treffer von 2-cm-Kanonen oder schwererem Kaliber, oder was sonst noch vielleicht? Bis zu seinem Tod wußte Bader nicht, was es gewesen sein mag. Selbst wenn er es gewußt hätte, so hat er zumindest nie darüber gesprochen. Hatte eine Me 109 bei einem Zusammenstoß in der Luft etwa sein Leitwerk abgerissen? »Ich weiß es nicht. Ich glaube, es war eine Kollision. Vermutlich war es eine andere *Spitfire,* deren Pilot dabei den Tod fand. Kein deutscher Jagdflieger erhielt im Zusammenhang mit meinem Absturz und Absprung eine Abschußbestätigung. Natürlich käme auch ein Flakvolltreffer in Frage. Ich erinnere mich nur, daß die Steuerdrücke mit einem Male ganz weich wurden. Ich ruderte mit dem Knüppel herum! Während ich senkrecht nach unten stürzte, schaute ich nach hinten und sah, daß mein Leitwerk fehlte – nichts mehr davon zu sehen. Der schwere Motor zog mich einfach der Erde entgegen. Ich war absolut hilflos, dagegen irgend etwas zu tun«, so erinnerte sich Bader.

Wie in einer Korkenzieherbahn trudelte Bader senkrecht abwärts. Die *Spitfire,* in diesem Fall der steuerlose Rumpf, wurde in dem taumelnden Sturz immer schneller. Was auch geschehen war, es wurde allerhöchste Zeit, aus der waidwunden *Spitfire* herauszukommen. In welcher Höhe befand er sich? Würde der Sauerstoffgehalt in dieser Höhe für die Atmung ausreichen? Egal, er mußte nichts wie raus. Er reißt sich die Sauerstoffmaske vom Gesicht und zieht an dem Gummigriff über seinem Kopf, wodurch das Kabinendach geöffnet wird. Mit einem Male heult der Fahrtwind auf und schlägt ihm voll ins Gesicht. Er löst sich vom Sitzgurtzeug, um sich aufzurichten und aussteigen zu können. Mit kräftigem Armdruck hebt er seinen Oberkörper und die zwei metallenen Beine, seine Prothesen, die ihm eher hinderlich sind, etwas vom Sitz. Der schneidende Fahrtwind packt ihn und zieht ihn halb aus der Kabine heraus. Sein rechter Stiefel verklemmt sich irgendwie am Sitz. Er kann weder zurück in die Kabine noch weiter heraus! Durch die wilden Taumel- und Trudelbewegungen der stürzenden Maschine schlägt sein Körper immer wieder an die Rumpfseite.

Krampfhaft versucht er, seine Hand am Auslösegriff des Fallschirms zu halten, weil er nach dem Herausfallen aus dem heftig trudelnden Flugzeug den Griff möglicherweise nicht mehr erreichen könnte. Trotz aller Anstrengungen bekommt er den festgeklemmten Fuß nicht frei. Die schlimmen Schläge, die sein Körper ertragen muß, könnten bald schon zur Bewußtlosigkeit führen. Wenn seine Hand weiterhin den Auslösegriff so zerrend umklammert, besteht die Gefahr, den Fallschirm auszulösen, den es wahrscheinlich sofort zerfetzen würde. Der verzweifelte Kampf, sich aus der Kabine zu befreien, kommt ihm wie eine Ewigkeit vor. Die Maschine wird sicher schon mit fast 800 km/h der Erde zustürzen! Endlich reißen die Lederhalterungen der Metallprothese. Ohne sie, mit gebrochenen Rippen und blutunterlaufenen Stellen am Körper, wird Bader aus der Maschine gerissen. Sofort löst er den Fallschirm aus, der sich mit hartem Ruck entfaltet. Er glaubt, er bliebe mitten in der Luft stehen. Alles ist so friedlich und ruhig. Man möchte fast einschlafen. Man hat das Gefühl, als ob man nach oben in kosmische Weiten entschwebt.

Unter sich sieht er in etwa 1200 Meter Höhe eine Wolkenschicht, er taucht hinein und unten wieder heraus, und die Landschaft mit ihren grünen Wiesen und Feldern scheint auf ihn zuzukommen. Er bereitet sich so gut wie möglich auf die Fallschirmlandung mit einem Bein vor. Mit Mühe kann er in letzter Sekunde einem Zaun ausweichen, indem er mit beiden Händen kräftig am Fallschirm zieht, um etwas Luft entweichen zu lassen. Dann trifft er hart am Boden auf und wird bewußtlos.

Das erste, woran er sich danach erinnern kann, waren die Augen von drei deutschen, feldgraugekleideten Soldaten, die ihn anschauten. Sie heben ihn in ein Fahrzeug und fahren ihn ins Lazarett von St. Omer. Ärzte und Schwestern untersuchen ihn. Der verantwortliche Arzt staunt nicht schlecht, vor sich einen einseitig amputierten Piloten zu haben. Baders Hose verdeckte die linke Prothese noch. Der Arzt zieht ihm die Hose aus und sieht auch die zweite Prothese. Höchst erstaunt darüber, äußert er die Bemerkung, er habe von deutschen Fliegern schon einiges über Bader gehört, und er wisse genau, wen er vor sich habe.

Nach Abschluß der Untersuchung brachte eine Schwester ihm eine Suppe und hielt ihn an, sich auszuschlafen. Jedesmal, wenn er sich umdrehte, spürte er einen stechenden Schmerz unter seinem Herzen – es waren die gebrochenen Rippen. Als die Zeit verstrich und es dunkel wurde, fiel ihm voller Pein wieder ein, daß er ja abends mit seiner Frau Thelma zum Tanzen ausgehen wollte. Jetzt wußte sie nicht einmal, ob er überhaupt noch am Leben wäre. Seine Sorgen waren durchaus begründet, denn keiner seiner Kameraden hat ihn abstürzen sehen. In Tangmere konnte man nur Vermutungen anstellen, ob er im Luftkampf gefallen oder aber in deutsche Kriegsgefangenschaft geraten war.

Am nächsten Morgen bat er einen ihn besuchenden Luftwaffenoffizier, seiner Frau auf irgendeine Weise ein Lebenszeichen von ihm zukommen zu lassen. Der Offizier versprach, sein Bestes zu tun. Bader war sogar kühn genug, man möge der RAF einen Hinweis geben, daß seine Kameraden ihm eine neue Prothese abwerfen sollten, damit er wieder laufen könne. Verblüfft über dieses merkwürdige und außergewöhnliche Ansuchen, versprach man ihm, auch dieser Sache nachzugehen. Man wolle sehen, ob in den Resten der abgestürzten *Spitfire* die rechte Prothese gefunden werden könne. Das Stück wurde gefunden, und Mechanikern aus Gallands Verband gelang es, die Prothese zu reparieren. Auf dem Frequenzband des internationalen Roten Kreuzes wurde der RAF versichert, man werde nicht auf das Flugzeug schießen, das die Ersatzprothese abwirft.

Wie dann alles weitere ablief, darüber gibt es zwei Versionen. Galland, der gegenüber Bader zahlreiche ritterliche Gesten bewies, ist der Ansicht, daß die RAF die Prothese in einem mit Fallschirm versehenen Abwurfbehälter während eines Bombenangriffs gleichzeitig mit abwarf. Bader bestritt dies aber mit den Worten:

»Die RAF hat den Platz nicht bombardiert, als die Ersatzprothese abgeworfen wurde. Air Vice-Marshal Sholto-Douglas erwähnt das in seinem Buch. Sie können sich darauf verlassen, da muß irgendwie eine Verwechslung von Ereignissen vorliegen.«

Nachdem sich Bader etwas erholt hatte, aber immer noch im Lazarett war, entsandte Galland drei seiner Offiziere, die ihn im Dienstwagen zum Gefechtstand des JG 26 begleiteten. Dort bat ihn Galland zum Tee. Nach Gallands Schilderung soll Bader offensichtlich von dem so ungezwungenen Empfang überrascht und beeindruckt gewesen sein. Galland bot ihm an, ihm Gefechtstand und Anlagen des Flugplatzes zu zeigen, was Bader voller Freude annahm. Nach der allgemeinen Besichtigung fuhr man zu einer Me 109, die am Rande des Platzes getarnt abgestellt war. Überhaupt war der gesamte Fliegerhorst außerordentlich gut getarnt. Bader durfte sich in die Kanzel setzen. Mit einem Lächeln fragte er Galland, ob er die Maschine nicht für nur eine Platzrunde ausprobieren dürfe! Galland wäre dem gar nicht so abgeneigt gewesen, antwortete Bader aber, wenn er nicht zurückkehren würde, müsse er hinter ihm herstarten. Seiner Meinung nach wäre es das beste, nicht mehr aufeinander zu schießen.

Jahrelang behauptete Bader, daß einer der auf der Fläche der Me 109 stehenden Offiziere eine Pistole in der Hand gehabt habe. Er zeigte mir gelegentlich auf der Fotografie, die ein PK-Berichter seinerzeit aufgenommen hatte, was er für eine Pistole hielt. Andererseits versicherte Galland dem Autor, daß kein Offizier eine Pistole in der Hand gehabt habe. Ferner unterscheidet sich der Bericht Gallands von dem Baders, was sich seinerzeit beim JG 26 zugetragen haben soll. Nach Gallands Erinnerung soll Bader sehr interessiert daran gewesen sein, den Flugzeugführer kennenzulernen, der ihn abgeschossen habe, und gesagt haben, von seiner Maschine hätten sich irgendwann Teile gelöst. Vor allem habe Bader der Gedanke geplagt, vielleicht sogar von einem Jagdflugzeugführer-Unteroffizier bezwungen worden zu sein. Da man nicht wußte, wer Bader abgeschossen habe, und ob ihn überhaupt jemand abgeschossen habe, suchte Galland in den Reihen seiner Jagdflieger einen gutaussehenden blonden Offizier aus, den er Bader als den Mann vorstellte, der ihn bezwungen habe. Bader soll darüber sehr beglückt gewesen sein, denn er schüttelte ihm ganz herzlich die Hand.

Auch hier weicht Baders Erinnerung ab.

»Das von dem Unteroffizier habe ich nicht gesagt. Das ist gar nicht meine Art. Wieder so ein Mißverständnis. Auch was Galland mir zugeschrieben hat, der Krieg wäre wie ein Kricketspiel, habe ich nie gesagt. Verständlicher Irrtum. Die glauben nur, ich hätte das gesagt.«

Kein Zweifel besteht daran, daß Bader von der Luftwaffe mit ausgesuchter Aufmerksamkeit und besonderer Rücksichtnahme behandelt wurde. Als Galland Göring über Baders Besuch berichtete, sprach sogar der Reichsmarschall in höchsten Tönen von dem bewundernswerten Charakter des abgeschossenen Fliegers. Als Bader nach dem Krieg dem Kriegsgefangenen Galland gegenübertrat, zeigte er sich seinerseits nicht in ähnlich ritterlicher Weise, daran ändert auch die Tatsache nichts, daß er Galland eine Kiste Zigarren anbot! Nachdem Deutschland bedingungslos kapituliert hatte und der Krieg vorbei war, glaubte Galland die Zeit für gekommen, daß man jetzt vielleicht mehr aufeinander zugehen und Rücksichtnahme zeigen sollte.

Der Autor hat mit der Darlegung der verschiedenen Erinnerungen zweier großer Jagdflieger, die später zu Freunden wurden, nicht beabsichtigt, die eine oder andere Version vom Ablauf der Ereignisse zu untermauern. Diese beiden berühmten Jägerpiloten, die einander bewundern und schätzen lernten, sahen in der Rückbesinnung die Sachverhalte nur verschieden. Die unterschiedliche Darstellung vom gegenseitigen Zusammentreffen in Frankreich, seinerzeit im Jahre 1941, spiegelt zum Teil die starke Abneigung Baders gegenüber Hitler und dem Deutschland unter dem Nazismus wider. Hitler war der Verantwortliche für den Kriegsausbruch aufgrund dessen Bader schwere Jahre in Colditz und anderen Kriegsgefangenenlagern erleiden mußte. Das hatte tiefe Wunden hinterlassen. Als ich Bader zum letztenmal Anfang der achtziger Jahre besuchte, kehrte er gerade von einem Treffen der Ehemaligen des Kriegsgefangenenlagers Colditz zurück. Die Ex-Gefangenen hatten den früheren deutschen Lagerkommandanten eingeladen. Auf meine Frage nach dem Warum antwortete Bader: »Weil er ein hervorragender Mann war, den wir alle sehr schätzten.«

In Krieg und Gefangenschaft bewahrte sich Bader einen unbeugsamen Willen und eine kompromißlose Entschlossenheit. Bevor er von Frankreich, wo er in Gefangenschaft geriet, weiter gen Osten verschubt wurde, gelang ihm sein erster Ausbruchversuch noch im Lazarett von St. Omer, indem er mehrere Laken zusammenknüpfte und sich vom Fenster seiner Krankenstube abseilte. Durch eine Schwester knüpfte er Kontakte zu einem Franzosen, so daß er mehreren seiner Verfolger entkommen konnte. Nur einem Spitzel war es zu verdanken, daß er in letzter Minute doch noch gefaßt wurde. Immer wieder versuchte er, aus verschiedenen Lagern zu fliehen, bis es den deutschen Dienststellen schließlich zu dumm wurde, so daß sie ihn in das hochgesicherte Lager auf der Festung Colditz verbannten. Selbst dort setzte er seine Fluchtversuche fort und heizte Protestmaßnahmen kräftig mit an.

Nach Kriegsende, als Bader 1945 aus der Kriegsgefangenschaft zurückkehrte, wurde er als Held begrüßt und darum gebeten, die Ehrenformation zur Erinnerung an die Luftschlacht um England in Gegenwart des Königs und zahlreicher Honoratioren anzuführen. Nachdem er sich hat pensionieren lassen und wieder bei der Ölfirma Shell arbeitete, wo er schon tätig war, als man ihn in den dreißiger Jahren wegen seiner Beinverletzung aus gesundheitlichen Gründen aus der RAF entließ, wurde ihm 1956 der sehr hohe Orden C. B. E. (Bathorden) verliehen, dem 1976 das Großkreuz folgte, woraufhin er zum Ritter geschlagen wurde und seither den Titel ›Sir‹ führen durfte. Seine erste Frau Thelma, die er Anfang der dreißiger Jahre kurz nach seiner Entlassung aus der Armee ehelichte, starb 1972. Er und seine zweite Frau Joan lebten westlich von London in einem schönen Landhaus zusammen mit vier Hunden, zwei Katzen und einigen Gänsen. Bis 1979 fuhr Bader ein schwarzes Alvis-Kabriolett, das er 1979 vollkommen überholen ließ, so daß es wie neu glänzte. Dieser imposante Wagen wurde gleichsam zu seinem Markenzeichen. Man konnte sich leicht vorstellen, wie Bader wohl in den vierziger, fünfziger oder sechziger Jahren gewesen sein muß.

In dem Oldtimer fuhr er zum Golfspielen, wobei er bis zu seinem Tod stets um die achtzig Schläge, manchmal sogar weniger für einen Kurs benötigte. 1979 wurde Bader jedoch in einen Unfall verwickelt. Sein Alvis war daraufhin schrottreif, so daß sich eine Reparatur nicht mehr lohnte. In seinen letzten drei Lebensjahren fehlte es Bader irgendwie, daß er seinen altehrwürdigen Alvis nicht mehr fahren konnte. Bis zu dem Unfall fuhr er ihn, als ob er sich in einem Luftkampf befände. Nur einmal ließ ich mich von ihm zu seinem Landsitz fahren. Er raste durch den Nachmittagsverkehr, immer wieder überholend, in einem erschreckenden und erbarmungslosen Tempo. Ich fragte ihn, warum er so auf die ›Tube‹ drücke. Er meinte nur, sein Fahrstil wäre dem normalen Straßenverkehr angepaßt.

Als er mich in den siebziger Jahren in Sarasota, Florida, besuchte, nahm er mein Angebot gerne an, unseren Jaguar Mark X fahren zu dürfen. Unsere Frauen waren dabei, als sich Bader zum erstenmal hinters Steuer klemmte. Meine Frau kam völlig entnervt zurück und berichtete, daß er in rasendem Tempo laufend die Fahrbahnen wechselte und überholte, manchmal nur Zentimeter an seinen ›Gegnern‹ vorbei. Und so lebte er sein Leben voller Begeisterung und sprühender Vitalität bis zu seinem Ende aus. In den vergangenen Jahren war er Mitglied der Zivilluftfahrtbehörde und wurde bis zu seinem Tode immer wieder als Redner und Artikelschreiber verpflichtet.

Die englischen Flieger und sein Volk sahen in ihm die Verkörperung des Jagdfliegers des Zweiten Weltkriegs an sich. Er lebte diesen trotzigen Willen und Kampfgeist vor, wie ihn die Jagdflieger hatten, die 1940 England vor einer Niederlage bewahrten. In den Augen von Millionen von Engländern war Bader mehr als jeder andere eine Art personifiziertes nostalgisches Denkmal aus jenen legendenumwobenen Tagen.

Auf meinen Reisen durch verschiedene Länder befragte ich regelmäßig einige Bürger, wen sie als ihren berühmtesten Jagdflieger betrachten. In Deutschland kennt der Durchschnittsbürger Namen wie Galland, Mölders, Rudel und neuerdings auch Erich Hartmann, Günther Rall, Gerd Barkhorn und andere. In England kennt fast jeder die Geschichte von Douglas Bader. Ob im Taxi, im Fahrstuhl oder im Einkaufsmarkt, wenn man jemanden nach Douglas Bader fragt, wird die Antwort zumeist lauten, »natürlich, dieser großartige Mann«, oder ungefähr in dieser Richtung. Millionen trauerten von Herzen, als sie Bader, der einem Herzanfall erlag, 1982 so plötzlich aus ihrer Mitte verloren.

Insbesondere die Engländer sind ein Volk, das in und von der Erinnerung lebt, das treu an der Überlieferung und der Verehrung seiner Helden hängt. Nicht unähnlich verhält es sich mit den Deutschen. Das Bild wird hier jedoch durch die Erinnerungen an den Nationalsozialismus eingetrübt. Das dämpft die Bewunderung der großen Jagdflieger der Luftwaffe des Zweiten Weltkriegs, die ihnen sonst zweifelsohne in aller Offenheit gezollt worden wäre. In den Vereinigten Staaten, diesem Schmelztiegel vieler Völkerschaften, zeigt sich verhältnismäßig wenig Wissen, Stolz und Erinnerung über die großen Jagdflieger der US-Heeres- und Marinefliegerkräfte des Zweiten Weltkriegs. Man frage den Taxifahrer, Geschäftsführer oder Durchschnittsamerikaner, wer das As, der beste Jagdflieger ihres Landes gewesen wäre, dann darf man sich über die Gegenfrage nicht wundern: »Was ist denn das, ein Jagdfliegeras?«

Zum Teil verdankt Bader seinen Bekanntheitsgrad in England natürlich dem Umstand, daß er ein körperbehinderter Einzelgänger war, der sich aktiv und vital einsetzte und publikumswirksam seinen Standpunkt und seine taktischen Einsatzverfahren vertreten konnte. Er konnte sich nur wundern über die veralteten taktischen Instruktionen, die man die RAF-Piloten zu Anfang des Krieges noch lehrte. »Wirklich, nicht zu glauben, wie man den Jagdfliegern der RAF zu Kriegsbeginn beibrachte, wie feindliche Flugzeuge anzugreifen wären. Da gab es all diese Studien. Die absurdesten beinhalteten gar Pläne, denen man vom Jagdansatz bis hin zum Abschuß folgen sollte. Warum hatten die Verfasser derartiger Studien und Vorschriften nicht Ball, Bishop und McCudden gelesen, was sie über ihre Erfahrungen aus dem Ersten Weltkrieg geschrieben haben? Sie haben genau beschrieben, worauf es im Luftkampf ankommt. In anderen Worten, warum nicht auf die Männer hören, die über die praktische Kriegserfahrung verfügten?« In seinen letzten Lebenstagen äußerte er sich voller Pessimismus über die Denkweisen und Strömungen in den Demokratien der westlichen Welt hinsichtlich der weichen Welle gegenüber dem Terrorismus und den Terroristen:

»Wieder geben wir nach. Die Politiker haben aus der Geschichte nichts gelernt. Wir geben Terroristen und Schreckensregimen nach. Oft verweigern wir unseren Freunden jede Hilfe, die auf unserer Seite kämpfen würden, wenn es je wieder zu einem Krieg käme. Zumeist werden die Vereinten Nationen von Kommunisten und Nationen, die links von der Mitte stehen, mehrheitlich in ihren Entscheidungen beeinflußt. Dieses ewige Nachgeben muß ein Ende haben. Zu unserem eigenen Vorteil müssen wir willens sein, eine unbeugsame Haltung zu beziehen und daran festzuhalten, um unseren Freunden Unterstützung und Stärkung zu gewähren.«

Als Bader mit 72 Jahren starb, war er älter als die meisten Jagdflieger des Zweiten Weltkriegs. Er hat sich körperlich stets fit gehalten, wirkte vital und frisch und sah auch viel jünger aus als mancher Zeitgenosse, der fast sein Sohn hätte sein können. Er trank keinen Tropfen Alkohol, aß in Maßen und machte regelmäßig Gymnastik. Kein Wunder, daß sein Tod eine schmerzliche Nachricht war.

Man darf diesen beliebten Held einer Nation ohne Zweifel genauso als legendäre Persönlichkeit betrachten, wie es seinerzeit im Ersten Weltkrieg Freiherr von Richthofen gewesen ist. Die Welt ist ärmer geworden seit seinem Tode, denn seine kraftvolle Persönlichkeit und sein mitreißendes Charisma sind nicht mehr. Es wird schwer sein, ihn zu vergessen.

Anläßlich des Todes von Bader im Jahre 1982 werden auf den folgenden Seiten zwei Zeitungsartikel wiedergegeben. Zunächst ein Leitartikel, der in Zeitungen der USA erschienen ist. Dann der letzte Artikel aus Baders Feder, den er für EDITOR'S COPY SYNDICATE vor den amerikanischen Präsidentschaftswahlen 1980 schrieb. Wie immer war Bader ein starker Fürsprecher für ein Gerüstetsein und ein entschiedener Gegner des Nachgebens gegenüber möglichen Feinden.

SIR DOUGLAS, 13. September 1982

Douglas Bader, der berühmteste englische Jagdflieger in der Luftschlacht um England, starb im Alter von 72 Jahren. Vor dem Krieg hatte Bader bei einem Flugunfall beide Beine verloren. Trotz zweier Prothesen wurde er zu einem der besten Jagdflieger seines Landes. Eine großartige Leistung, die niemand für möglich hielt.

In der Art und Weise, wie er seine Behinderung und sein Schicksal meisterte – er war auch ein guter Golfspieler –, war er Vorbild für viele körperbehinderte Menschen in aller Welt. Er war ein gefragter Autor, der gelegentlich als europäischer Repräsentant Artikel für das Editor's Copy Syndicate beisteuerte.

Sir Douglas war ein Held, wie sie nur Weltkriege hervorbringen. Bis zuletzt blieb er das Idol vieler Jagdflieger. Charakterlich war er ohne jeden Tadel. Sogar seine ehemaligen Gegner bedauerten seinen Tod zutiefst. Niemand war so wie er. Einen neuen Douglas Bader wird es nicht mehr geben. Darum hinterläßt sein Tod eine nicht ersetzbare Lücke in unserem heutigen Leben, das so arm an mitreißenden Persönlichkeiten ist.

BERÜHMTER JAGDFLIEGER SAGT, USA MÜSSEN WIEDERERSTARKEN

von Sir Douglas Bader

LONDON, 22. September 1980 – Die Briten verstehen die Russen besser als die Amerikaner, weil sie mehr Erfahrung im Umgang mit ihnen haben. Sie haben nicht vergessen, daß Stalin mit Hitler im Jahre 1939 einen Nichtangriffspakt geschlossen hat.

Die Sowjetunion hat keinen Verbündeten. Sie hätte nicht an unserer Seite gegen Deutschland gekämpft, hätte Deutschland nicht im Juni 1941 ihre Grenzen überschritten. Erst danach schloß sie sich uns an.

Roosevelt aber nicht Churchill wurde von Stalin in Jalta getäuscht. 1945 hätten die alliierten Streitkräfte durch Deutschland hindurch bis an die Ostgrenze des Reichs vorstoßen können, um dort und nicht in Berlin wartend sich mit den russischen Truppen zu vereinigen. Dann hätte es keinen ›Eisernen Vorhang‹ gegeben, der nichts anderes als eine schwache Erklärung der britischen und amerikanischen Regierungen ist, um die russische Besetzung von Litauen, Estland, Lettland, Polen, Tschechoslowakei, Ungarn und Rumänien zu begründen.

Russische Panzer rollten 1958 in Budapest und 1968 in Prag und richteten Zerstörungen und Blutvergießen an, nur weil die Völker ihre Freiheit wollten. Der Westen tat nichts. Die polnischen Arbeiter handeln heute genauso, und jeder demokratische Staat und jede freiheitliche Gewerkschaftsbewegung würde sie gerne unterstützen.

Ich war in Los Angeles, als in Teheran die US-Botschaft von fanatischen Studenten besetzt wurde. Soweit ich es mitbekam, war der allgemeine Wunsch der amerikanischen Bevölkerung erkennbar, man solle die ›Ledernacken‹ (US-Marineinfanterie) einsetzen. Die Regierung unter Carter zögerte und suchte auf diplomatischem Wege mit dem Iran zu verhandeln, mit einem Land ohne handlungsfähiger Regierung.

In diesem Fall hätte Carter sofort handeln müssen, indem er einen US-Flugzeugträgerverband in den Persischen Golf zur Abriegelung von Abadan und der Insel Kharg geschickt hätte, wo das gesamte iranische Öl aufbereitet und verschifft wird. Dieses militärische Eingreifen hätte sehr schnell zur Freilassung der Geiseln geführt. Rußland hätte nicht interveniert.

KAPITEL 4

Rudels größter Tag

Zu den Männern in der Kriegsgeschichte, die durch außergewöhnliche Einzelleistungen von sich reden machten, zählt Hans-Ulrich Rudel, der deutsche Stukaflieger (Ju 87) des Zweiten Weltkriegs. Viele Fachleute und Luftkriegsgeschichtler sind sogar der Meinung, daß überhaupt kein Flieger beider großer Kriege je an die Leistungen eines Rudel heranreicht. Er flog den langsamen Sturzkampfbomber ›Stuka‹ vom ersten bis zum letzten Kriegstag. Auch er ist ein Jagdfliegeras, zumal noch als Stukaflieger, weil er sieben Abschüsse erzielte. Teilweise waren darunter Luftgegner, die in ihren Jagdflugzeugen entscheidende Leistungsvorteile gegenüber Rudel und seinem Bordschützen im Stuka hatten. Unter Berücksichtigung aller Begleitumstände hätten eigentlich sie ihn abschießen müssen. Diese Waffentaten waren eher ein Nebenprodukt der unerhörten Erfolge, die der »Adler der Ostfront« bei 2530 Feindflügen während des Zweiten Weltkriegs erzielte! Rudel zerstörte 519 Panzer, versenkte drei Kriegsschiffe und neunzig andere Schiffe und setzte Tausende von Flakgeschützen, gepanzerte Fahrzeuge und andere Kriegsgüter außer Gefecht.

Diese kaum faßbaren Leistungen und Erfolge wurden entsprechend gewürdigt; Rudel wurde die höchste deutsche Kriegsauszeichnung verliehen. Nachdem er schon alle hohen Orden erhalten hatte, wurde für ihn als erstem Soldaten der Wehrmacht ein besonderer Orden geschaffen, der ihm am 1. Januar 1945 im Westen während der Ardennen-Offensive von Hitler, der seinen letzten Kurzbesuch an der Front machte, verliehen wurde. Hitler hatte Rudel aus Anlaß der Verleihung in sein Hauptquartier befohlen. Wenn man sich die Bilder von dieser Verleihung näher anschaut, die zu einer Zeit entstanden sind, wo jedem militärisch bewanderten Menschen klar sein mußte, daß die Deutsche Wehrmacht besiegt war, läßt sich nicht übersehen, daß der schon gesundheitlich sehr angeschlagene Diktator immer noch in Blick und Haltung Bewunderung und Zuversicht widerspiegelt. Hermann Göring, Oberbefehlshaber der Luftwaffe, sieht man in wohltäterischer, geschmeichelter Pose, aber etwas erschöpft wirkend. Auf diesen Bildern findet man auch Generaloberst Jodl, Feldmarschall Keitel und Großadmiral Dönitz – mit anderen Worten, die Spitzen der Wehrmacht. Von diesen fünf höchsten Würdenträgern Deutschlands, die Rudel am Neujahrstag 1945 so bewundern und ehren, wurden zwei durch den Strang hingerichtet. Göring beging Selbstmord. Hitler erschoß sich, als Berlin von den Russen eingenommen wurde. Dönitz wurde als sogenannter Kriegsverbrecher zu zehn Jahren Haft verurteilt, worüber die Meinungen übrigens sehr auseinandergingen. Er mußte seine Haft verbüßen und verbrachte danach seine letzten Lebensjahre bis Ende der siebziger Jahre noch als freier Mensch. Rudel flog entgegen Hitlers ausdrücklichem Befehl weiter Fronteinsätze und wurde durch einen russischen Flaktreffer so schwer verwundet, daß ihm der Unterschenkel amputiert werden mußte. Dennoch flog er bis zuletzt an der Front.

Bis zu einem gewissen Grad ist Rudel mit dem legendären Sir Douglas Bader der RAF vergleichbar. Bader hatte vor dem Kriege beide Beine verloren und schaffte es, wieder in die RAF eingestellt zu werden, um dann zu einem der großen Jagdflieger seines Landes aufzusteigen. Sein militärischer Werdegang war von nur kurzer Dauer. Auch Rudel ließ sich durch eine Körperbehinderung nicht entmutigen, trotzdem ein aktives, freudiges Leben zu führen.

Wie Bader stammte Rudel aus einer Pfarrersfamilie und rührte auch keinen Alkohol an. Er hatte ebenfalls eine untersetzte und muskulöse Figur. Beide vertraten sie fest und bestimmt ihre Meinungen, was sie häufig in Schwierigkeiten brachte. Viele sind der Ansicht, Rudel habe zuwenig Reue gezeigt. Wir wollen hier keine politischen Gesichtspunkte beleuchten. Bei Kriegsausbruch war Rudel gerade 23 Jahre alt, ein Alter, in dem er weder politische Verantwortung trug noch sich politisch betätigte. Er war auch nie Mitglied der NSDAP. Das sind die kleinen Feinheiten, die Luftfahrthistoriker im Zusammenhang mit Jagdfliegern beachten sollten. Sie waren junge Menschen, die als Berufssoldaten oder Wehrpflichtige ihre Pflicht für ihr Vaterland erfüllten. Sie haben mit begangenen Grausamkeiten nichts zu tun.

Beurteilt man Rudel nach seinen fliegerischen Leistungen im Luftkrieg, so ist man doch sehr beeindruckt. Aber den wirklichen Umfang seiner Leistungen zu begreifen, wird schon schwieriger. Wenn man sich einmal vorstellt, daß der beste Jagdflieger aller Zeiten, Erich Hartmann, im Kriege mehr als 1400 Einsätze geflogen hat und dabei 352 Luftsiege erzielte, und dagegen Rudels 2530 Feindflüge vergleicht, dann ergibt sich ein klareres Bild. Das soll keineswegs Hartmanns Leistungen oder die anderer Piloten mit vielen Feindflügen schmälern, sondern nur Rudels Zahlen im Vergleich aufzeigen. Noch größere Unterschiede ergeben sich, wenn man auf die Anzahl der Feindeinsätze der erfolgreichsten englischen und amerikanischen Jagdflieger verweist. Engländer und Amerikaner, die so etwa hundert Einsätze hinter sich hatten, betrachtete man als ›uralte Hasen‹, die von der Front nach einer bestimmten Anzahl von Feindflügen oder Einsatzstunden ohne Rücksicht auf ihr Leistungsvermögen oder ihre Führereigenschaften abgezogen wurden.

Die Luftwaffe konnte sich das aus Personalgründen nicht leisten, was andererseits zu erstaunlichen Ergebnissen führte. Es bildete sich dadurch eine Elite von Flugzeugführern in der Luftwaffe heraus, wie sie von keinen Luftstreitkräften der Welt erreicht wurde. Die Experten, die Jahr für Jahr die Einsätze an der Front überstanden und überlebten, wurden immer besser, bis sie sich schließlich zu den Spitzenkönnern im Luftkrieg des Zweiten Weltkriegs entwickelten. Piloten wie Rudel, Hartmann, Galland, Barkhorn, Rall, Steinhoff, Schröer und andere wurden aufgrund der zunehmenden fliegerischen Erfahrungen immer geschickter, wirksamer und weniger verwundbar durch Luftgegner, weil sie ständig über einen langen Zeitraum im Einsatz standen. Die stets neu gewonnenen Erfahrungen an der Front verstanden sie hervorragend zu ihren Gunsten in der Praxis anzuwenden. Nur so lassen sich die hohen Abschußerfolge und die außerordentlichen Leistungen der deutschen Piloten im Zweiten Weltkrieg verstehen.

Rudel wich bis zu seinem Tode 1983 nicht von seinem Standpunkt ab, wenn Deutschland Rußland nicht angegriffen hätte, so wäre 1943 Rußland in Deutschland einmarschiert. Er war der Überzeugung, daß Hitler das genau wußte und die Weltbedrohung durch den Kommunismus besser erkannt hatte als westliche Staatsmänner. Weil er Hitlers strategische Vorstellungen teilte, kam er oft ins Kreuzfeuer der Kritik seitens derjenigen, die angesichts der unter dem Nationalsozialismus begangenen Greueltaten gegen jede Vorstellung, daß Hitler in manchen Dingen richtig gehandelt habe, heftig in der Öffentlichkeit gegen ihn aufbegehrten. Andererseits erfordert es heutzutage schon beträchtlichen Mut, Hitlers Militärstrategie des Jahres 1941 zu verteidigen, insbesondere seinen Entschluß, Rußland anzugreifen. Das um so mehr, zumal allgemein der Eindruck verbreitet ist, Hitler wäre in militärischen Angelegenheiten ein Amateur und unverbesserlicher Stümper gewesen. Rudel ließ sich von seiner Meinung nicht abbringen, was wiederum Rückschlüsse auf seinen Charakter, sein hartnäckiges Wesen und sein Selbstbewußtsein zuläßt, wie immer man das sehen will.

Für sein erstes Buch »Trotzdem«, das in mehrere Sprachen übersetzt wurde, bat Rudel seine Mutter und seinen Vater, jeweils ein Vorwort zu verfassen. Johannes Rudel, Pfarrer im Ruhestand, schrieb über seinen berühmten Sohn, daß die alten soldatischen Tugenden Treue und Gehorsam sein ganzes Leben bestimmt haben. Seine Mutter schrieb zum Troste vieler Mütter, daß Hans-Ulrich ein schwächliches und ängstliches Kind gewesen sei, das bei der Geburt nur fünfeinhalb Pfund gewogen habe. Bis zu seinem zwölften Lebensjahr habe die Mutter stets Ulis Hand während eines Gewitters halten müssen. Sie fühlte sich glücklich, ihm eine sorglose Jugend bereitet zu haben. Rudels Leitspruch fürs Leben blieb das Wort seines Vaters: ›Verloren ist nur, wer sich selbst aufgibt!‹ Unter anderem schrieb Douglas Bader ein Vorwort für die englische Ausgabe von Rudels Buch. Bader, der trotz seiner zwei Prothesen vorzüglich Golf spielte, hatte Rudel nach dem Krieg nur kurz kennengelernt, als er sich zusammen mit anderen darum bemühte, Rudel eine Prothese zu besorgen. Er fand in Rudels Leben viele Gemeinsamkeiten mit seinem Schicksal. Selbst wenn er Rudels politische Ansichten nicht teilte, so hielt er ihn doch für einen »ritterlichen Burschen«.

Rudel wurde 1916 in Konradswaldau in Schlesien geboren. 1936, im Alter von 20 Jahren, nach einer normalen Jugendzeit, in der er insbesondere durch sportliche Leistungen auffiel, entschloß er sich, in die neugeschaffene Luftwaffe einzutreten. Er durchlief die fliegerische Ausbildung und wurde 1938 zur I. Gruppe des Stuka-Geschwaders 168 nach Graz versetzt. Am 1. Januar 1939 wurde er zum Leutnant befördert. Im Herbst war er bereits im Einsatz im Polen-Feldzug. Abgesehen von einigen Urlaubstagen, blieb er bis Ende des Krieges Frontsoldat. Dann wurde er schwer verwundet, verlor ein Bein und büßte die volle Bewegungsfreiheit seines rechten Armes ein. Bevor er vollends genesen war, flog er bereits wieder Einsätze.

Wie kein anderer Soldat oder Flieger erfreute sich Rudel des besonderen Interesses der Parteigrößen bis in das Jahr 1945, als ihre

Welt schon dem Zusammenbruch nahe war. Nach seinem Abschuß, wobei er schwere Verwundungen erlitt, veranlaßte Hitler im Februar 1945, daß Rudel in den Bunker nach Berlin verlegt wurde. Dort erhielt er regelmäßigen Besuch von Hitler und Göring sowie Goebbels und vielen anderen. Immer wieder forderte Hitler ihn auf, keine Fronteinsätze mehr zu fliegen. Rudel kam diesen Befehlen nicht nach. Kurz nachdem Rudel zu seinem Verband zurückgekehrt war, beorderte ihn Hitler nach Berlin, um ihm die Einsatzführung aller Turbinenjäger anzutragen. Rudel lehnte ab. Göring versuchte einige Tage später, diesem Befehl Nachdruck zu verleihen; wieder weigerte sich Rudel. Noch einmal befahl Hitler Rudel zu sich in den Führerbunker, um ihn eindringlich zur Übernahme des Postens zu bewegen. Rudel trug ihm seine Ansichten zur militärischen Lage vor, wie sie sich im April 1945 darstellte. Selbst wenn die angeblich 180 Me 262 auf einigen Plätzen zusammengezogen werden würden, würden die Alliierten die wenigen noch in deutscher Hand befindlichen Flugplätze der Turbinenjäger in kurzer Zeit zerbomben. Hitler nahm das wiederum stillschweigend hin. Das war das letzte Mal, daß Rudel Hitler sah, obwohl er am 25. April nochmals in die Reichskanzlei befohlen war. Sein Abflug verzögerte sich aus dienstlichen Gründen, so daß er erst in der Nacht zum 28. April starten konnte. Die beabsichtigte Landung auf der Ost-West-Achse von Berlin, in der Nähe des Brandenburger Tors, mußte er aufgeben, da sie bereits unter russischem Artilleriefeuer lag. Er sollte nach Rechlin ausweichen, so hieß es, landete schließlich aber in Wittstock. Mit dem Auto fuhr er nach Rechlin und konnte von dort über Funktelefon eine Verbindung mit Berlin aufnehmen. Von dort erfuhr er, daß es nunmehr zu spät sei. Rudel wollte in den frühen Morgenstunden mit einem Stuka einen weiteren Landeversuch unternehmen, erhielt aber den Befehl, zu seinem Geschwader im Sudetenland zurückzukehren und die Armee Schörner zu unterstützen, von der sich Hitler einen Entlastungsstoß in Richtung Berlin versprach. Zwei Tage später war Hitler tot.

Trotz der noch nicht verheilten Amputationswunde setzt Rudel bis zum letzten Kriegstag seine Panzerbekämpfungseinsätze fort. In den letzten Kriegsmonaten lag sein Geschwader ganz in der Nähe seiner Heimatstadt. Er und seine Kameraden konnten mit eigenen Augen erleben, wie es der deutschen Bevölkerung erging, nachdem die Russen Dörfer und Städte überrannt hatten. Sie wußten alle, daß in Europa nur Deutschland ein Bollwerk gegen den Kommunismus sein kann, wie es über die Jahrhunderte hinweg gegen den Ansturm aus dem Osten standgehalten hatte. Es blieb ihnen unerklärlich, warum die Demokratien des Westens es zulassen konnten, daß Kommunisten bis nach Mitteleuropa hinein vorstießen, So naiv dachten die jungen deutschen Flieger, die nichts davon wußten, wie sehr die Feinde das Nazi-Regime verabscheuten und welche Grausamkeiten durch dieses Regime begangen worden sind. Vielmehr erschraken sie über die Vergewaltigungen und Plünderungen, denen zivilisierte Westeuropäer seitens der aus dem Osten einströmenden Soldateska ausgesetzt waren. Sie glaubten, im Kampf für Europa und die Erhaltung westlicher Kultur und Zivilisation zu stehen. Rudel war der Meinung, daß die heutige russische Bedrohung dem Westen doch zu denken geben sollte, ob auf lange Sicht betrachtet ein deutscher Sieg gegenüber Rußland vielleicht weniger schlimm gewesen wäre als der Druck durch den kommunistischen Expansionswillen, der nach dem russischen Sieg begann und bis in die heutige Zeit hinein viele Teile der Welt bedroht.

Schon vier Bücher hatte ich über den Luftkrieg im Zweiten Weltkrieg geschrieben. In allen ging es um Jagdfliegerasse, wie in dem vorliegenden Buch hauptsächlich auch. Ich wußte nicht, daß Rudel einer der großen Experten war, als ich mich zu einem Besuch bei ihm entschloß. Als er mich einmal in Amerika von Chicago aus anrief, konnten wir uns aus terminlichen Gründen nicht treffen. Erst im September 1978 klappte es. Es war ein herrlicher, sonniger Tag, als ich in München auf dem Flughafen eintraf, mir einen Mietwagen besorgte und zu Rudel fuhr. Kurz nach dem Mittagessen traf ich bei ihm ein. Sein Haus in der Nähe von Kufstein ist im typisch bayerischen Stil gehalten. Seine Frau Ursula, 31 Jahre alt, wurde zwei Jahre nach Kriegsende in der Nähe von Hannover geboren. Sie öffnete mir die Tür und bat mich in das Wohnzimmer im ersten Stock, von wo man einen Blick über das Inntal und die im Hintergrund aufsteigenden Berge des Kaisergebirges hat. Ein roter Orientteppich gibt dem Raum eine farbliche Note. Vom Sofa hinter der Kaffeetafel reicht der Blick durchs Fenster bis nach Wörgl. Unter den Möbeln fällt eine Schrankwand auf, in deren Mitte auf drei Regalbrettern etwa fünfzehn bis zwanzig verschiedene Stuka-Modelle stehen. Rudel stand vor seinem Sessel und begrüßte mich mit seiner linken Hand, die rechte, teilweise gelähmte, stützte er in seiner Hüfte ab. Mit 62 hatte er noch volles Haar mit silbrigem Glanz. Seine Augen waren hellbraun, und sein Gesicht war sonnengebräunt. Er trat bestimmt, spannkräftig und selbstbewußt auf. Ursula, mit der er noch nicht sehr lange verheiratet war, sieht sportlich und attraktiv aus, hat braune Haare und glückliche, gewinnende Augen. An ihrem rechten Ringfinger trägt sie nur den goldenen Ehering. 33 Jahre nach dem Ende des Zweiten Weltkriegs waren der alte Adler und seine junge Frau offensichtlich sehr ineinander verliebt.

Während vom Tal herauf der Verkehrslärm von der Autobahn zu hören war, zogen am blauen Himmel über dem Kaisergebirge ein paar Segelflugzeuge ihre Kreise. Bis es Nacht wurde, ließen wir die Erinnerung an Vergangenes wieder aufleben. Der Vollmond stieg über dem Kaisergebirge auf. Wahrlich eine nostalgische Atmosphäre, um sich geschichtlicher Ereignisse zu erinnern.

Kurz nachdem wir das Gespräch eröffnet hatten, bat ich Rudel, ob er mir einen besonderen Einsatz aus seinen mehr als 2500 Feindflügen nennen könnte, in dem ihm das mörderischste Abwehrfeuer entgegengeschlagen ist. Er dachte einen Augenblick nach. Als er mir darüber berichtete, gingen meine Gedanken zurück in die ruhmreichen Jahre des Mannes, dem ich gegenübersaß. Es war für mich ein Rückblick auf die schicksalshaften Jahre Deutschlands. Nach Rudels Ansicht war diese Zeit die letzte Möglichkeit, dem Kommunismus Einhalt zu gebieten. Denn seine militärischen Erfolge erzielte er an der Ostfront, um gerade dieses Ziel zu verfolgen.

Hitler war guter Zuversicht, Rußland in einem großen Feldzug in die Knie zu zwingen. Der verstorbene Feldmarschall Erich von Manstein bedauert in seinem Buch »Verlorene Siege« diese schicksalhafte Fehleinschätzung der militärischen Stärke Rußlands und der verbissenen Kampffähigkeit des russischen Soldaten. Auch Reinhard Gehlen warnte Hitler vor der militärischen Stärke Rußlands. Im Sommer 1941 versuchte Hitler vergeblich, daß die Japaner gleichzeitig im Fernen Osten die Offensive gegen Rußland eröffneten. Hatte er in diesem Zusammenhang etwa ein ungutes Gefühl oder spürte er, daß er strategischer Rückendeckung bedurfte? Die Japaner folgten diesem Ersuchen nicht und griffen statt dessen fünf Monate später im Süden an.

Noch ein weiterer Faktor spielte in dem größten Feldzugunternehmen der Geschichte eine Rolle, von dem man erst Mitte der siebziger Jahre erfuhr. Die russische Führung erhielt in kritischen Lagen aus der Quelle ›Ultra‹ der englischen Abwehr entscheidende Hinweise. Sehr häufig gelang es, den deutschen verschlüsselten Funkverkehr seit Sommer 1940 abzuhören und zu entziffern. Die Russen bekamen zwar keinen unmittelbaren Zugang zu Einzelheiten dieses wohl bedeutendsten Erfolges der Abwehrstellen, sie wurden aber regelmäßig über militärische Absichten der Deutschen vorgewarnt. Im Juli 1943 bekamen die Deutschen insbesondere diesen Vorteil der gegnerischen Abwehr zu spüren. Die letzte deutsche Großoffensive (Unternehmen »Zitadelle«) lief ins Leere und brach unter hohen Verlusten zusammen, weil die russischen Panzer-, Artillerie- und Panzerabwehrkräfte dank der Vorwarnung die geplante Zangenbewegung der Deutschen kannten. Die westalliierten Abwehrdienste hatten die Russen genau in Kenntnis gesetzt, wo die verstärkten und mit neuen Panzern ausgerüsteten deutschen Verbände angreifen würden.

Von all dem wußte man am 22. Juni 1941 nichts, als 200 deutsche und verbündete Divisionen den Rußland-Feldzug eröffneten und große Anfangserfolge erzielten. Der Einfall wurde durch drei Heeresgruppen vorgetragen. Die Heeresgruppe Nord, in deren Bereich Rudel bald zum Einsatz kommen sollte, hatte den Auftrag, die russischen Kräfte im Baltikum zu zerschlagen und auf Leningrad vorzustoßen. Generalfeldmarschall Ritter von Leeb führte diese Heeresgruppe. Im Verlaufe der atemberaubenden Vorstöße hefteten die deutschen Truppen einen Sieg nach dem anderen an ihre Fahnen. Der entscheidende Vorstoß kann dem 56. Panzerkorps (v. Manstein) zugerechnet werden, das innerhalb von vier Tagen 300 Kilometer tief in Feindgebiet eindrang, die Brücken von Dünaburg sicherte und somit den Weg auf das etwa 480 Kilometer entfernte Leningrad freigab.

Danach verlangsamte sich der Vormarsch am Nordabschnitt der Front, weil Hitler und das Oberkommando der Wehrmacht verschiedene Prioritäten hinsichtlich der strategischen Zielsetzung sahen. Das OKW wollte die Entscheidung im Mittelabschnitt suchen und mit der Einnahme Moskaus krönen. Hitler bevorzugte zunächst den Vormarsch auf zwei Flügeln (Heeresgruppe Nord und Heeresgruppe Süd), um erst dann Moskau zu nehmen. Am 26. Juni 1941 wurde dem 56. Panzerkorps Halt befohlen, damit die übrigen Heeresverbände aufschließen konnten. Nach dieser Zwangspause, die die Russen zur Umgruppierung in eine Verteidigungsstellung nutzten, war der Angriffsschwung gedämpft. Zudem wurden die Panzerkräfte der Heeresgruppe Nord nicht zusammengefaßt, um gezielt auf Leningrad angesetzt zu werden. Dennoch gelang es, Mitte August die kriegswichtige Stadt Luga einzunehmen. Die Heeresgruppe Nord stand jetzt etwa 180 Kilometer vor Leningrad. (Interessanterweise hatte Manstein dem General Friedrich Paulus vorgeschlagen, der ihn im Auftrag des OKW aufsuchte, daß die Panzerkräfte des Nordabschnitts abgezogen und für die Offensive gegen Moskau bereitgestellt werden sollten. Daraufhin befiehlt Hitler die Belagerung und Aushungerung von Leningrad. Anfang September wurden starke Panzerkräfte für den Einsatz im Mittelabschnitt abgezogen.)

Die Kämpfe um Luga waren sehr schwer. Luga liegt an der Straße nach Leningrad und war ein bedeutendes Zentrum von Flugplätzen und militärischen Einrichtungen, so auch das im Süden gelegene Flugfeld von Tyrkowo.

Hier lag im September die III. Gruppe des Stukageschwaders »Immelmann«, um gegen Leningrad und die Versorgungswege von Moskau nach Leningrad eingesetzt zu werden. Nachdem man Rudel im Balkan-Feldzug nicht hatte fliegen lassen, weil seine Vorgesetzten ihn für zu übereifrig hielten, konnte er eines Tages eine instand gesetzte Maschine an die Ostfront überführen. In Tyrkowo sammelte er erste Einsatzerfahrung bei Feindflügen gegen den Nachschub auf der Rollbahn Smolensk – Moskau. Nach und nach mußten täglich von jedem mehrere Feindflüge geflogen werden. Am 9. September begann die ununterbrochene Bombardierung von Leningrad.

Am 16. September 1941 erfuhren die Stukabesatzungen, daß russische Flotteneinheiten vom Finnischen Meerbusen her deutsche Heeresverbände unter Dauerbeschuß genommen hätten. Zu dem russischen Flottenstützpunkt in Kronstadt, etwa 20 Kilometer westlich von Leningrad in der Bucht gelegen, zählten seinerzeit zwei Schlachtschiffe, vier oder fünf Kreuzer und einige Zerstörer. Das Geschwader sollte sich auf die Schiffsbekämpfung einstellen, aber noch die Zulieferung von 1000-kg-Bomben mit Verzögerungszünder abwarten, da nur diese Bomben die Deckpanzerung der Schlachtschiffe durchschlagen konnten.

Obwohl die Spezialbomben noch nicht eingetroffen waren, wurde einige Tage später dank besonders günstiger Bedingungen der Angriffsbefehl erteilt. Rudel gehört zu den 30 am Angriff beteiligten Besatzungen (die normale Geschwaderstärke von 80 Maschinen konnte wegen starker Verluste nicht aufgeboten werden). Als sie über der Flotte eindrehen, sichtet Rudel als erster das Schlachtschiff *Marat.* Er und sein Gruppenkommandeur (Hauptmann Ernst-Siegfried Steen) stürzen in dichtem Flakfeuer auf das Schlachtschiff zu. Steen wirft die Bombe vorbei. Rudel trifft mit seiner 500-kg-Bombe das Achterdeck. Er beobachtet, wie sich Feuer ausbreitet, kann den Schaden aber nicht genau beurteilen. Er weiß allerdings, daß eine 500-kg-Bombe so ein Schiff nicht versenken kann.

Einige Tage später beweist Rudel seine hohen fliegerischen Fähigkeiten, die ihm eines Tages noch die höchste deutsche Tapferkeitsauszeichnung einbringen werden. Innerhalb von Minuten sinkt ein russischer Kreuzer, den Rudel mit einer 500-kg-Bombe getroffen hat. All diese Angriffe müssen durch derart konzentrierte Flakabwehr geflogen werden, daß es nicht wundert, wenn es den wenigen Stukafliegern in Tyrkowo langsam an die Nerven geht. Die sonnigen Septembertage sind fast immer wolkenlos, so daß es selten schützende Wolkenschichten gibt, die man für Überraschungsangriffe auf mit Flak bestückte Seeziele nutzen kann. Täglich fliegen sie Einsätze gegen Kronstadt, Oranienbaum und Peterhof. Täglich müssen sie sich schwerstem russischem Flakfeuer aussetzen.

Hitler hatte nach langem Zögern den Schwerpunkt der Operationen auf Moskau verlagert. Aber das wußten Rudel und andere Stukaflieger nicht. Zwar hatten schon Mitte September deutsche Panzerbesatzungen die goldleuchtenden Türme der Admiralität von Leningrad im Visier, jetzt standen sie im Mittelabschnitt bereit für den Vorstoß auf Moskau. Nach der Einnahme von Petrokrepost war Leningrad abgeriegelt und wurde fortan von 24-cm-Geschützen unter Beschuß genommen. Die Stadt, in deren Mauern sich vier Millionen Menschen drängten, sollte durch Aushungerung zur Übergabe gezwungen werden. Der russischen Ostsee-Flotte sollte durch deutsche Stukas der Garaus gemacht werden.

Ausnahmsweise spannte sich am Morgen des 23. September 1941 über dem Feldflugplatz von Tyrkowo ein wolkiger Himmel. Es war kalt und neblig.

An diesem Herbsttag gab es am Nordabschnitt den ersten Rauhreif. Weiter im Süden machten Regen, Wind und Kälte den deutschen Truppen zu schaffen. Bei Dunkelheit kroch Rudel in Tyrkowo aus dem Zweimannzelt und zog sich seine blaue Luftwaffenuniform an. Er frühstückte schnell und bereitete sich voller Erwartung auf den Einsatz vor. Die lange angekündigten 1000-kg-Bomben waren eingetroffen. Tags zuvor hatten Aufklärungsflugzeuge im Hafen von Kronstadt die Schlachtschiffe *Marat* und *Oktober-Revolution* zusammen mit weiteren Kriegsschiffen ausgemacht. Rudel vermutete, daß die *Marat* nach seinem Bombentreffer vor einer Woche wieder repariert war. Er und sein Gruppenkommandeur Steen stimmten darin überein, daß jetzt der Tag gekommen war, ganze Arbeit zu leisten und das Schiff zu versenken.

Nur 18 Stukas waren einsatzbereit – es hätten mehr sein können, wenn die Geschwader volle Kriegsstärke gehabt hätten. Rudel ist mit Fliegerhaube, Kehlkopfmikrofon und Fliegerbrille schnell an seiner grünlichbraun gespritzten Ju 87, dem Stuka, und blickt an den neblig-trüben, wolkenverhangenen Himmel. Die knapp 14 Meter Spannweite des Sturzkampfbombers, dessen Konzept einer Idee der US-Navy entsprang, lassen Rudel und seinen Bordschützen Scharnovski wie Zwerge erscheinen. Es ist acht Uhr. Wegen des Nebels wird der Start verschoben. Es dauert eine Stunde, bis sich das Wetter so weit gebessert hat, daß die III. Gruppe starten kann. Rudel fliegt in der Kette seines Gruppenkommandeurs Steen. Die großen dreiblättrigen Propeller beginnen sich zu drehen, sobald die 1400 PS leistenden Jumo-211-D-Motoren donnernd anspringen. Die 1. Warte ziehen sich zurück, ein letztes Winken, und die Stukas rollen mit ihrer schweren Bombenlast unter dem Rumpf, unmittelbar unter dem Pilotensitz, vorsichtig zur Startposition.

Als die Stukas mit Vollgas von Tyrkowo abheben, ist der Platz in Staubwolken gehüllt; kilometerweit hört man das Dröhnen der Motoren. In engem Verbandsflug mit 200 km/h fliegend, ist die Wolkenschicht bald durchflogen. Über einer Schicht weißer Cumuluswolken wird mit Nordkurs der Steigflug fortgesetzt. Die Schiffsziele sind noch 150 Kilometer entfernt. Der Stuka ist für 750-kg-Bomben ausgelegt. Die Schwerlast heute ist für die Schlachtschiffe bestimmt. Die Reichweite ist kein Problem. Der Stuka kann weiter entfernt liegende Ziele als die russische Ostsee-Flotte erreichen, die man in weniger als einer Stunde in Sicht zu bekommen hofft.

Spannung und Erregung steigern sich, je näher die Küste rückt.

Die Wolken lockern auf, als Steen in etwa 2700 Meter Höhe in den Geradeausflug mit Nordkurs übergeht. Blaugrün leuchtet in der Ferne der Finnische Meerbusen auf. Auch Jagdflugzeuge vom Typ Me 109 streben dem Ziel zu. Plötzlich, Warnrufe vor feindlichen Jägern, die zum Angriff auf die langsam fliegenden Stukas ansetzen. Steen und Rudel behalten stur ihren Kurs bei. Sie werden sich durch feindliche Jäger nicht von ihrem Angriff abbringen lassen. Die Stukas überfliegen die Küste. Schwere Flak beginnt zu schießen. Schwarze und weiße Flakwölkchen füllen den Himmel. Küstenbatterien und Schiffsgeschütze schießen! In 15 Kilometern Entfernung kommt der Hafen von Kronstadt in Sicht, der größte Kriegshafen der russischen Ostsee-Flotte, der nach vielen Jahren Bauzeit auf der früheren finnischen Insel, die die Einfahrt nach Leningrad kontrolliert, entstanden ist.

Noch nie hat Rudel eine derart schwere Flakabwehr erlebt. Die Wolken, die den Angreifern Schutz hätten bieten können, sind verflogen. Das Dröhnen der Motoren und die Explosionsgeräusche der Flakgranaten überlagern sich. Die letzten vier Minuten für den Anflug auf das Ziel kosten die meisten Nerven. Schließlich entdekken Steen und Rudel unter sich voraus die *Marat,* die an einem Pier mit zwei weiteren kleinen Schiffen liegt.

»König Eins«, das ist Steen, bricht die Funkstille. »König Zwo«, Rudel, bestätigt und bereitet sich auf den Sturz genau hinter seinem Kettenführer vor. Die Stukas nehmen seitliche und Höhenstaffelung ein, um der Flak das Zielen und Treffen zu erschweren. Die Schiffsflak der *Marat* (23 000 t) schweigt noch, als sich ihr die Vorboten des Todes aus der Luft nähern. Um so heftiger das Abwehrfeuer der übrigen Flak.

Kurz vor dem Einrollen zum Sturz sieht Rudel hinter der *Marat* den schweren Kreuzer *Kirow* liegen. Steens Gesichtsausdruck spiegelt die angespannte Konzentration wider, als er sich auf das große Ziel unter ihm abschwingt. Rudel folgt ihm und bleibt dicht dran. Schnell sind 450 km/h erreicht. Der Fahrtwind heult am Kabinendach vorbei, während die Stukas mit etwa 80 Grad Sturzwinkel fast senkrecht der Erde zustürzen.

Steens Maschine stürzt schneller! Der Abstand zu Rudel vergrößert sich. Warum nur? Beim Sturz hing er doch noch knappe fünf Meter hinter ihm, jetzt fällt er immer mehr zurück. Um Fahrt aufzuholen, fährt er seine Sturzflugbremsen wieder ein, denn Steen mußte das wohl auch getan haben. Rudels Fahrt nimmt zu . . .

500, 550, 600 km/h! Viel zu hoch! Er nähert sich Steen wieder, drückt den Knüppel nach vorne, um steiler zu stürzen und nicht die Maschine seines Kommandeurs zu rammen. Die *Marat* und Steens Maschine im Auge behaltend, ist Rudel fast verzweifelt damit beschäftigt . . . gefährlich nahe . . . sieht die entsetzten Blicke von Oberfeldwebel Lehmann, Steens Bordschützen. Wenn er nichts tut, wird er unweigerlich in Steens Höhenleitwerk rasen. Ein kräftiger Druck auf den Steuerknüppel, rechts vorbei, stürzt er jetzt fast mit neunzig Grad hinter und unterhalb seines Kettenführers. (Was Rudel nicht wissen konnte, Steen hatte die Sturzflugbremsen nicht eingefahren, sondern nur mehr Gas gegeben, um Fahrt zu gewinnen.)

Immer größer wird die *Marat* im Zielgerät, während er mit 600 km/h direkt auf sie zustürzt. Er sieht Seeleute an Deck, die Munition schleppen . . . das Schiff wird größer . . . gefährlich nahe. Er muß schnell die Bombe auslösen und abfangen. Er ist schon zu tief für den normalen Abwurf, drückt auf den Bombenauslöseknopf und zieht mit aller Kraft den Knüppel nach hinten. In 300 Meter über Wasser beginnt er mit dem Abfangen. Das Blut sackt aus dem Kopf, und er versucht verzweifelt, seinen Stuka vom Durchsacken und Aufschlag auf dem Wasser zu bewahren. Ganz langsam, so scheint es, hebt sich die Flugzeugnase vom Wasser über den Horizont. Schwarz vor Augen, schaffen Rudel und Scharnovski es, knapp fünf Meter über dem Wasser abzufangen. Scharnovski auf dem Rücksitz hatte das Erlebnis seines Fliegerlebens! Er konnte es sich kaum vorstellen, daß sie aus diesem Sturz je wieder abfangen könnten.

Rudel rast über den Hafen und einige kleine Schiffe hinweg und nimmt Kurs auf die 20 Kilometer südlich gelegene Küste. Scharnovski brüllt: »Herr Oberleutnant, das Schiff explodiert!« Der nach hinten herausschauende Bordschütze sieht die *Marat* in die Luft fliegen. Hunderte von Metern steigt eine schwarze Rauchwolke in den Himmel. Rudel kurvt ein wenig ein, um sich die Sache anzusehen. Das Schlachtschiff scheint waidwund getroffen zu sein. Rudels Bombe traf die Magazine, was eine ungeheuere Explosion auslöste. Über den Funksprechverkehr wird von allen Seiten gratuliert . . . sogar der Geschwaderkommodore meldet sich. Als sich Erregung und Freude darüber breitmachen, kommt über Bordsprechverkehr vom Rücksitz: »Zwei russische Jäger, Herr Oberleutnant!«

Rudel drückt so tief auf die Wasseroberfläche herab, nur Meter sind es, daß er dieselbe Höhe wie die auf Betonsockeln stehenden russischen Flakgeschütze hat. Andere Stukas setzen die Angriffe auf die russischen Schiffe fort. Durch harte Abwehrkurven weicht er den auf ihn gerichteten Flakgeschützen aus. Die auf gleicher Höhe mit ihm schießenden Rohre speien Feuer. Nach vehementen Flugmanövern über Wellenkämmen überfliegen sie die Küstenlinie. Sind sie in Sicherheit? Haben sie die feindlichen Jäger hinter sich gelassen? Scharnovski meldet über Bordsprech: »Eine *Rata* von hinten!« Rudel schaut nach hinten . . . da ist sie . . . verdammt nahe. Er tritt ins Ruder nach links, dann nach rechts, um dem russischen Jäger das Zielen zu erschweren, gleichzeitig der Befehl an Scharnovski, mit seinem 7,9-mm-MG das Feuer zu eröffnen. Scharnovski schoß nicht. Rudel wiederholt voller Wut seinen Schießbefehl. Immer noch schoß Scharnovski nicht. Rudel drohte ihm, ihn einsperren zu lassen, dabei in Baumwipfelhöhe Abwehrmanöver fliegend, um dem Russen auszuweichen. Der Jäger ist schneller und besser bewaffnet. Er glaubt, es wird nur noch eine Frage der Zeit sein, bis es ihn erwischt. An seiner Maschine flitzen Leuchtspurgeschosse vorbei. Scharnovski: »Me 109 hinter der *Rata*!« Das läßt hoffen! Bis die Me 109 die *Rata* endlich in Brand schießt, scheint eine Ewigkeit zu verstreichen. Dann schlägt die *Rata* auf. Wackelnd fliegt der deutsche Jagdflieger mit einem militärischen Gruß an ihnen vorbei. Langsam steigt Rudel etwas höher und fliegt in niedriger Höhe nach Tyrkowo zurück. Trotz aller Freude hält er aufmerksam Ausschau nach möglichen Jägern. Er landet als einer der ersten der Gruppe. Bis Mittag landen auch die anderen Stukas. Aus Anlaß des Erfolges treten die Besatzungen vor dem Gruppenzelt an. Der Kommodore hatte sich schon telefonisch erkundigt, wer die Bombe auf die *Marat* geworfen habe. Nur kurz dauert der Gratulationsappell. Das Geschwader erteilt Auftrag zu einem sofortigen Angriff. Diesmal gilt er der *Kirow,* die hinter der versenkten *Marat* im Hafen liegt.

Wieder machen sich die Besatzungen voller Einsatzeifer für den Start bereit. Nach Betankung und der Beladung mit der schweren Bombe stehen auch Rudel und Scharnovski wieder an ihrer Maschine. Durch einen Zufall wird Rudel diesen zweiten Einsatz nicht mitmachen. Steen, der bei der Landung in ein Loch geriet, wodurch seine Maschine ausfiel, hatte sich eine Ersatzmaschine besorgt. Im morastigen Boden hat er erneut einen Fahrwerkschaden.

Er steigt aus, rennt zu Rudel hinüber, springt auf die Tragfläche und entschuldigt sich noch, während er ihm den Befehl zum Aussteigen gibt. Er wird Rudels Maschine fliegen und Scharnovski als Bordschütze übernehmen. Sehr enttäuscht sieht Rudel seine Kameraden starten. Nach seinem größten Erfolg als Flieger muß er am Boden bleiben!

Nach knapp zwei Stunden kehren die ersten Maschinen der Gruppe zurück. Rudel wartet auf die Landung seines Kommandeurs und seines Bordschützen. Alle Besatzungen befragt er, was sich ereignet habe. Man berichtet ihm, daß Steen beim Sturzangriff auf die *Kirow* in 2000 Meter einen Flaktreffer erhalten habe. Schon vom Tode gezeichnet, stürzte er auf sein Ziel. Die Bombe explodierte nahe der Bordwand des Kreuzers, der schwer beschädigt wurde. Auch die *Oktober-Revolution* wurde an diesem Tage beschädigt, nachdem die Gruppe insgesamt vier Einsätze geflogen hatte. Das Schiff lag noch im Hafen, als das Stukageschwader des VIII. Fliegerkorps (v. Richthofen) am Ende des Monats vom Norden in den Mittelabschnitt verlegte, um an der Rollbahn nach Moskau zum Einsatz zu kommen.

Mit seinen einmaligen Erfolgen an der Nordfront hatte Rudel in höheren Kreisen der Wehrmacht auf sich aufmerksam gemacht. Ihm wurde das Ritterkreuz verliehen. Damit begann ein erstaunlicher Aufstieg bis zum Kriegsende. Unterbrochen von nur kurzen Fronturlauben, vollbrachte er Leistungen, die mit Sicherheit nicht mehr übertroffen werden können. Die heutigen Flugkörper, die mittels Radarlenkung oder Infrarotsuchkopf innerhalb von Sekunden ein Flugzeug treffen können, machen es fast unmöglich, derartige Leistungen zu wiederholen. Daran dachte ich, als Rudel seinen Bericht über den so lange zurückliegenden Septembertag zum Abschluß brachte. Ursula servierte auf dem Kaffeetisch Pfirsich- und Kirschkuchen . . . und Sahne . . . Sie bot Bier, Wein oder Cognac zur Wahl an (aber Rudel trinkt keinen Alkohol). Welch ein Kontrast hinsichtlich Zeit und Ort! »Es war die schwerste Flakabwehr, die ich je im Krieg erlebt habe«, so beendete Rudel seinen Bericht.

Im Deutschland der Nachkriegszeit war Rudel nicht unumstritten. Er sieht keinen Grund dafür, Abbitte zu leisten für Deutschlands Angriff auf Rußland 1941. Er ist der Meinung, daß der Krieg gegen die Sowjetunion unausweichlich war, andernfalls möglicherweise Rußland Deutschland angegriffen hätte. Ich fragte ihn, wie er mehr als dreißig Jahre nach Kriegsende in der Rückschau Hitler sieht. Es war eine harte Frage, denn Hitler verehrte Rudel fast abgöttisch und sah in ihm Deutschlands größten Kriegshelden. Mehrfach erteilte er ihm Flugverbot, um ihn nicht zu verlieren.

Und Hitler war ein meisterhafter Psychologe, der eine geradezu charmante, vernünftige, überzeugende und gewinnende Art an den Tag legen konnte. Für Rudel sind natürlich Grausamkeiten und Massenmord unverzeihlich, aber er weist auf Grausamkeiten hin, die von Rußland und anderen im Zweiten Weltkrieg begangen worden sind, und er übt Kritik an den sogenannten Kriegsverbrecherprozessen und ähnlichen Dingen. Wie dem auch sei, keiner der westlichen Alliierten hat nur annähernd soviel auf dem Gewissen, wie es das Nazi-Regime hat, das Völkermord an Juden und anderen im Osten lebenden Menschen begangen hat.

Man muß aber bedenken, daß es nicht in der Natur des Menschen liegt, wenn man alles gegeben hat, lange Zeit sein Leben aufs Spiel setzte, sein Bein verloren hat, Familienangehörige und gute Kameraden, und dann mit ansehen mußte, wie sein Vaterland darniederlag und geteilt wurde, zuzugeben, es hätte nur einem bösen Zweck gedient. Die meisten deutschen Soldaten, Seeleute und Flieger kämpften nicht für die Nazis, sondern für Deutschland, denn sie waren jung und erfüllten nur ihre vaterländische Pflicht.

Rudel wurde während des Krieges von seinem Vater, einem Pfarrer, getraut. Vater und Mutter, die 1952 beziehungsweise 1960 starben, liegen in Bayern begraben. Sein Sohn ist Lehrer in Düsseldorf. Für eine Familie, deren Heimat heute Teil des kommunistischen Polens ist, waren die Nachkriegsjahre ein außerordentlich bitteres Los.

Aber Rudels Haltung und Geist waren bis zu seinem Tode ungebrochen. Er war körperlich immer aktiv und ein guter Bergsteiger und Schwimmer. 1953 gelang ihm in Argentinien die Erstbesteigung eines 6400 Meter hohen Gipfels in den Anden. Als ich ihn das letzte Mal sah, machte der Mittsechziger mit Unterschenkelprothese noch anstrengende Bergwanderungen in den Alpen.

Ich fragte ihn nach dem einzigartigen Orden, den Hitler Ende des Krieges nur für ihn anfertigen ließ. »Der liegt in einem Banksafe in Rosenheim«, sagte er. Seinen Wert schätzte er auf ungefähr 30 000 Mark. Das war 1978. Heute dürfte der Orden angesichts gestiegener Edelmetallpreise schon mehr wert sein.

Hitlers besondere Vorliebe für Rudel und seine vorsichtigen Versuche, ihm zu schmeicheln und auf ihn Eindruck zu machen, haben bei Rudel offensichtlich einen starken positiven Eindruck hinterlassen. Und vielleicht war Rudel ehrlicher und freimütiger als einige heutzutage, die ihre früheren Gefühle und Empfindungen gegenüber dem Mann verleugnen, der das Leben von Millionen von Menschen auf dem Gewissen hat. Besonders tapfer und treu setzte sich Rudel im Kriege bedingungslos für sein Vaterland und dessen Führung ein – und wurde ein Nationalheld. Immer in höchsten Tönen gepriesen, einzigartige Heldentaten vollbracht zu haben, mit höchsten Orden von der Staatsführung ausgezeichnet, wie soll da jemand noch alles im richtigen Verhältnis zueinander sehen und werten können?

In einer sternklaren Herbstnacht Abschied nehmend von dem freundlichen Gesicht und der sicheren Stimme des »Adlers der Ostfront« und Ursula, ging ich voller neuer Eindrücke und Gedanken zurück ins Hotel. Am nächsten Morgen wollten wir uns wiedersehen. Mit meinem Freund, Dr. Harald Ligon, der noch nicht gegessen hatte, nahmen wir im Speisesaal des Hotels an einem Tisch Platz. Weil es schon spät war, waren nur wenige Gäste anwesend. Eine Gruppe junger Menschen, vielleicht aus Wörgl oder Kufstein, feierte eine Party. Sie waren etwa so alt, wie es Rudel 1936 war, als er in die Luftwaffe eintrat.

Während wir unsere Gulaschsuppe aßen, schauten wir uns die glücklichen, freudigen Gesichter der jungen Deutschen und Österreicher an und hörten ihre Musik, Volkslieder, dann und wann ein Jodler und sanfte Weisen aus der Südsee. Sie waren gut gekleidet und machten einen sorglosen, glücklichen und beschwingten Eindruck. Wußten sie etwas von dem Menschen mit den unglaublichen militärischen Leistungen, der nur 200 Meter entfernt wohnte? Würden sie die Stimmung, Gefühlswelt und Flut von Einflüssen, denen Rudels Generation seinerzeit im Jugendalter in Deutschland und Österreich ausgesetzt waren, wirklich begreifen können? Würden sie Verständnis dafür aufbringen können, wenn dieser amputierte Mann mit gelähmtem Arm und unbeugsamem Willen ihnen erklären würde, warum er als junger Mensch im Jahre 1936 sich entschloß, sich voller Begeisterung für das Deutschland der Jahre 1933–1945 so voll und ganz einzusetzen? Würden sie als Gruppe jemals soviel vaterländischen Geist, Ziel- und Sendungsbewußtsein und Gemeinschaftsgefühl entwickeln können, wie es die Generation aus den dreißiger Jahren vermochte? Zwei verschiedene Welten und Generationen an einem Abend erlebt, und das nur 200 Meter voneinander entfernt!

Drei Jahre später, 1981, besuchte ich Rudel wieder in Kufstein. Prinz Friedrich Karl von Preußen und ich hatten zusammen mit Gerhard Barkhorn in Tegernsee gegessen, wobei sich die beiden Kriegsveteranen zum erstenmal kennenlernten. Am späten Nachmittag fuhren wir weiter zu Rudel.

Er stand braungebrannt mit freiem Oberkörper auf seinem Balkon, von dem der Blick über das Tal bis hin zum Kaisergebirge reicht. Wieder hörten wir Rudels Ansichten über den Krieg, über Deutschland und seine Schilderungen über seinen Kriegseinsatz. Sie waren unverändert. Wir waren nicht gekommen, um über politische Ansichten zu streiten. Wir sprachen hauptsächlich über Deutschlands heutige Zwangslage, die Teilung des Landes und was die Zukunft wohl bringen würde. Rudel zeigte Fritz Karl seine vielen Stukamodelle und einige seiner Orden und Ehrenzeichen. Wir genossen die Sonne auf dem Balkon. Ich klärte mit Rudel noch einzelne Fragen im Zusammenhang mit seiner militärischen Laufbahn und seinem berühmtesten Einsatz. Es war schon dunkel, als wir Abschied nahmen. Mir war klar, warum Rudel und seine Frau Ursula ihr Glück in dem schönen, behaglichen Haus am Thiersee gefunden haben.

Im Dezember 1982 machten Rudel und seine Frau eine Bergwanderung, wie sie es häufig taten. Nach der Rückkehr fühlte er sich unwohl. Ursula bedrängte ihn, den Arzt anzurufen. Der Arzt riet ihm dringend, ins Krankenhaus zu gehen, was er unter Protest schließlich auch tat. Tags darauf besuchte Ursula ihn. Er war guter Dinge und fühlte sich besser. Er war ansprechbar und antwortete mit klarer Stimme. Nichts wies darauf hin, was noch kommen sollte. Später am Tag fiel er plötzlich ins Koma. Sofort eilte Ursula an sein Krankenbett. Aber er kam nicht mehr zu Bewußtsein. Er rang tagelang mit dem Tode, bis dann sein Herz zu schlagen aufhörte. Drei Monate nach dem Tode von Sir Douglas Bader, der ihm in vieler Hinsicht ähnelte, starb er.

1983 machten mein Verleger David Lindsay und ich bei Frau Rudel einen Beileidsbesuch. Rudels schwerer Mercedes stand immer noch da. Aber Ursula meinte, der Wagen wäre zu stark und zu schnell, sie werde ihn wohl verkaufen. Lindsay und ich lernten die zu Besuch weilenden Eltern von Ursula kennen. Zusammen fuhren wir in die Berge zu einem Gasthof an einem See inmitten eines herrlichen Tales. Es war, wie Lindsay bemerkte, ein geradezu märchenhafter Anblick.

Während die Sonne auf die Terrasse schien, hörten wir beim Essen von Rudels letzten Lebenstagen, vom Ende einer lebenden Legende. Bis zum Schluß hielt Rudel daran fest, stolz darauf zu sein, für Deutschland gekämpft zu haben.

Auf dieser Reise trafen wir uns auch mit Ursula Barkhorn, einer Tochter von General Barkhorn, die uns seinerzeit 1982 mit ihren Eltern in den USA besucht hatte, nur Monate, bevor die Eltern bei einem Autounfall ums Leben kamen. Und so geschah es, daß Douglas Bader, Gerhard Barkhorn und Hans-Ulrich Rudel innerhalb von wenigen Monaten dahinschieden. Die berühmten »Adler« des Zweiten Weltkriegs starben früher als erwartet. Und mit ihnen ging ein Stück Zeitgeschichte dahin.

Von allen Kriegsfliegern erfreut sich Rudel besonderer Wertschätzung bei Militärhistorikern, die sich mit dem Luftkrieg beschäftigen. Was er geleistet hat, war so unvorstellbar, daß man ihn wie einen zweiten Graf Luckner hätte verehren können. Aber wie das Schicksal es wollte, Mitte der dreißiger Jahre war dem jungen Flugzeugführer vorgegeben, im Dienste eines Deutschlands zu fliegen, das unter der Führung Hitlers stand. Nur das war es, warum Rudel nicht der am meisten gefeierte Flieger des Zweiten Weltkriegs geworden ist. So starb er verhältnismäßig unbeachtet, wenngleich seine Beerdigung doch ein größeres Ereignis war. Als sein Sarg in die Erde gesenkt wurde, überflogen deutsche Jagdflugzeuge seine Grabstelle. Ein Zufall, so hieß es offiziell. Man kann es aber auch so werten, daß dies ein letzter Ehrengruß für Deutschlands besten Kampfflieger war, dessen Mut und Tapferkeit bewundert wurde. Rudel hätte sich über die Geste einer Luftwaffe geehrt gefühlt, der er einmal vor langer Zeit und in einer ganz anderen Welt angehört hatte.

KAPITEL 5

Alarmstart in Guadalcanal

Im Juni 1942 stoppten die Amerikaner in der Schlacht bei den Midway-Inseln den japanischen Vorstoß in den Pazifik. Im August landete amerikanische Marineinfanterie (US-Marine Corps) auf der von den Japanern besetzten Insel Guadalcanal und begann einen sechs Monate währenden Kampf, der den amerikanischen Streitkräften zu ihrem ersten Landsieg über die zu Lande, zu Wasser und in der Luft verzweifelt Widerstand leistenden Japaner verhalf.

Guadalcanal ist eine Insel der Salomonen, die vor dem Krieg kaum jemand kannte. Kein amerikanischer Truppenkommandeur wäre auf die Idee verfallen, daß dort eine Enscheidungsschlacht geschlagen werden würde. Sie gewann erst plötzliche strategische Bedeutung, als sie monatelang Schauplatz heftigster Kämpfe mit kritischen Phasen zwischen den Land-, Luft- und Seestreitkräften beider Länder war.

Die Salomonen bestehen aus zwei parallel zueinander liegenden Inselketten, etwa von Nordwest nach Südost verlaufend. Zur nördlichen Kette zählen Choiseul, Santa Isabel und Malaita, zur südlichen Neu-Georgien, Guadalcanal und San Cristobal. Nach Nordwesten schließt sich die große Insel Bougainville an, dann folgen Neu-Britannien und Neu-Irland. Guadalcanal liegt nordostwärts von Australien.

Nach den überraschenden Erfolgen zu Kriegsbeginn stießen die Japaner ungehindert nach Süden und Osten im Pazifik vor. Sie bildeten unverzüglich große Absprungbasen im ehemals deutschen Rabaul auf Neu-Britannien sowie in Neu-Irland. Im Juni 1942 landeten sie ein kleines Truppenkontingent auf der tropischen Dschungelinsel Guadalcanal, wo sie sofort mit dem Bau eines Flugplatzes begannen. Ferner landeten sie Truppen in Tulagi an, das auf der Hauptinsel der Florida-Inseln gegenüber von Guadalcanal liegt.

Da die Einkreisung Australiens durch die Japaner drohte, entschlossen sich die Amerikaner zum ersten Angriff auf einen feindlichen Stützpunkt. Die erste Planung sah die Anlandung einer Marineinfanteriedivision am 1. August vor. Um so dringender war diese Maßnahme, nachdem entdeckt worden war, daß die Japaner auf Guadalcanal einen Flugplatz im Bau befindlich hatten. Durch Verzögerungen konnte die Landung der Amerikaner erst am 7. August erfolgen, gerade noch rechtzeitig, denn der Flugplatz wäre Ende des Monats fertiggestellt gewesen. Durch die zahlenmäßige Überlegenheit der anlandenden Truppen wurde schnell an Raum gewonnen und die sich zurückziehenden Japaner in den Dschungel getrieben.

Am 12. August 1942 landete das erste amerikanische Flugzeug, ein PBY *Catalina*-Flugboot, auf dem Flugplatz Henderson Field (benannt nach dem Kommandeur der Sturzbomber in der Schlacht vor den Midway-Inseln, Major Lofton R. Henderson). An Bord des Flugzeugs befand sich Kapitänleutnant (US Navy) William S. Sampson, der das Flugfeld für einsatzbereit erklärte.

Das US Marine Corps sollte die ersten Jäger nach Henderson einfliegen. Der Flugzeugträger *Long Island* sollte in Reichweite der Insel die Flugzeuge starten lassen. Luftunterstützung war auf Guadalcanal dringend gefordert, zumal sich die Lage kritisch zugespitzt hatte. Vor der Insel Savo erlitten die Amerikaner eine niederschmetternde Schlappe. Am Tage der Truppenlandung hatte sich ein japanischer Kreuzer-Kampfverband von Nordwesten her in die Enge zwischen den Inseln geschoben und die amerikanischen Kräfte, die die Truppenlandung abschirmten, völlig überrascht. Die Kreuzer *Astoria, Quincy, Vincennes* und *Canberra* wurden versenkt und die *Chicago* schwer angeschlagen.

Das Desaster vor der Insel Savo veränderte unvermittelt das militärische Gleichgewicht in diesem Seegebiet. Die amerikanischen Schiffsverbände wurden abgezogen, dabei auch eine Flugzeugträgergruppe mit den dringend benötigten Jagdflugzeugen. – Der japanische Admiral hat sich nach dem so erfolgreichen Seegefecht eine vorzügliche Chance entgehen lassen. Er drehte ab und war dabei nur zehn Kilometer entfernt von der Stelle, wo amerikanische Schiffe weiterhin Truppen und Material ausluden.

Als die Amerikaner ihre Seestreitkräfte abzogen, warfen die Landungsboote in aller Eile ihre Lasten auf den Strand und verzogen sich ebenfalls. Die am Strand zurückgebliebenen und ihrem Schicksal überlassenen Truppen blickten besorgt an den Himmel und hofften auf Luftunterstützung.

Sie ließ lange auf sich warten. Die ersten beiden Staffeln, die nach Guadalcanal verlegt wurden, waren die 223. Jagdstaffel unter Führung von Hauptmann John L. Smith und die 232. Sturzkampfstaffel unter Führung von Major Richard C. Mangrum. Die Flugzeugführer aus der Staffel Smith waren noch unerfahren, so daß Smith mit einer Nachbarstaffel einen Personalaustausch gegen einsatzerfahrenere Besatzungen vornahm. Aus diesen und anderen Gründen konnten erst am Nachmittag des 20. August vom Flugzeugträger *Long Island,* der von dem Kreuzer *Helena* und dem Zerstörer *Dale* begleitet wurde, etwa 300 Kilometer südostwärts vor Guadalcanal die zwei Staffeln abheben. 19 Grumman-Jäger F4F *Wildcat* und 12 Douglas SBD *Dauntless*-Sturzbomber flogen in Richtung Henderson-Field. Um 17 Uhr landete Smith mit dem ersten amerikanischen Jagdflugzeug auf Guadalcanal.

Am selben Abend noch kam es zum bisher schwersten Gefecht auf der Insel. Aus nur drei Kilometern ostwärts des Flugfeldes hörten die Flieger Artilleriefeuer. Es war der Kampf am Tenaru-Fluß (auch Ilu-River oder Alligator-Creek genannt). Die US-Marines behielten die Oberhand, weil die 900 angreifenden Japaner offensichtlich die Stärke der angelandeten amerikanischen Kräfte unterschätzt hatten.

Das war nur der Anfang einer Reihe von Feindangriffen gegen Henderson Field und ein Vorgeschmack für Smith und seine Leute über höchst schwierige Einsatzbedingungen und lauernde Gefahren. Die militärische Lage verschlechterte sich von August bis Oktober, wo sie fast kritisch wurde. Dennoch flogen die Besatzungen täglich ihre Einsätze gegen meist überlegene Feindkräfte. Sie lebten, oder besser gesagt, hausten in Zelten am Rande des Flugfeldes. Sie hatten sehr magere Rationen, oft nur japanischen Reis, und waren regelmäßig feindlichen Luftangriffen, Schiffsartilleriebeschuß und den Schlägen japanischer Haubitzen ausgesetzt. Viele litten unter den malariaträchtigen Moskitos und zehrendem Durchfall.

Trotz dieser zermürbenden Lage gelang es ihnen, den Mythos von der Unbesiegbarkeit der japanischen *Zero* (legendäres japanisches Jagdflugzeug – auch *Zeke* genannt –; d. Ü.) in der Luft zu zerschlagen. Zum erstenmal gelang es amerikanischen Jägern, die von Henderson Field starteten, den angreifenden *Zero* mehr Verluste beizufügen als eigene Verluste zu erleiden.

Seit 21. August flogen die Marineflieger in ihren F4F *Wildcat,* dem besten verfügbaren amerikanischen Jagdflugzeug, das nur in wenigen Leistungsdaten der *Zero* nahekam, Angriffe gegen anfliegende Feindverbände. Nicht selten nahmen sie diese Verbände an, auch wenn sie zahlenmäßig weit unterlegen waren. Dies wirkte sich in militärischer und truppenpsychologischer Sicht sehr positiv auf die im Erdkampf stehenden Truppen aus.

Im Oktober hatte sich die Lage derart zugespitzt, daß sich in höheren amerikanischen Militärkreisen schon die Meinung breitmachte, an einen Rückzug zu denken. Es waren die Jäger des US-Marine Corps in Guadalcanal, die die Entscheidung zwischen Sieg und Niederlage erzwangen.

Jäger und Sturzbomber der Marine, unterstützt von einigen Kräften der Heeresluftstreitkräfte und Verstärkungen durch trägergestützte Jäger, die dann und wann in die Kämpfe eingriffen, verursachten während dieser sehr kritischen Phase die meisten Verluste unter den japanischen See- und Luftstreitkräften.

Ohne die Leistungen der einsatzfreudigen, immer wieder angreifenden amerikanischen Flieger wäre es den Japanern wahrscheinlich gelungen, im westlichen Teil von Guadalcanal erhebliche Truppenverstärkungen anzulanden. Es gelang ihnen nicht, sondern sie erlitten sogar schwerste Verluste, obwohl sie zeitweise zur See eine Überlegenheit besaßen. Die in Rabaul und Buin liegenden japanischen Fliegerverbände hatten eine doppelte Überlegenheit gegenüber den amerikanischen, dennoch konnten die Marineflieger in den harten Monaten die Luftherrschaft über Guadalcanal erzwingen und sichern. Das war der Schlüssel zum Sieg. Nur dadurch konnte die 1. Marineinfanteriedivision (Generalmajor Alexander V. Vandergrift) den Kampf am Boden für sich entscheiden.

Hauptmann John Lucien Smith, geboren und aufgewachsen in Lexington, Oklahoma, besuchte nach dem üblichen Schulabschluß die Universität von Oklahoma, wo er 1936 sein Examen machte. Dann trat er in das US-Marine Corps ein. Zunächst diente er zwei Jahre als Artillerieoffizier, um dann nach Pensacola, Florida, zur fliegerischen Ausbildung zum Marineflieger versetzt zu werden. Nach Beendigung der Ausbildung flog er für einige Zeit Sturzbomber. Bald darauf wurde er in eine Jagdstaffel versetzt, die in Verlegung auf die Insel Wake begriffen war.

Die Kriegsereignisse verhinderten das jedoch. Auf dem Wege nach Wake fiel die Insel in japanische Hand, so daß die Staffel nach Midway umdirigiert wurde. Dort sammelte Smith seine Erfahrungen als Jagdflieger. Vor Beginn der Seeschlacht bei den Midway-Inseln bekam er den Auftrag, in Pearl Harbor die 223. Marinejagdstaffel aufzustellen, die dann als erste Staffel nach Guadalcanal verlegen sollte.

Nach der Ankunft dort, am 20. August, war Smith der erste Amerikaner, dem der Abschuß einer japanischen *Zero* gelang. Mit einem Schwarm – vier – *Wildcat* kurvte er etwa in 2500 Meter über der Insel Savo, als er sechs *Zero* 600 Meter höher sichtete. Trotz des Höhenvorteils der Feindjäger griff er an. Sein Luftsieg war der einzige an jenem Tag. Immerhin ein Zeichen für die Japaner, daß mit den amerikanischen Jägern von Henderson Field zu rechnen ist.

Wie unerbittlich und schwer die Luftgefechte waren, läßt sich aus den Verlustmeldungen der Staffel ablesen. In weniger als zwei Monaten hatte Smith von 21 Piloten (bei 19 Flugzeugen) 15 durch Tod oder Verwundung verloren. Von den übrigen sechs, die am 13. Oktober 1942 aus Guadalcanal abgezogen wurden, wozu auch Smith zählte, waren fast alle mehrfach abgeschossen und verwundet worden, konnten aber wieder zum Einsatz zurückkehren.

Wir wollen uns jetzt dem Einsatz zum 30. August zuwenden, den Smith neun Tage nach seinem ersten Luftsieg geflogen hat.

Es ist morgens 4.30 Uhr, als Smith in seinem Zelt erwacht und sich Khakiuniform und Kampfstiefel anzieht. Im ersten Licht dieses schwülwarmen Morgens zeichnen sich schwach die grünen Palmen ab. Seit neun Tagen steht die 223. Staffel in ununterbrochenem Einsatz. Sechs der ursprünglich neunzehn Jagdflugzeuge gingen schon im Einsatz verloren. Die Luftkampftätigkeit nimmt beständig zu, weil die Japaner zusehends starken Druck auf die auf Guadalcanal eingefallenen amerikanischen Jäger ausüben.

Nach dem Frühstück mit Kaffee und ein paar erbeuteten japanischen Vanillewaffeln begibt er sich vom Verpflegungszelt zu seiner blauweißen Grumman F4F, die am Rande des Flugfelds abgestellt ist, um sie warmlaufen zu lassen. Meilenweit ist das Dröhnen des Motors durch die Morgenstille bis in den Dschungel zu hören. Danach begibt er sich zurück zum Bereitschaftszelt, das in einem Kokospalmenhain zwischen Strand und Startbahn liegt. Es ist jetzt kurz nach 5 Uhr.

Bis dreißig Minuten vor Sonnenaufgang hat die 223. Staffel einfache Bereitschaft. Im Bereitschaftszelt warten die Besatzungen auf die Vorwarnungen, die von den an der Küste der im Nordwesten gelegenen Inseln stationierten Luftraumbeobachtern (Australier und Inselbewohner) über Funk durchgegeben werden sollen. Bisher hatten die Japaner jeden Morgen Henderson Field angegriffen.

Dann gehen Smith und seine Flugzeugführer zu den Maschinen, um kurze Bereitschaft einzunehmen. Gegen Sonnenaufgang noch keine Meldungen der Luftraumbeobachter. Die Piloten gehen in eine kleine Hütte, die als Gefechtsstand dient, und setzen sich zum Kartenspielen zusammen. Als die Sonne im Osten über den Horizont steigt, werden über dem Sealark-Channel, der Enge zwischen den Inseln, sich dunkel auftürmende Cumuluswolken sichtbar. Um 8 Uhr immer noch keine Warnmeldungen.

Acht Marineflieger, die *Wildcat* fliegen, sind in Bereitschaft, dazu einige Heeresflieger mit den etwas langsameren P-40. Im Laufe des Tages werden noch die dringend benötigten Jagdbomber der 23. Marine Air Group zugeführt.

Beim Kartenspiel schaut Smith gelegentlich auf die Uhr. Seit ihm am 21. August als Marineflieger über den Salomonen der erste Luftsieg gelungen war, hatte er inzwischen vier weitere Luftsiege errungen. Nach offizieller Bezeichnung der amerikanischen Streitkräfte war er ein ›As‹. Er ist der erste amerikanische Jagdflieger, der über Guadalcanal fünf Abschüsse erzielte. Eine Stunde verstreicht. Es ist jetzt kurz nach 9 Uhr.

Ein Telefonanruf beendet das Warten. Eine aufgeregte Stimme meldet: »Starke Verbände mit *Zero* und *Betty* in mittlerer Höhe im Anflug!« Alle Flugzeugführer erhalten Befehl zum sofortigen Alarmstart, um die Verbände abzufangen. Sie stürzen aus der Hütte und rennen zu ihren Maschinen. Es darf keine Sekunde verloren werden.

In der Einsatzvorbesprechung hatte Smith seinen Piloten bereits gesagt, sie sollten sich 20 Kilometer ostwärts von Henderson Field in Höhe sammeln, um von dort im Gefechtsverband auf die Feindmaschinen einzukurven. Während er zu seiner Maschine stürmt, sieht er im Norden und Westen sehr hohe Cumulustürme stehen. Im Osten stehen weniger Wolken. Das wird das Sammeln des Verbandes erleichtern. Hoffentlich hat die Radarstellung bis dahin die Anflugrichtung des feindlichen Verbandes geortet. (Henderson Field hatte bereits eines des ersten Radargeräte im Krieg; genau ließ sich damit die Anflugrichtung eines Verbandes jedoch erst orten, wenn er den Nordwestzipfel der Insel überflogen hat, was etwa zehn Minuten Flugzeit entsprach.)

Der Patronenanlasser feuert, der Pratt & Whitney-Motor beginnt zu laufen. Smith hatte seinen 1. Wart, Unteroffizier Erving Yach, auf dem Weg zur Maschine schon herangewunken, damit er ihm beim Festschnallen des Gurtzeuges behilflich ist. Während Yach das tut, vergißt er nicht, seinem Flugzeugführer ein paar aufmunternde Worte mit auf den Weg zu geben. Smith winkt ihn zur Seite, gibt Gas und rollt zum Startbahnkopf. Es ist jetzt fast 10 Uhr.

Augenblicke später hebt die vollbeladene, blauweiße F4F *Wildcat* mit dröhnendem Motor von der Piste des Henderson Field ab. Der bullige Marinejäger geht über Palmenwipfel hinweg auf Ostkurs. Smith beobachtet, wie Leutnant Charles Kendrick, sein Rottenflieger, und all die anderen hinter ihm sicher aus dem Platz herausstarten. Mit voller Steigleistung folgen sie ihm gen Osten. Die Flugleitung am Boden, mit dem Rufzeichen »Cactus Control«, hat keine neuen Meldungen erhalten. Smith entscheidet sich für eine Funktäuschmaßnahme, die dem Feind einen größeren Gefechtsverband vorspiegeln soll. Er drückt den Sendeknopf des Funkgeräts und meldet sich jeweils als Staffelkapitän verschiedener Staffeln. Die Japaner hören den gesamten Funkverkehr ab. Das könnte sie glauben machen, es mit mehreren amerikanischen Staffeln zu tun zu haben, die alle in Henderson Field gestartet wären.

Es sind jedoch nur acht Marinejäger, die nach Osten in den klaren blauen Himmel steigen. Die *Wildcat* haben jetzt 3000 Meter Flughöhe erreicht, so daß die Höhenlader der Motoren zu arbeiten beginnen. Die Flugzeugführer überprüfen sorgfältig Zielgeräte- und Bordwaffenanlagen. Jede *Wildcat* hat sechs 12,7-mm-MG vom Typ Browning mit insgesamt 1850 Schuß Mischgurtmunition, die aus Panzerdurchschlag-, Leuchtspur- und Normalgeschossen besteht. Die nachfolgenden P-40 haben entweder vier Browning-MGs oder eine 2-cm-Bordkanone geladen. Sie erreichen nicht dieselbe Höhe wie die *Wildcat.*

Als die Marinejäger über 3000 Meter Höhe weitersteigen, brechen die P-40 aus dem Verband heraus, halten aber Sichtkontakt zu den F4F. Die Maschinen der Heeresflieger haben keine Sauerstoffanlage an Bord, so daß die Piloten nur bis knapp 4000 Meter Höhe fliegen dürfen.

Von »Cactus Control« wird durchgegeben, daß die Luftraumbeobachter an der Küste den Feindverband wegen starker Bewölkung im Westen aus den Augen verloren hätten. Dann und wann käme er wieder in Sicht. Jetzt wird er bereits in der Nähe von Henderson Field gemeldet! Smith liest auf seinem Höhenmesser 4600 Meter ab. Er befiehlt, nach Westen zu kurven, um den Luftfeind über dem Flugplatz abzufangen. Die F4F gehen in eine Linkskurve, die tiefer gestaffelt fliegenden P-40 folgen ihnen.

Die Bodenleitstelle »Cactus Control« meldet: »Wir sind ganz sicher, daß sie in unserem Raum sind!« Smith rollt aus und nimmt Richtung auf Henderson Field, das fast auf Westkurs liegt. Er sieht die Feindmaschinen aber nicht. Mit 300 km/h am Stau fliegend, gerät er in die von Westen aufziehende aufgelockerte Bewölkung, die die Sichtverhältnisse einschränkt. Manchmal verliert er den Sichtkontakt zu den tiefer fliegenden P-40 der Heeresflieger. Die acht *Wildcat* nähern sich Henderson Field. Die Flugzeugführer renken sich fast die Hälse aus, so sehr bemühen sie sich, den Luftraum nach allen Seiten hin gegen mögliche Überraschungsangriffe abzusuchen. (Da auch feindliche Bomber erwartet werden, deren Begleitjäger in größerer Höhe zu fliegen pflegen, sucht Smith zunächst die Feindjäger, da die *Zero* mit Sicherheit von oben herabstoßen, sobald sich die Amerikaner auf die Bomber stürzen werden.)

Die *Wildcat* überfliegen genau Henderson Field. Der Feind immer noch nicht in Sicht! Zeitweilig verliert Smith den Sichtkontakt zu den Heeresfliegern unterhalb von ihm.

Mit einem Male ein lauter Warnruf über das Funkgerät: »Mehrere *Zero* über uns! Sie drehen auf uns ein! Wir sind im Norden des Platzes!« Smith sucht hektisch den Nordsektor ab. Da sind sie. 21 frisch gestrichene dunkelbraune *Zero*! Den tiefer fliegenden P-40 machen sie schon die Hölle heiß. Weiter unten blähen sich zwei Fallschirme am Himmel. Ganz instinktiv legt sich Smith in eine steile Rechtskurve nach unten, befiehlt den anderen zu folgen und eilt seinen zahlenmäßig unterlegenen Heereskameraden zu Hilfe.

Etwa 1000 Meter tiefer kurbeln die zwei übriggebliebenen P-40 wie wild gegen die vielen *Zero*. Smith gibt seinen Marinefliegern den Auftrag, sich jeweils einen Feindjäger aufs Korn zu nehmen. Schnell wächst die Fahrt beim Sturz nach unten. Smith überprüft eilig den Zielkreis seines Reflexvisiers. Er hat mit seinem Schwarm

Wildcat den anderen bereits weit hinter sich gelassen. Bei mehr als 560 km/h am Stau zieht er vorsichtig am Steuerknüppel, senkt die linke Tragfläche und rollt in einer Linkskurve auf eine der vier dunklen *Zero* ein. Vor sich sieht er ganz deutlich die roten Hoheitsabzeichen, die aufgehende Sonne, auf den Tragflächen. Sein Finger legt sich auf den Auslöseschalter für seine Bordwaffen.

Die drei anderen *Wildcat* aus seinem Schwarm, die ihm folgen, kurven mit ihrer gedrungenen Form mit hoher Fahrt genau auf die anderen *Zero* ein. Die Feindjäger fliegen mehr als 370 km/h. Nichts ahnend von der tödlichen Gefahr, machen sie eine leichte Linkskurve. Die F4F nähern sich immer schneller. Entfernung . . . 270 Meter.

Smith schiebt sich heran . . . 240 Meter . . . 210 Meter! Die Tragflächen des Gegners füllen den Zielkreis des Visiers. Bordwaffenschalter durchziehen! Weißer Rauch von den sechs MGs fliegt vorbei, die F4F vibriert und schüttelt vom Rückstoß der Waffen, und die Leuchtspurgeschosse zeichnen den Weg der Geschoßbahnen, die sich auf der vorne fliegenden *Zero* vereinigen. Vom Feindjäger sieht man Rauch entweichen und Teile davonfliegen. Smith schießt solange, bis er mit seinem Propeller fast das Leitwerk der *Zero* berührt. Dann ein Aufblitzen! Ein gelber Feuerball am Himmel. Der brennende Jäger kippt über die Fläche ab, zieht eine Fahne schwarzen Qualms hinter sich her und schlägt im Meer auf. Smith zieht nach oben weg, um den Flugzeugtrümmern zu entweichen. Das war Abschuß Nummer sechs!

Der Angriff war derart gut koordiniert, daß die drei anderen *Wildcat*-Piloten auch das Überraschungsmoment nutzen konnten. Drei weitere *Zero* stürzen brennend in die Tiefe. Vier Abschüsse bei einem einzigen gemeinsamen Ansatz!

Die Japaner haben die tiefer fliegenden und langsameren Heeresjäger in die Zange genommen und viele von ihnen abgeschossen. Jetzt kommt der zweite *Wildcat*-Schwarm, um Vergeltung zu üben. Er stürzt sich auf die *Zero,* und einige schwarze Rauchfahnen zeichnen den Absturz brennender Flugzeuge. Die feindlichen Jäger waren, wie auch die P-40, aus dem Höhenvorteil her überrascht worden. Ohne jeden Zusammenhalt sind die *Zero* überall am Himmel verteilt.

Smith, nach hinten beobachtend und sichernd, hat seinen Gefechtsverband wieder gesammelt. Alle bestätigen ihre Abschußmeldung. Die vier F4F beginnen langsam Höhe zu gewinnen. Sie suchen den Himmel nach *Zero* ab, entdecken aber keine. Weder vom Boden noch von den amerikanischen Jägern sind feindliche Bomber gesichtet worden. Alle Augen sind nach Nordwesten gerichtet. Die Bomber müssen jeden Augenblick auftauchen.

Zehn Uhr voraus löst sich ein kleiner Punkt aus einer Wolke. Smith beobachtet das größer werdende Objekt und identifiziert es. Eine *Zero*! Er schiebt den Gashebel nach vorne, senkt leicht die rechte Tragfläche und drückt seine Maschine mit dem rechten Seitenruder in eine Kurve, um hinter die einsame *Zero* zu gelangen. Sein Rottenflieger und die anderen beiden *Wildcat* hängen wie Kletten an ihm. Weil die *Zero* im Steigflug war, ist ihre Geschwindigkeit verringert. Die *Wildcat* holen schnell auf.

Während er von hinten aufschließt, beobachtet Smith, die Hand am Abzug, wie die Tragflächen der *Zero* immer mehr den Zielkreis seines Reflexvisiers ausfüllen. Innerhalb von Sekunden ist er in Schußweite, zieht den Abzugshebel durch und die Bordwaffen treffen sofort. Eine beachtliche Menge von Teilen lösen sich von der Maschine seines Gegners. Die Motorhaube der *Zero* kratzt knapp über das Kabinendach von Smith, verursacht aber keinen Schaden. Aus der *Zero* schlagen gelbe Flammen, dann explodiert sie in einem orangefarbenen Feuerball. Für den feindlichen Jagdflieger gibt es keine Rettung. Das war Abschuß Nummer sieben!

Zwei Luftsiege innerhalb von knapp fünf Minuten. Aber die *Wildcat* haben die Feindbomber noch nicht gefunden. Smith gibt über Funk durch: »Bordwaffen durchladen und schärfen.« Er dreht die bullige Nase seiner F4F nach Norden über das Wasser, um besseren Überblick zu gewinnen. Nach vergeblichem Suchen nach den Bombern kurvt er langsam auf Südkurs in Richtung Henderson Field. Und dann entdeckt Smith genau voraus ein verdächtiges Ziel.

Die auf Kollisonskurs fliegenden Tiefdeckerkonturen werden größer und schärfer. Smith hält genau darauf zu. Plötzlich schreit jemand: »Bandit!« (Kürzel der amerikanischen Jägersprache, daß das Flugzeug als Feindflugzeug eindeutig identifiziert ist; d. Ü.). Smith braucht seinen Anflug kaum verändern, er ist bereits auf Angriffsrichtung! Der feindliche Jäger wird im Visier immer größer. In Schußweite!

Plötzlich flackert etwas an den Tragflächen der *Zero* auf – eine Todesbotschaft des japanischen Piloten! Smith zieht den Abzug für die Bordwaffen durch. Die zwei Jäger rasen mit knapp 1000 km/h aufeinander zu. Die Smith folgenden F4F-Piloten seines Schwarms decken ihn, denn der Abschuß soll dem Schwarmführer vorbehalten bleiben.

Schießend fliegt die *Zero* auf ihn zu. Auch Smith schießt weiter. Beide behalten sie die Nerven. Aus der *Zero* entweicht eine leichte Rauchfahne, Flugzeugteile lösen sich, und sie beginnt sich unter dem Einschlag so vieler Treffer zu zerlegen, um schließlich zu explodieren.

Mit aller Kraft drückt Smith den Steuerknüppel nach vorne, um unter den Trümmern der Feindmaschine hinwegzutauchen. Sein Rottenflieger, Leutnant Kendrick, bekommt einige Teile der *Zero* an seine F4F geschlagen. Mit einer Rauchfahne stürzt die *Zero* senkrecht nach unten auf Henderson Field zu. Das war Abschuß Nummer acht!

Am Himmel sind alle *Zero* verschwunden. Auch Smith Schwarm hatte einiges einstecken müssen. Teile der Maschine des letzten Luftkampfopfers haben die F4F von Smith und Leutnant Kendrick getroffen und beschädigt. Der Gefechtsverband ist auseinandergerissen. Die Wolken werden dichter und erschweren das Sammeln des Verbandes. Auch die Wolkenuntergrenze sinkt beständig ab. (Das Wolkenband, das Smith am Morgen im Westen beobachtete, hat sich inzwischen bis über Guadalcanal herangeschoben.) Smith kurvt links ein und geht in einem ›Korkenzieher‹ bis auf 1800 Meter hinunter. Er schaut herum und sucht Kendrick.

»Kendrick, wo sind Sie?« ruft er über Sprechfunk. »Habe kaum noch Kraftstoff, kurve über der Nordküste westlich vom Platz«, kam als Antwort. »Warten Sie dort, ich hole Sie ab, dann fliegen wir gemeinsam den Platz an«, befahl Smith. Je tiefer er hinunterkommt, um so dichter werden die Wolken. Überall tieftreibende Wolkenfetzen. Wo ist Kendrick nur? Smith ist schon in 300 Meter Flughöhe! Seine Kraftstoffanzeige ist den Umständen entsprechend normal. Hat Kendrick vielleicht ein Kraftstoffleck? Jetzt schon in 250 Meter, fliegt er auf Ostkurs an der Nordküste entlang. Von Kendrick keine Spur. In wenigen Metern über dem Strand fliegt er weiter nach Osten. Etwas links voraus entdeckt er zwei einmotorige Flugzeuge. Wenn es eine Maschine wäre, könnte es Kendrick sein. Aber zwei? Er gibt Vollgas und leitet eine Linkskurve ein, um näher zu kommen. Die Sicht ist so schlecht, daß er in 220 Meter Entfernung keine eindeutige Identifizierung vornehmen kann. Immer näher heran . . . 180 Meter . . . 150 Meter.

Zero! Die zwei, im engen Verbandsflug fliegenden Japaner haben wahrscheinlich den Flugplatz mit Bordwaffen beschossen, während in großer Höhe darüber Luftkämpfe tobten.

Smith lädt seine Bordwaffen durch und bringt die *Zero* in sein Visier. Er ist bereits auf knapp 100 Meter heran! Die *Zero* fliegt wenige Meter über Grund. Da Smith alleine ist, weiß er, daß der vorne fliegende Japaner auf ihn einkurven wird, sobald er das Feuer eröffnet. Und die *Zero* hat einen engeren Kurvenradius als er! Was soll's, Smith hält auf die rechts fliegende *Zero* an und löst die Bordwaffen aus.

Leuchtspurgeschosse markieren den Weg seines Bordwaffenbeschusses auf das Opfer. Die *Zero* schüttelt sich geradezu unter der Wucht der einschlagenden Geschosse. Der Japaner zieht steil nach oben. Smith zieht am Knüppel und schießt weiter. Der Gegner zieht Flammen und Rauch hinter sich her, die linke Tragfläche schnellt nach oben, und in einer steilen Rolle nach rechts stürzt er der Erde zu. Das Kabinendach fliegt weg, und die Maschine schlägt auf.

Kein Fallschirm zu sehen, es wäre ohnehin zu spät für einen Absprung gewesen. Auf der Suche nach dem anderen Feindjäger macht Smith zwei Kehrtkurven. Aber wahrscheinlich hatte die andere *Zero* genug vom Kampf oder zu wenig Kraftstoff, so daß sie abflog. Das war Abschuß Nummer neun!

Er folgt der Küste nach Osten, ist sich seiner Position nicht ganz sicher und nimmt die Suche nach Kendrick wieder auf. Kein Flugzeug zu sehen, weder Freund noch Feind. Dann sieht Smith vorne den Lunga-Fluß.

Er kurvt herum, um die Landmarken zu identifizieren, und wählt einen Kurs, der ihn auf den Flugplatz führen müßte. Die Wolkenuntergrenze ist weiter abgesunken, was die Orientierung zusätzlich erschwert. Kendrick müßte eigentlich schon gelandet sein. Nach einigen Minuten erweist sich, daß seine Koppelnavigation richtig war. Vertraute Landmarken tauchen auf. Da unten, hinter den Palmen . . . Henderson Field! Er atmet auf.

Die Bodenstelle »Cactus Control« gibt durch, daß alle gelandet seien. Smith kurvt links zum Endanflug ein, hält 140 km/h am Stau und setzt mit geübter Hand sein bulliges Jagdflugzeug auf der Piste auf. Nach der Landung öffnet er das Kabinendach, rollt von der Landebahn und stellt seine Maschine am Rande des Palmenwaldes ab.

Eine Gruppe von Soldaten erwartet ihn. Kendrick hatte den Mechanikern und Piloten schon von den Luftkämpfen berichtet. Bevor Smith den Motor abstellt, hört er durch den Lärm hindurch jemanden schreien: »Wieviel Abschüsse?« Smith streckt vier Finger hoch und lächelt dabei. Besonders stolz lächelt Unteroffizier Yach seinem ›Kutscher‹ zurück.
Unter den Wartenden ist Oberstleutnant Ray Scollins, der erklärt, daß bei dem Luftgefecht vierzehn von einundzwanzig *Zero* abgeschossen worden sind. Die feindlichen Bomber haben den Anflug wegen schlechten Wetters abgebrochen, und nur die *Zero* sind bis Henderson Field durchgestoßen. Vier P-40 wurden abgeschossen und zahlreiche weitere Heeresflugzeuge erhielten schwere Beschußschäden. Die Marineflieger kamen alle ungeschoren davon.

Es war ein entscheidender Luftsieg, obwohl noch harte Kämpfe folgen sollten. Smith wird insgesamt 19 Feindmaschinen abgeschossen haben, bevor er von Guadalcanal abgezogen wird. Damit lag er an der Spitze aller amerikanischer Jagdflieger.

Der Staffelkapitän der ersten nach Guadalcanal verlegten Marinefliegerjagdstaffel war der erste Jagdflieger, der der *Zero* den Mythos der Unbesiegbarkeit nahm. Seine Leistungen in jenem Sommer 1942 zählen zu den herausragenden Einzelleistungen im Zweiten Weltkrieg, die alle anderen Piloten nach ihm anspornten, es ihm gleichzutun. Der amerikanische Kongreß verlieh ihm aus Dankbarkeit dafür die Ehrenmedaille des Kongresses.

Der Abschuß von vier *Zero* am 30. August 1942 ist um so bemerkenswerter, zumal Smith es mit einem zahlenmäßig überlegenen Gegner zu tun hatte und gegen hervorragend ausgebildete Flugzeugführer antrat, die zu Beginn des Krieges wesentlich zu den atemberaubenden Erfolgen Japans beigetragen haben und weit besser waren als viele der japanischen Piloten, die später an die Front kamen. Smith flog die langsamere F4F und nicht eine F6F oder F4U, die gegenüber der *Zero* in vielen Leistungsbereichen überlegen waren.

Auszugsweise wird hier die Begründung und Würdigung aus der Verleihungsurkunde wiedergegeben, die Smith zusammen mit der Ehrenmedaille vom Kongreß erhielt: »Für hervorragende Tapferkeit und heldenhafte Leistungen im Luftkrieg, die weit über das übliche Maß der Pflichterfüllung hinausgingen, dem Staffelkapitän der Marinejagdstaffel 223 für die Einsätze gegen japanische Streitkräfte im Raum der Salomonen, von August bis September 1942. Smith führte seine Staffel unter wiederholtem Einsatz seines Lebens bei schneidigen und gefährlichen Einsätzen gegen zahlenmäßig weit überlegene, hartnäckig angreifende Feindkräfte, wobei er selbst in der Zeit vom 21. August bis 15. September 1942 sechzehn japanische Flugzeuge abschießen konnte.

Trotz geringer Einsatzerfahrung vieler seiner Flugzeugführer gelang es der Staffel, in diesem Zeitraum 83 Feindflugzeuge abzuschießen, was hauptsächlich der guten Ausbildung unter Major Smith und seiner unerschrockenen, mitreißenden Führungseigenschaften zu verdanken ist.

Seine kühnen Angriffe und sein unbeugsamer Angriffsgeist sowie der Mut und die Einsatzfreudigkeit seiner Männer haben nicht nur die feindlichen Angriffe unter Zufügung hoher Verluste zunichte gemacht, sondern auch zur Sicherung unseres vorgeschobenen Stützpunktes beigetragen. Seine treue und tapfere Pflichterfüllung ist ganz im Sinne bester Traditionen amerikanischer Seestreitkräfte.«

Bevor es zu der entscheidenden Seeschlacht bei den Midway-Inseln kam, mußte Smith Midway verlassen, um die 223. Staffel aufzustellen. Es mutete damals wie eine Ironie des Schicksals an, die ihm die Chance nehmen wollte, am Luftkrieg überhaupt noch teilnehmen zu können. Knapp drei Monate später jedoch, über der kaum bekannten, sandigen und mit Kokospalmen bestandenen Insel von Guadalcanal, war er es, wie kaum einer sonst, der dazu beitrug, dem japanischen Vorstoß südostwärts über den Pazifik Einhalt zu gebieten.

Smith überlebte den Krieg. 1960 trat er als Oberst des US-Marine Corps in den Ruhestand. In seiner letzten Dienststellung war er Adjudant des Chefs für Marineoperationen im Pentagon. Nach seiner Pensionierung war er in einem großen amerikanischen Luftfahrtunternehmen tätig und starb ganz unerwartet im Jahre 1972.

KAPITEL 6

Notwasserung vor Malaita

Der berühmteste amerikanische Marineflieger des Zweiten Weltkriegs ist wohl Joseph Jacob Foss aus Sioux Falls in Süd-Dakota.

Kein Marineflieger hat so viele Feindflugzeuge über dem Pazifik abgeschossen wie Foss, dem es als erstem amerikanischen Jagdflieger überhaupt gelang, den Abschußerfolg eines Hauptmann Eddie Rickenbacker zu erreichen, der im Ersten Weltkrieg 22 Flugzeuge und vier Ballons abgeschossen hatte. Foss setzte nach dem Krieg seine Erfolgskarriere im politischen und sportlichen Bereich fort, indem er zum Gouverneur von Süd-Dakota und später zum Präsidenten der amerikanischen Football-Liga gewählt wurde.

Er nahm an der härtesten Phase des Luftkriegs im Pazifik teil. Vier Tage, nachdem der bis dahin beste Jagdflieger des US-Marine Corps, Hauptmann John Smith, aus dem Einsatz herausgenommen wurde, traf er am 9. Oktober 1942 in Guadalcanal ein. Smith hatte in etwas mehr als zwei Monaten 23 Flugzeuge abgeschossen.

Als Einsatzoffizier der 121. Marinejagdstaffel spielte Foss in den Krisenwochen Oktober und November 1942, als es um die Lage auf Guadalcanal sehr schlecht bestellt war, eine führende Rolle. Welch hohen Beitrag die 121. Staffel bei der Verteidigung der Insel geleistet hat, mögen ein paar Zahlen verdeutlichen. Während der Stationierung der Staffel an der Front erreichte sie die höchste Abschußziffer, die je von einer Staffel im Einsatzzeitraum erzielt werden konnte. Das war schwer erkauft. Von den 40 Maschinen und Besatzungen, die vom 700 Kilometer entfernten Flugzeugträger *Long Island* starteten und nach Henderson Field einflogen, waren nach hundert Tagen nur noch die Hälfte übrig.

Sechs Tage nach der Landung von Foss sah es um die Lage der amerikanischen Kriegsmarine so schlecht aus, daß Admiral Chester Nimitz, Befehlshaber der Pazifikflotte, melden mußte: »Wir sind nicht in der Lage, die Gewässer im Raum Guadalcanal zu sichern oder abzuschirmen. Die Versorgung eigener Stützpunkte wird nur unter Inkaufnahme großer Verluste von uns fortgesetzt. Die Lage ist zwar nicht hoffnungslos, mit Sicherheit aber kritisch.«

Tags zuvor hatten Foss und die anderen Flieger das am eigenen Leib erlebt. Japanische Schlachtschiffe standen in Sichtweite vom Strand und deckten Henderson Field und andere militärische Einrichtungen pausenlos mit Artilleriefeuer ein. Einige Piloten fanden dabei den Tod, so auch Ed Miller, der alte Fluglehrer von Foss aus den Zeiten der Marinefliegerschule in Pensacola. Die amerikanischen Versorgungsgüter und Vorräte gingen zur Neige. Am Morgen des 15. Oktober, nachdem Henderson Field nachts bereits zum zweitenmal, diesmal durch Kreuzer, unter schwersten Beschuß genommen worden war, konnten Foss und seine Männer zusehen, wie in etwa 20 Kilometer Entfernung am Strand von Tassafaronga japanische Truppen und Versorgungsgüter ungestört angelandet werden konnten.

In dem Buch »Der Kampf um Guadalcanal« schreibt Samuel Eliot Morison, daß der US-Marine Minister, Frank Knox, ansonsten ein durchaus optimistischer Mensch, am 16. Oktober doch recht betrübt schien. Er lehnte eine Stellungnahme zu dem möglichen Ausgang der Kämpfe auf Guadalcanal ab und fügte nur hinzu: »Jeder Mann wird dort sein Bestes geben . . . wir hoffen, daß wir die Stellung halten können.«

Den ganzen Oktober und bis in den November hinein blieb die Lage kritisch. Die Japaner waren fest entschlossen, noch einmal einen massiven Versuch zur Einnahme der Insel zu unternehmen.

In einer Reihe von verbissenen Luft- und Seegefechten wurde die unter großen Anstrengungen der Japaner versuchte Anlandung von Reserven auf Guadalcanal abgeschlagen. Höhepunkt in der Schlacht um Guadalcanal waren die wohl heftigsten Seegefechte, die je im Krieg stattgefunden haben.

Gleichzeitig mit dem japanischen Fehlschlag, Guadalcanal zurückzugewinnen, neigte sich das Kriegsglück auf allen Kriegsschauplätzen zugunsten der Alliierten. Bei El Alamein erlitt Feldmarschall Erwin Rommel mit dem Afrika Korps eine Niederlage, und die 6. Armee wurde bei Stalingrad eingekesselt.

Mit der kritischen Phase des Kriegs im Pazifik, November 1942, werden wir uns in diesem Kapitel näher beschäftigen.

Beim letzten Versuch, Guadalcanal zu nehmen, setzten die Japaner darauf, eine kriegsstarke Division – das bisher größte Truppenkontingent – in den Kampf zu werfen. Weil beim Anlanden an der Westküste von Guadalcanal durch den Einsatz amerikanischer Marine- und Heeresluftstreitkräfte den japanischen Transportschiffen außerordentliche Verluste zugefügt worden waren, wählten die Japaner jetzt den Einsatz von Kreuzern und Zerstörern, um Truppen und Versorgungsgüter an Land zu setzen. Wie Kapitän zur See Tameichi Hara in seinem Buch »Japanese Destroyer Captain« anführt, waren 20 japanische Zerstörer vom 2. bis 10. November eingesetzt, um die 38. japanische Heeresdivision auf Guadalcanal anzulanden. Den amerikanischen Fliegern oblag die Aufgabe, so gut wie möglich die Heranführung dieser Reserven einzudämmen, zumal die US-Kriegsmarine nicht in der Lage war, die Gewässer um Guadalcanal zu kontrollieren.

Die Marineflieger von Henderson Field wußten um die japanische Überlegenheit zur See. In der Schlacht bei den Santa-Cruz-Inseln waren am 26. Oktober der Flugzeugträger *Hornet* versenkt und der Träger *Enterprise* sowie das neue Schlachtschiff *South Dakota* schwer beschädigt worden. Dadurch hatte Admiral William Halsey, der amerikanische Flottenchef in diesem Raum, weniger Großschiffe als Wochen zuvor, um den Japanern Widerstand entgegenzusetzen. In der Nacht vom 12. auf den 13. November sollte er in der mörderischen Seeschlacht vor Guadalcanal noch zwei Kreuzer und vier Zerstörer durch Versenkung und weitere Kriegsschiffe durch Beschädigung einbüßen.

Den Marinefliegern war nicht entgangen, daß im Westen von Guadalcanal feindliche Kräfte und Reserven an Land gingen. General Louis Woods, Nachfolger von General Roy F. Geiger als Kommodore des 1. Marinefliegergeschwaders in Henderson Field, hatte bereits am ersten Tag der Ereignisse, dem 2. November 1942, Lageinformationen darüber erhalten.

Als am 7. November ein Marineaufklärer gemeldet hatte, daß nördlich der Insel Florida elf japanische Kriegsschiffe – der bisher stärkste Flottenverband – Kurs auf Guadalcanal genommen habe, wußten Geiger, Woods und jeder Marineflieger genau, was auf sie zukam und was zu tun war.

Die Japaner wollten ihr starkes Truppenkontingent im Schutz der Dunkelheit an Land bringen. Ein Luftangriff mußte sofort erfolgen, um die Kriegsschiffe noch bei Tageslicht vor dem Eintreffen im Operationsgebiet bekämpfen zu können.

Oberst William Wallace, Kommandeur der 23. Marinefliegergruppe, zu der auch die 121. Staffel gehörte, und Major Leonard ›Duke‹ Davis, Staffelkapitän der 121. Staffel, begaben sich zum Gefechtsstand des Jagdplatzes 1, um Einzelheiten zu melden. (Der

Jagdplatz 1 war ein Feldflugplatz, der südostwärts von Henderson Field gebaut worden war.) F4F-Jäger sollten Begleitschutz für den Angriff von Sturzbombern geben. Foss sollte acht F4F *Wildcat* führen, beladen mit 100-kg-Bomben. Die Sturzbomber hatten 250-kg- oder 500-kg-Bomben zu laden.

Am Samstagnachmittag des 7. November 1942 war der Himmel über Guadalcanal bedeckt. Hier und dort blitzte es aus auftürmenden Gewittern. In den Zelten unter den Palmen ehemaliger Plantagen herrschte rege Aktivität, als Foss und seine Kameraden sich in höchster Eile auf den Alarmstart vorbereiteten. In den Vereinigten Staaten, mehr als 13 000 Kilometer entfernt, galt an jenem Nachmittag alle Aufmerksamkeit dem Football. Die Spielsaison 1942 näherte sich dem Ende. Würde das Team von Illinois, Iowa oder eines anderen Bundesstaates den Pokal gewinnen, wer würde im Südostpokal gewinnen, das ungeschlagene Georgia oder Georgia Tech? Andererseits landeten auch amerikanische und englische Truppen in Nordafrika.

Foss, ein Junge vom Lande, dessen Vater norwegische Vorfahren hatte und dessen Mutter schottisch-irischer Abstammung war, hatte zwei Jahre zuvor an der Universität von Süddakota sein Diplom gemacht. Er war ein hervorragender Boxer, Leichtathlet und Schütze. Sein Vater, der 1933 einem Autounfall zum Opfer fiel, hatte ihm das Schießen und Treffen beigebracht.

An jenem Samstagnachmittag konnte der junge Hauptmann noch nichts davon ahnen, daß ihm Präsident Franklin D. Roosevelt einst die amerikanische Tapferkeitsmedaille verleihen sollte. Seine Aufgabe war es jetzt, als Köder zu wirken, um die Flak herauszulocken und anzuziehen, während die Sturzbomber ihre schweren Bomben auf die japanischen Kriegsschiffe abwarfen.

In Amerika bereiteten sich die Menschen auf Feste und Tanzveranstaltungen vor und klagten über zuwenig Benzin, Reifen oder Zuckerzuteilung. Foss legte sich Schwimmweste und seine persönliche fliegerische Ausrüstung an und hastete zu seiner gut getarnten *Wildcat,* die unter Palmen am Ende der Piste von Jagdplatz 1 stand. Seine Begeisterung für die Fliegerei entstand, als er 1932 in Sioux Falls einen Flugtag erlebte, den eine Marinefliegerstaffel mit ihren Vorführungen bereicherte. Dadurch angeregt, zahlte Foss drei Jahre später, 1935, für seinen ersten Flug fünf Dollar. 1937 zahlte er im Rahmen eines Förderungsprogramms 65 Dollar für die

Ausbildung zum Privatflugzeugführer, die er in einer *Taylor* abschloß.

An der Universität von Süddakota hatte er schon einen Fluglehrgang abgeschlossen und dabei an die hundert Flugstunden im Flugbuch. 1940, der Zweite Weltkrieg hatte schon begonnen, die Vereinigten Staaten aber noch nicht den Krieg erklärt, fuhr Foss per Anhalter nach Minneapolis, um sich beim US-Marine Corps zu bewerben. Von den 28 Mann, die sich an jenem Tag bewarben, wurden nur zwei angenommen. Zum Glück für die Vereinigten Staaten war einer davon der gute, ernst entschlossene Joseph Foss.

Jetzt, zwei Jahre später, gurtete sich Foss in seiner blaugrauen Grumman *Wildcat* am anderen Ende der Welt fest. Die Nummer 13, die an seiner Maschine angebracht war, hatten seine abergläubischen Mechaniker und Warte in 53 übergepinselt.

»Frei!« Der Propeller beginnt zu laufen, Qualm spuckt aus den Auspuffstutzen. Die anderen Maschinen lassen an, und bald rollen die *Wildcat* zum Startbahnkopf. Sieben Jagdbomber unter der Führung von Major Joseph Sailer und drei Torpedoflugzeuge unter der Führung von Kapitänleutnant Harold H. Larsen tragen die schweren Bomben. 23 Marinejäger und 8 P-39 starten.

Alle Piloten hatten den Auftrag, die feindlichen Kriegsschiffe daran zu hindern, weitere Verstärkungen nach Guadalcanal zu bringen. Beträchtliche Reserven waren schon im Osten der amerikanischen Stellungen angelandet worden. Da der feindliche Schwerpunkt seiner Truppen im Westen der Insel lag, mußte angenommen werden, daß von zwei Seiten auf den amerikanischen Brückenkopf eine Zangenbewegung geplant war. Eine Pressemeldung vom 7. November verlautete in den Vereinigten Staaten: »Die Japaner landeten Truppen und Gerät zu Beginn der Woche an, um den amerikanischen Stützpunkt abzuschnüren . . . Im Osten des Flugplatzes ist die Lage der Amerikaner unverändert . . . Man hat die Lage im Griff, sie ist jedoch noch nicht bereinigt.«

Von den schweren japanischen Angriffen tags zuvor hatten die Amerikaner bereits in den Zeitungen lesen können. Die heute der feindlichen Flotte entgegenfliegenden Marineflieger unterstützten nicht nur ihre Kameraden auf dem Boden, sondern ihnen stand selbst noch eine Luftschlacht bevor.

Foss gibt Vollgas, der Motor dröhnt, er rollt die Startbahn entlang und hebt ab in einen grauverhangenen Himmel. Es ist 14 Uhr.

Er und seine Flieger nehmen Kurs nach Norden. Zurück bleibt der weiße Korallenstrand von Guadalcanal. Nach letzten Meldungen sollten die Japaner nördlich der Insel Florida stehen. Florida kommt bald in Sicht. Foss überprüft seine Instrumente und lädt seine Bordwaffen durch, indem er jeweils drei beiderseits des Sitzes befindliche Griffe hochzieht und zurückschnellen läßt. Die sechs 12,7-mm-MGs sind geladen mit Panzerdurchschlag-, Brand- und Leuchtspurmunition – in jedem fünften Gurtglied steckt ein Leuchtspurgeschoß.

Nach zwanzig Minuten Steigflug durchfliegen die *Wildcat* 3000 Meter Höhe. Foss schaut nach vorne, mit einem gelegentlichen Blick nach hinten. Die Jagdbomber fliegen in seiner Nähe. Alle Augen sind auf das Seegebiet nördlich von Florida gerichtet.

Dreißig Minuten nach dem Start sind bald 4000 und 4500 Meter durchstiegen. Der Verband ist immer noch unter den Wolken. Mit zunehmender Höhe nimmt die Sicht zu. Foss kann über 30 Kilometer weit sehen. Keine Schiffe! Die Insel Florida liegt schon weit im Rücken. Die Jagdbomber und der Begleitschutz setzen den Steigflug fort.

Rechts und links und voraus sieht Foss nur Wasser. Und dann . . . er entdeckt es zuerst! Nicht Schiffe! Die linke Hand am Gashebel, die rechte am Steuerknüppel, noch im Steigflug, konzentriert sich Foss auf ein paar verdächtige Punkte rechts voraus. Dann drückt er auf den Sendeknopf: »Feindflugzeuge! Zwei Uhr!«

Seine Mitflieger haben auch die Silhouetten von sechs mit Schwimmern versehenen *Zero* entdeckt, die rechts und links kurvend im Sinkflug sind. Foss befiehlt acht seiner Maschinen, die Bomben abzuwerfen, um beweglicher zu werden. Instinktiv leitet er eine leichte Rechtskurve ein. Die anderen Jäger bleiben Begleitschutz für die nach Norden weiterfliegenden Jagdbomber. Er schiebt langsam den Gashebel bis zum Anschlag vor, ohne einen Blick von den sechs Feindjägern zu lassen, die die acht F4F, die von Süden aus großer Überhöhung herankommen, offensichtlich noch nicht bemerkt haben.

Foss erkennt jetzt deutlich die sandgraue Farbe und die Hoheitsabzeichen – die rote, aufgehende Sonne — auf den Tragflächen. Er nähert sich schnell, und die Feindmaschinen, jetzt auf Südwestkurs, ahnen noch nicht, daß ihnen der Tod im Nacken sitzt. Steuerknüppel nach vorne, denn die japanischen Jäger gehen schnell nach unten weg, ohne die *Wildcat* gesichtet zu haben.

Foss hat sich die ganz links fliegende *Zero* herausgesucht. Jeder seines Verbandes hat ein anderes Opfer im Visier. Die *Zero* wechseln nach links hinüber. Foss kurvt hart links ein und ist sich im klaren, daß er mit viel Vorhalt schießen muß. Den Finger am Abzug, noch ein Blick zurück. Auch die anderen *Wildcat* nähern sich schnell den *Zero*.

Die Tragflächen des Japaners beginnen den Zielkreis im Reflexvisier zu füllen. Foss muß warten, bis die *Zero* nahe genug heran ist. Die Feindmaschine macht keine Abwehrbewegung. Die Schußentfernung stimmt, die Maschine füllt den Zielkreis aus. Die *Wildcat* schüttelt sich unter dem Rückstoß der sechs MGs, die Leuchtspurgeschosse zeichnen genau auf die *Zero*. Für Sekunden passiert gar nichts, als die Geschosse auf der getroffenen Maschine einprasseln. Foss behält den 70-Grad-Vorhalt bei. Mit einem Mal zerlegt sich die *Zero* in der Luft! Die Kraftstoffbehälter sind explodiert, und überall fliegen Trümmer herum. Knapp kann Foss ihnen ausweichen. Er schaut der zum Meer stürzenden Maschine nach.

Überrascht sieht er unten einen Fallschirm sich öffnen. Der Pilot kam mit dem Leben davon. Die anderen *Wildcat* stürzen ihren Opfern nach. Einige *Zero* brennen. Foss beobachtete seinen Freund ›Danny‹ Doyle, wie er einer *Zero* bis weit nach unten folgt. Als er beim Stürzen den Blick vom Höhenmesser wendet – bei etwa 2000 Meter Höhe –, sieht er die feindliche Flotte! Das weißschäumende Kielwasser läßt drei Kolonnen Kriegsschiffe erkennen, die zu den Flanken mehrere Sicherungsschiffe haben. Sie fahren in voller Fahrt nach Süden. Jeweils drei Schiffe fahren in Kiellinie, wobei der mittlere Verband die Spitze einnimmt. Ein Kreuzer und zehn Zerstörer! Es herrscht hervorragende Sicht, und Foss beobachtet die nach Norden zum Angriff anfliegenden Bomber. Über Funk sammelt er seine Jagdfliegerkameraden, und er geht in den Steigflug über, um die taktisch vorteilhafte Überhöhung zu gewinnen.

Aber nur sechs seiner Jäger haben zu ihm aufgeschlossen, und die Feindflotte ist nicht mehr weit. Foss wird seine Jäger zu einem Scheinangriff gegen die Flotte führen. Das wird die Flakabwehr ablenken zwischen *Wildcat,* Jagdbombern und Torpedofliegern.

Doyle, der einer *Zero* bis aufs Wasser gefolgt war, fehlt. Foss kann nicht auf ihn warten, er muß handeln und befiehlt über Funk: »In umgekehrter Reihenfolge – angreifen!« Dies heißt, daß die letzte Maschine eines Verbandes – hier also die siebte – den Angriff eröffnet und der Schwarmführer zuletzt angreift.

Als der siebte Jäger des Verbandes aus 3000 Meter Höhe zum Angriff abkippt, beginnt die Feindflotte sich aufzulockern. Foss wird als letzter abkippen.

Während des Stürzens entdeckt Foss vor sich einen dunklen Fleck am Himmel. Unbekanntes Flugzeug nähert sich schnell von Norden! Freund oder Feind? Während die anderen F4F auf die Flotte hinuntergehen, behält Foss das Ziel im Auge. Die Konturen erweisen sich als ein feindliches, zweisitziges Schwimmerflugzeug.

Foss reißt eine scharfe Rechtskurve, aber die Feindmaschine rast so nahe an ihm vorbei, daß er nur um ein Haar einem Zusammenstoß entgeht. Der Gegner reißt das Gas heraus, und sein Flugzeug scheint in der Luft stehenzubleiben. Foss, immer noch rechts kurvend, sieht, wie der Heckschütze im Rücksitz genau auf ihn zielt. Foss sieht sich in einer verrückten Lage. Der Gegner muß einen Rammangriff versucht haben, hat dann das Gas weggenommen, um so langsam zu werden, daß sein Heckschütze Foss in der Kurve beschießen konnte.

Wie ein Hämmern gegen die Maschine! Löcher in Motorhaube und Tragflächen reißen auf. Ein Treffer aufs Kabinendach hinterläßt ein walnußgroßes Loch. Vom schießenden Gegner ausmanövriert, muß Foss viele Treffer erhalten haben. Foss rollt aus, drückt den Knüppel hart nach vorne, und die *Wildcat* geht steil nach unten. Jetzt folgt er seinem Jagdinstinkt, zieht den Knüppel wieder an den Bauch und beginnt in schneller Fahrt nach oben zu steigen.

Er wird den Gegner von unten her angreifen. Immer steiler zieht er mit Vollgas und dem gewonnenen Fahrtüberschuß nach oben. Der Gegner kommt ins Visier. Foss muß schnell zum Schuß kommen, denn lange wird die *Wildcat* diesen Steigwinkel nicht halten können. Feuern! Jetzt schießen! Die Leuchtspuren zeigen, wie gut die MGs justiert sind. Geschosse fressen sich in den Rumpf des Zweisitzers. Eine Rauchfahne wird an dem braungrünen Flugzeug sichtbar. Ein gelber Blitz, und das zweite Luftkampfopfer explodiert in der Luft. Foss beobachtet noch, wie sich zwei Fallschirme entfalten. Luftsieg Nummer zwei, nachdem es um Haaresbreite noch hätte schiefgehen können! Die Kriegsschiffe drehen in alle Richtungen, während die F4F und die anderen Flugzeuge ihre Angriffe fliegen. Aus einem Zerstörer steigt eine schwarze Rauchwolke empor. Ein Kreuzer scheint auch getroffen worden zu sein.

Viel Zeit zum Nachdenken und Beobachten des Geschehens auf See bleibt Foss nicht. Unten links bemerkt er irgendeine Bewegung! Wieder ein feindlicher Doppelsitzer. Vor dem Angriff schnell noch ein Blick auf die Triebwerkinstrumente, denn Foss vermutet mögliche Motortreffer. Alles in Ordnung. Nichts wie hinter ihm her!

Während er den Gashebel nach vorne schiebt, geht er in einer Linkskurve nach unten und bringt die größer werdende Silhouette des Gegners ins Visier. Der Wind pfeift durch das Beschußloch im Kabinendach und verursacht beträchtliche Vibrationen. Aber Foss konzentriert sich voll und ganz auf den Doppelsitzer. Im Sturz baut sich die Geschwindigkeit schnell auf.

Er nähert sich dem Luftfeind in einem leichten Winkel von hinten links. Der Heckschütze in dieser Maschine hat ihn noch nicht entdeckt. Er schiebt sich immer näher heran. Er zieht den MG-Abzug durch, und zum drittenmal an diesem Tag hämmern die sechs MGs, die *Wildcat* schüttelt sich, und wie an einer Perlschnur aufgereiht schlagen die Geschosse in den Rumpf des Gegners.

Der große Doppelsitzer beginnt sich zu zerlegen, während Foss, jetzt in bester Schußweite, weiterschießt. Die Feindmaschine bäumt sich auf. Wieder eine Explosion. Foss zieht weg, um den Trümmern und dem Feuerball zu entgehen. Das war Luftsieg Nummer drei!

Weiter unten sieht er *Wildcat* kurven, die nach dem Angriff auf die Kriegsschiffe sich zu sammeln beginnen. Er nimmt Kurs nach Süden, gibt den Jägern der 121. Staffel seine Position durch, damit sie zu ihm aufschließen. Eine F4F schiebt sich heran. Sie ist schwer zusammengeschossen. Mit Handzeichen winkt er sie näher und signalisiert, er werde sie zum Heimatplatz begleiten. Zwei kampfunfähige Maschinen auf dem Weg nach Süden!

Als er dort die sich verschlechternden Wetterbedingungen wahrnimmt, ließen ihn wieder einmal seine Augen nicht im Stich. Von hinten sieht er Jäger schnell auf ihn zufliegen! Jetzt fängt sein Motor an, Schwierigkeiten zu machen. Die Treffer des einen japanischen Heckschützens haben also Wirkung gezeigt. Mit einem flauen Gefühl im Magen schiebt er den Gashebel voll nach vorne. Sie wollen Fersengeld geben! Der Motor nimmt das Gas an, läuft aber unrund. Foss schaut zurück. Eindeutig *Zero*! Es sind viele, die auf die beiden Angeschlagenen einkurven.

All seine Hoffnung setzt Foss auf die vor ihm liegenden Wolkenbänke. Das sich verschlechternde Wetter mag seine einzige Chance sein. Ausgerechnet jetzt muß der Motor aussetzen. Ruhe. Wieder springt er an! Zwischendurch immer wieder Motoraussetzer, gefolgt von kurzem Anspringen. Foss drückt den Steuerknüppel weiter nach vorne. Beide gleiten sie der nächsten Wolke entgegen. Die *Zero* schließen auf. Es sind mehr als ein Dutzend. Foss ist in Gedanken bei seinem Kameraden, der auch die rettenden Wolken erreichen will. Sie sind schon so nahe, aber die *Zero* kommen auch immer näher. Viel zu nahe. Er muß aus der Schußlinie herauskommen . . . jetzt oder nie! Er drückt den Knüppel ganz nach vorne und stürzt fast senkrecht nach unten in die nächstgelegene Wolke. Das milchige Grau kommt auf ihn zu und umhüllt ihn gerade rechtzeitig, als die *Zero* in Schußweite waren. Mit ›kotzendem‹ Motor fängt er in der Wolke den Sturz etwas ab, in der Hoffnung, der Gegner würde ihm nicht folgen können. Der Höhenmesser zeigt auf 2100 . . . 1800 Meter. Solange er in der Wolke ist, kann ihm nichts passieren.

Der Höhenmesser durchläuft 1400 . . . 1200 . . . 1000 Meter Höhe. Wupp! Der Motor gibt den Geist auf. Springt wieder an. Die Bordinstrumente schlagen vor und zurück. Regen klatscht an das Kabinendach. Plötzlich durchstößt Foss in 1000 Meter Höhe die Wolkenuntergrenze und findet sich über dem Wasser wieder. Er schaut zurück. Keine *Zero* zu sehen. (Was er nicht wissen konnte, die *Zero* haben seinen Kameraden erwischt und abgeschossen.)

Plötzlich einsetzender tropischer Regen nimmt ihm fast jede Sicht. Aber irgendwie sieht Foss links voraus die Küstenlinie einer Insel schwach durchschimmern.

Es müßte Malaita sein, die langgestreckte Insel der südlichen Salomonen, denn Foss weiß, daß seine Position im Nordosten von Florida sein muß. Er hat 800 Meter Flughöhe erreicht. Die Triebwerkinstrumente stehen alle im roten, gefährlichen Anzeigebereich. Acht bis zehn Kilometer sind es bis zur Küste. Immer noch heftigster Regen. Er will versuchen, die Insel zu erreichen, um sich dann weiter zu entscheiden. Foss kurvt etwas nach links ein; die blaugraue F4F, mit stotterndem Motor, Löchern in Flächen und Rumpf und geschüttelt vom tropischen Regen, neigt sich nach unten und erreicht schließlich den Palmenstrand von Malaita. Durch die dichten Regenschauer sieht Foss für einen Augenblick linker Hand eine kleine Ansiedlung. Auf diese Richtung hält er mit seinem sterbenden Motor zu. Im schlimmsten Falle würde er dort wenigstens auf Menschen stoßen.

General Gerhard Barkhorn (302 Luftsiege) rechts im Bild anläßlich seines letzten Besuches in den USA, April 1982; v. l. n. r.: Autor, der Kongreß-Abgeordnete William Chappell, Carroll Campbell, Gouverneur von South Carolina, der Kongreß-Abgeordnete William Dickinson.

Me 109 G-5

Philip David Gick, der als Konteradmiral der Royal Navy pensioniert wurde, flog im Mai 1941 gegen die »Bismarck«. Das Bild wurde 1982 in Portsmouth, England, aufgenommen (siehe Kapitel 2).

»Bismarck« in Fahrt mit den Gefechtsschäden (tieferliegendes Vorschiff).
Aus dem im Motorbuch Verlag erschienenen Werk »Der Untergang der Bismarck«.

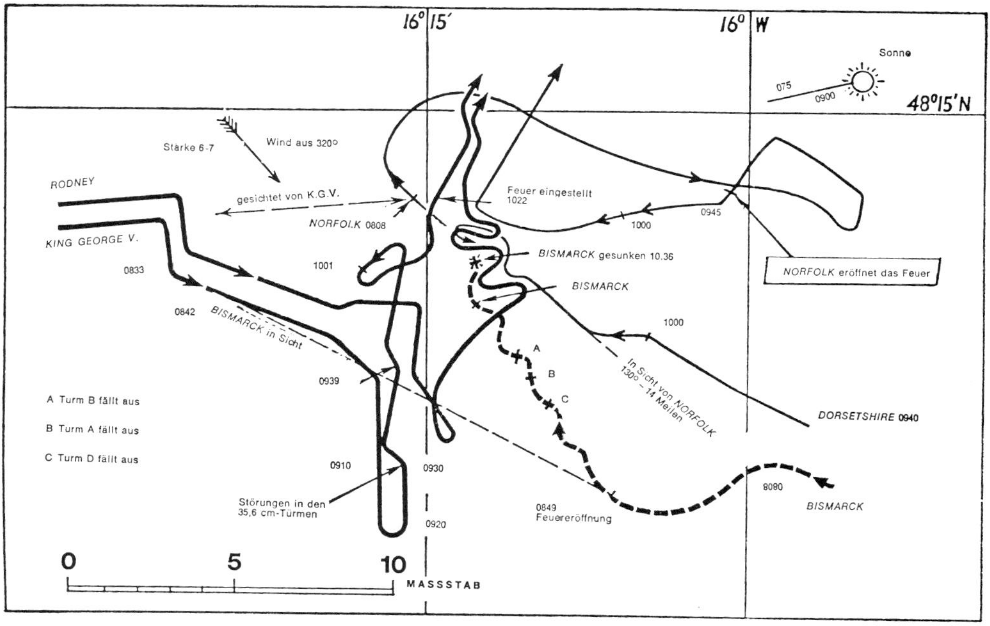

Endkampf gegen die »Bismarck« am 27. Mai. Aus dem im Motorbuch Verlag erschienenen Werk »Der Untergang der Bismarck«.

Sir Douglas Bader, rechts, mit dem Autor auf seinem Sommersitz vor den Toren Londons im September 1973.

Eine Spitfire der 121. (Eagle) Squadron. Die Aufnahme stammt aus dem September 1942 und entstand wenige Tage vor der Übernahme der »Eagle« Squadrons durch die USAAF (amerikanische Heeresluftwaffe). Bei der USAAF erhielt die 121. Squadron die neue Bezeichnung »335. Fighter Squadron«. Aus dem im Motorbuch Verlag erschienenen Werk »Sie flogen die Spitfire«.

Oberst Hans-Ulrich Rudel, der berühmte Stukapilot, in einer der letzten Aufnahmen vor seinem Tode, bei Kufstein, Juni 1981. In der Mitte der Autor, rechts Frau Rudel.

Ju 87 »Stuka« im Sturz.

Major John L. Smith, US-Marine Corps, anläßlich seiner Beförderung und der Verleihung des Navy Cross in Guadalcanal. Links im Bild Smith (19 Luftsiege), daneben Major Robert Galer (11 Luftsiege) und Hauptmann Marion E. Carl (16 Luftsiege) – alle tragen das verliehene Navy Cross.

Während des sechs Monate dauernden Ringens um Guadalcanal, von August 1942 bis Februar 1943, landen amerikanische Schiffe Truppen und Material an. Das Bild zeigt Lunga Point im Jahr 1942.

Gefechtsstand des Lufttransportkommandos Südpazifik auf dem Flugplatz Henderson Field, Guadalcanal 1942.

Dreh- und Angelpunkt beim Kampf um Guadalcanal war Henderson Field. Die Aufnahme zeigt beiderseits des Flugplatzes abgestellte Flugzeuge und am oberen linken Bildrand vor der Küste liegende Transportschiffe.

Blick auf Henderson Field, nachdem der Ausweichplatz betriebsbereit war.

Eine der ersten Aufnahmen von Henderson Field, wo noch gut die Kokospalmenwälder zu sehen sind.

Henderson Field mit Bombenkratern und abgestellten Flugzeugen. Im Oktober 1942 lag der Platz unter zusammengefaßtem Artilleriefeuer japanischer Schlachtschiffe, und drei Monate lang wurde er immer wieder bombardiert.

Jagdflugzeug der US Navy vom Typ Grumman F4F, das zu Beginn des Krieges von US-Flugzeugträgern zum Einsatz kam. Mit diesen Maschinen kämpften die Jagdflieger der US-Navy und des US Marine Corps gegen japanische Bomber und Jäger in den ersten Wochen des Ringens um Guadalcanal.

Flugzeugführer an Bord der »Hornet« (Trägerklasse Essex) auf dem Wege vom Bereitschaftsraum zum Flugdeck.

Marineflieger im Eilschritt, um auf dem Flugzeugträger »Hornet« Startbereitschaft in ihrer F6F »Hellcat« herzustellen.

Oben: Die 1. Warte überprüfen ein letztes Mal die F6F-Jagdmaschinen, während sich die Flugzeugführer in die Kanzel zwängen.

Mitte: Das berühmte japanische Jagdflugzeug Mitsubishi »Zero« als amerikanisches Beuteflugzeug 1942. »Zero« – und »Zeke«-Jäger waren es, in deren Falle Kapitänleutnant Ira Kepford geriet (siehe Kapitel 9).

Unten: Hauptmann Joseph J. Foss, US Marine Corps, über den in Kapitel 6 berichtet wird, in einer Aufnahme von 1944, als er schon Major war. Mit 26 Luftsiegen stand er an der Spitze aller Jagdflieger des US Marine Corps. Er und Major John Smith haben im Kampf um Guadalcanal unvergänglichen Ruhm erworben.

US-Zerstörer »Atlanta« mit dem Flugzeugträger »Hornet« (Essex-Klasse) und dem Zerstörer »Phelps« im Hintergrund, Sommer 1942.

Oberst Erich Hartmann, mit 252 Luftsiegen der beste Jagdflieger in der Geschichte des Luftkrieges, rechts im Bild. Die Aufnahme entstand 1968 in Bonn anläßlich einer Buchpräsentation des Autors. Links Frau Hartmann, in der Mitte der englische Jagdflieger Stanford Tuck (siehe Kapitel 7).

Major Werner Schröer, mit 114 Luftsiegen einer der besten Jagdflieger der Luftwaffe (siehe Kapitel 8).

Kapitänleutnant Ira C. Kepford, der bei Rabaul in die Falle von japanischen Jägern geriet (siehe Kapitel 9), stand in der US-Navy als Jagdflieger an fünfter Stelle.

Royal Navy-Kapitänleutnant D. B. »Dick« Law (siehe Kapitel 10) vor seiner »Wildcat« 1944 in Afrika.

Cecil E. Harris, der als Kapitänleutnant am Einsatz gegen Formosa teilgenommen hatte (siehe Kapitel 11), stand mit 24 Luftsiegen in der US-Navy an zweiter Stelle der Rangliste. Das Bild zeigt ihn in den Nachkriegsjahren.

Der US-Flugzeugträger »Essex« und der leichte Träger »Princeton«, aufgenommen 1942 von Bord eines anderen Trägers.

Der US-Flugzeugträger »Essex« im Verband einer Trägerflotte. Zur Essex-Klasse zählt auch die »Intrepid«, von der die in Kapitel 11 beschriebenen Einsätze durchgeführt wurden.

US-Marinepiloten warten im Bereitschaftsraum des Flugzeugträgers »Independence« auf den Einsatzbefehl.

Ein F6F-Jagdflugzeug startet vom Flugdeck des Flugzeugträgers »Lexington«. Mannschaftsangehörige sind deutlich auf allen Ebenen des Gefechtsturms zu sehen.

5 F6F »Hellcat«, der Grumman-Typ, der die F4F auf den Flugzeugträgern der US Navy ablöste. Diese Maschine flog auch Kapitänleutnant Harris (siehe Kapitel 11).

Lord John Kilbracken, in der Mitte als Kapitänleutnant 1944 vor seinem Torpedobomber »Stringbag«.

Der Autor Edward H. Sims, selbst Jagdflieger im Zweiten Weltkrieg, später zeitweilig Konsul in München.

Er weiß aber nicht genau, ob dieser Teil von Malaita von Japanern oder Amerikanern besetzt ist. Als er den Strand erreicht und in einer Rechtskurve parallel dazu einfliegt, setzt der Motor endgültig aus. Er ist in 400 Meter Höhe über dem Strand.

Kabinendach auf, ganz zurück zum Anschlag! Sein Flugzeug schüttelt. Er wird wohl notwassern müssen. Könnte der Regen, der ihn vor den verfolgenden *Zero* bewahrte, nun seine Rettung durch die Dorfbewohner zunichte machen? Der Höhenmesser zeigt auf 300 Meter. Er kurvt nach rechts, um im seichten Wasser etwa einen Kilometer vor dem Strand aufzusetzen.

Er beobachtet die Dünung und Wellenkämme und versucht, parallel dazu weich aufzusetzen – wie man es den Marinefliegern in der Schulung empfohlen hatte. Aber die waidwunde *Wildcat* reagiert nur müde auf die Steuerung, so daß sich Foss mit einem Male schon über den Wellenkämmen befindet. Knüppel zurück! Er zieht den Knüppel weiter an den Bauch, aber die *Wildcat* schlägt krachend und knirschend auf. Das Kabinendach knallt nach vorne und springt in die Verriegelung. Für Bruchteile von Sekunden denkt Foss, ob er jetzt wohl hochgeschleudert, aufs Kreuz fallen, übers Wasser schlittern oder unterschneiden – also sinken – werde. Zu seiner Bestürzung hat sich die *Wildcat* ganz schnell aufs Wasser gesetzt. Wasser umspült die Tragflächen, schlägt bis zum Kabinendach hoch, und die Maschine sinkt! Bei verriegeltem Kabinendach sitzt Foss festgegurtet in seinem Sitz.

Mit verzweifelten Anstrengungen versucht er, das Kabinendach zu öffnen. Es sitzt bombenfest! Die Wellen schlagen über ihm zusammen. Die *Wildcat* versinkt! Er löst den Brustgurt des Fallschirms, vergißt aber, die Beingurte zu lösen. Während er krampfhaft das Kabinendach öffnen will, hängt der Fallschirm noch an seinen Beinen und saugt sich mit Wasser voll, das langsam in der Kanzel zu steigen beginnt. Um ihn herum ist alles dunkelgrün. Er ist schon unter der Wasseroberfläche . . . sinkt tiefer und tiefer . . . und kann sein Kabinendach nicht öffnen.

Panik befällt ihn! Er rüttelt wie verrückt an dem Kabinendachgriff und reißt mit übermenschlichen Kräften daran. In seinem verzweifelten Bemühen reißt er es aus den Verankerungen. Foss kann sich aus der Maschine befreien. Den Fallschirm, mit dem er noch verbunden ist, zieht es zuerst nach oben. Dadurch wird sein Kopf nach unten gedrückt. Er schluckt Wasser und ringt nach Luft. In diesen Sekunden wird ihm klar, daß er nur noch wenig Überlebensmöglichkeiten haben wird, wenn er nicht an die Wasseroberfläche gelangt. Der Fallschirm zieht ihn hoch an die Oberfläche. Er versucht verzweifelt, seinen Kopf seitwärts über Wasser zu bekommen. In seiner Not zieht er drillmäßig und instinktiv am Auslöseknopf seiner Schwimmweste, die sofort aufbläst. Dadurch wird sein Oberkörper am Fallschirm vorbei an die Wasseroberfläche gedrückt. In letzter Sekunde kann er wieder frei durchatmen.

Es dauert Minuten, bis er wieder zu vollem Bewußtsein kommt und richtig atmen kann, weil er soviel Wasser geschluckt hatte. Er befindet sich einige Kilometer von der Küste von Malaita entfernt. Er entspannt sich ein wenig, um wieder zu Kräften zu kommen. Er ist noch völlig fertig angesichts der Vorstellung, dem drohenden Seemannsgrab in seinem Flugzeug entkommen zu sein.

Bei Einsatzbesprechungen wurden die Gezeiten- und Strömungsverhältnisse immer wieder angesprochen. Warnende Hinweise gab es über die Strömungen zwischen Florida und Malaita, die bis zu 26 km/h erreichen. Wenn die Strömung gegen ihn läuft, wird er die Küste nie schwimmend erreichen können. Dann und wann sieht er über die Wellenkämme hinweg ganz schwach die Küstenlinie sich abzeichnen. Er spart mit seinen Kräften und will versuchen herauszufinden, in welche Richtung die Strömung verläuft, um dann sein weiteres Vorgehen zu überlegen.

Er weiß nicht, in welche Richtung die Strömung läuft, und entscheidet sich deshalb zu schwimmen, solange es noch Tag ist und die Küste in Sicht bleibt. Er schwimmt langsam, aber stetig, um sich nicht vorzeitig zu verausgaben. Seine Arme ermüden, aber er schwimmt weiter. Er sorgt sich wegen der Haie, die in diesen Gewässern vorkommen sollen, und öffnet eine der Notkapseln, deren Inhalt angeblich Haie vertreiben soll.

Beim Schwimmen bemerkt er, daß sich die gelbe Pulverlösung um ihn herum hält. Entmutigt wird ihm klar, daß er kaum vorankommt. Zweifel plagen ihn, ob er überhaupt gerettet werden wird. Wäre er am frühen Morgen gestartet, so stünde der ganze Tag für Such- und Rettungsflüge zur Verfügung. Und jetzt ist es schon 17 Uhr oder später. Es wird nicht mehr lange hell sein. Der Regen mindert zusätzlich die Chancen, daß Suchflugzeuge ihn im Wasser ausfindig machen.

Schon lange schwimmt er dem rettenden Ufer entgegen. Er macht offensichtlich keine Fortschritte. Von dieser lähmenden Feststellung will er aber gar nichts wissen. Er schwimmt und schwimmt. Es beginnt zu dämmern. Wie lange liegt er jetzt im Wasser? Bis zum Strand sind es noch gut dreieinhalb Kilometer; er weiß, er wird es nicht schaffen.

Wieder sucht er irgendwie Entspannung und öffnet noch eine der sogenannten Abschreckungskapseln gegen Haie. Das könnte das Ende sein, doch immerhin hat er die Genugtuung und das beruhigende Gefühl, drei Feindflugzeuge bei seinem vielleicht letzten Feindflug abgeschossen zu haben. Er macht sich so seine Gedanken, ob die feindliche Flotte wohl gestoppt werden konnte und welchen Schaden sie genommen hatte. Er erinnert sich an das Zeltlager auf Guadalcanal, an die primitiven Verhältnisse dort – in seiner Lage kommen sie ihm geradezu luxuriös vor. Auf- und abschwappend mit seiner Schwimmweste, sieht er die Dämmerung über dem Pazifik einbrechen.

Seine Gedanken fliegen zurück in die Vereinigten Staaten, 14 000 Kilometer jenseits des Ozeans.

Tausende von Kilometern entfernt vom Schauplatz der Ereignisse schreibt ein Reporter ein russisches Fernschreiben um: »Auf dem Schlachtfeld nordwestlich von Stalingrad, wo russische Truppen den Deutschen harten Widerstand entgegensetzen, um Stalingrad zu entsetzen, liefern sich deutsche und russische Verbände verbitterte Artilleriegefechte.« (Das war das Vorspiel für einen massiven russischen Gegenangriff, der zur Einkesselung der 6. – deutschen – Armee bei Stalingrad führte.)

Die Anzeigen in den Zeitungen der USA warben an jenem Tage besonders: »Verkauft Vater Staat alte Reifen! Noch heute!« Die Börsenberichte wiesen Gewinne aus, weil Feldmarschall Bernard Montgomery bei El Alamein einen Sieg errang! Spekulanten und findige Bürger machten zu Hause gutes Geld. Foss kämpft derweil in zunehmender Dunkelheit in kalten und schnell strömenden Gewässern im Raum der Salomonen um sein Leben, ganz fern irgendwo im Pazifik.

Es ist jetzt dunkle Nacht. Foss hat zu schwimmen aufgehört, um Kräfte zu sparen. Kein Regen mehr, nur Ruhe um ihn herum, abgesehen von dem Platschen der Wellen. Keine Lichter zu sehen, selbst wenn er jeweils in Richtung auf das Dorf blickt, sobald ihn die Wellen hoch hinausschaukeln. Die Zeit verstreicht, und Foss glaubt, daß er das Spiel verlieren wird. Absolute Nacht. Er denkt, wie lange wohl die Schwimmweste noch aufgeblasen bleiben wird, wie lange er noch im Wasser hängen wird, bevor die Haie kommen. Er verstreut noch eine Notkapsel zur Abwehr der Haie. Ach, was gibt es über diese Notkapseln für Sprüche in Kameradenkreisen! Ob die Dinger wirklich wirken? Na ja, bisher hat er sich die gefährlichen Viecher vom Leibe halten können.

Er weiß es nicht so genau! Was ist dort am Strand? Ein schwaches Licht! Es blinkt, aber die Wellen stören die Sicht. Hellwach wird er und ganz angespannt. Er ist sich sicher, daß er ein Licht gesehen hat.

Zum ersten Male bemerkt er jetzt auch, daß sich in seiner Nähe irgend etwas bewegt. Zu allen Seiten schneidet etwas durchs Wasser. Mit einem Male wird ihm klar! Haie! Wieder bricht er eine Notkapsel auf. Ganz deutlich, er sieht Haie, die ihn umkreisen. Vielleicht waren sie immer schon da, er hat sie nur nicht gesehen. Seine Gedanken rasen und wenden sich dem Licht zu. In Richtung auf das Dorf taucht es immer wieder auf. Die Haie machen ihn fast wahnsinnig. Es ist ihm völlig gleichgültig, ob Japaner oder Amerikaner das Dorf besetzt halten, wenn er nur das rettende Ufer erreichen kann.

Das Licht kommt näher, und es bewegt sich! Ein Boot? Foss zögert, einen Laut von sich zu geben. Er macht Wassertreten und fixiert das Licht. Es kommt stetig auf ihn zu. Jetzt sieht er ein schwarzes Etwas, das auf ihn zusteuert. Foss bleibt ruhig. Irgendeine Art Boot – sieht wie ein Boot der Eingeborenen aus. Es steuert genau auf ihn zu.

Drei Meter vor ihm läuft der Bug auf ihn zu. Haben die Leute ihn überhaupt gesehen? Wie konnte das Boot so nahe herankommen? Das Boot läuft genau über ihn hinweg. Er taucht kurz unter. Hebt den Kopf wieder aus dem Wasser und horcht. Sie sprechen ein gebrochenes Englisch, irgendwie. Absolute Nacht. Das Licht scheint jetzt woanders auf. Er bemerkt, daß er sich zwischen dem Boot und dem Ausleger befindet. Trotz pochendem Herzen bewahrt Foss die Ruhe und harrt der Dinge, die sich in seiner unmittelbaren Nähe abspielen. Er sieht Menschen in dem Boot herumhantieren, kann aber ihre Sprache nicht verstehen. Plötzlich sagt einer an Bord ganz laut und deutlich: »Wir wollen einmal hier suchen.«

Foss schreit zurück: »Hier bin ich!« Das Licht erlöscht. Einige der Eingeborenen heben drohend Knüppel in die Höhe. Foss brüllt jetzt: »Freund! Vogelmensch! Flieger! Amerikaner!« Foss versteht das Geplapper nicht. Aber die Eingeborenen, die genau über ihm sind, schlagen nicht zu. Einer der Männer an Bord streckt ihm seine Arme entgegen. Es ist Tommy Robinson, Besitzer eines australischen Sägereibetriebes, der den Jagdflieger aus Süd-Dakota in das Boot zieht.

Ein Eingeborener hilft dabei, und sie schaffen ihn ins Boot. Foss schaut hoch und sieht, daß auch ein Priester an Bord ist. »Ich bin Pater De Steinberg.« Ausgerechnet jetzt muß ein fliegender Fisch gegen die Lampe knallen und sie auslöschen. Wäre das früher passiert, hätte Foss das Boot wahrscheinlich nie gesehen. Aber er hat es gesehen, ist gerettet, und ein Aufatmen und eine Dankbarkeit steigen in ihm auf. Er fragt: »Wer sind Sie, woher kommen Sie?«

»Wir sind von der Missionsstation Buma.« (Das war die Missionsstation, die Foss aus der Luft noch gesehen hat.)

Langsam gleiten sie dem Ufer zu. Foss erzählt, was tagsüber geschehen ist. Er fragt, wie sie mitbekamen, daß er drei Kilometer vom Strand im Wasser lag. Ein Eingeborener hat ihn notwassern sehen und erregt gerufen: »Ein Vogelmensch ist dort draußen im Meer!« Aufgrund dieser Meldung machten sich einige Boote auf die Suche nach dem Piloten, der vielleicht den Absturz überlebt haben mag.

Als sie endlich an Land sind, findet Foss wieder zu sich und unterhält sich mit Robinson und Pater De Steinberg. Der Priester bietet ihm sein Bett an, was Foss gerne annimmt, weil er nervlich und körperlich total erschöpft ist. Bald fällt er in tiefen Schlaf.

Im Morgenlicht entpuppt sich der Ort als ein schönes Dorf auf einer noch schöneren Insel. Foss sagt sich, wenn er den Krieg überlebt und ihm die Zeit gegeben ist, wird er eines Tages zurückkehren und diese Insel besuchen. Das Gefühl von Land, der Geruch von frischem Laub, wieder festen Boden unter den Füßen zu haben und dieses herrliche Landschaftsbild, all das durchflutet ihn voller Dankbarkeit, daß er am Leben ist. Foss weiß aber auch, daß er zurück nach Guadalcanal muß. Am nächsten Tag bereitet er seinen Fallschirm, der mit geborgen wurde, in einer Lichtung aus.

Es war Sonntag, und Foss hoffte, daß seine Kameraden nach ihm suchen würden. Er brauchte nicht lange zu warten. Ein amerikanisches Jagdflugzeug flog die Küste entlang und sichtete den Fallschirm. Der Flugzeugführer meldete dies sofort nach Guadalcanal. In Guadalcanal machte sich sein alter Freund Jack Cramm mit einem *Catalina*-Flugboot eilends auf den Weg, um dieser Meldung nachzugehen. Er wasserte in der Nähe des Dorfes und tukkerte an Land. Tatsächlich, es war Joe Foss, der überlebt hatte und auf Rettung wartete.

Foss bedankte sich bei seinen Rettern ganz herzlich, verabschiedete sich von ihnen und ging an Bord des Flugbootes, das ihn nach Guadalcanal zurückfliegen wird. Auf dem Rückflug erfuhr er, daß der japanische Kreuzer durch Bomben und zwei Torpedos getroffen wurde. Die P-39 hatten bei diesem Einsatz fünf feindliche Maschinen abgeschossen, die Marineflieger insgesamt neun, davon alleine drei durch Foss, zwei weitere Abschüsse gingen auf das Konto anderer amerikanischer Flugzeuge. Sein Staffelkamerad William P. Marontate erzielte drei Abschüsse. Drei amerikanische Jäger gingen verloren.

Nach der Landung in Guadalcanal genoß Foss den verhältnismäßigen ›Luxus‹ auf dem sehr primitiven Feldflugplatz. Ohne Rücksicht auf seinen körperlichen Zustand und seine Verwundungen zu nehmen, erklärte er unumwunden, er sei wieder fit und einsatzfähig. So konnte er am nächsten Tag, Montag, den 9. November, bereits wieder fliegen.

Was Foss nicht wußte, als er wassertretend in der Nacht vor der Küste von Malaita herumpaddelte, war eine Gefahrenquelle, in die er nicht geriet, weil er nicht an Land schwimmen konnte. Im Küstenbereich des kleinen Dorfes waren die Gewässer voller Krokodile. Dieser besondere Abschnitt war berüchtigt für diese tödliche Gefahr. Hätte Foss an Land schwimmen können, so wäre er mit Sicherheit ein Opfer der Krokodile geworden.

Wenn man alle Gefahrenherde berücksichtigt, so hat Foss nach der Notwasserung seiner Maschine am Nachmittag des 7. November in mehrfacher Hinsicht Glück gehabt.

Bis kurz vor Weihnachten blieb er auf Guadalcanal im Einsatz, um dann einen Kurzurlaub anzutreten. An Silvester kehrte er an die Front zurück und blieb bis Februar, bis ihn die Abberufung vom Fronteinsatz erreichte. Zu diesem Zeitpunkt hatte er 26 feindliche Flugzeuge im Pazifik abgeschossen, eine Zahl, die kein anderer Marineflieger im Zweiten Weltkrieg je erreichen sollte! (Später kehrte Foss noch einmal an die Front zurück, ihm gelangen jedoch keine weiteren Abschüsse mehr.)

Sein Einsatz vom 7. November 1942 trug wesentlich dazu bei, daß er den höchsten Orden seines Landes verliehen bekam – die Tapferkeitsmedaille des US-Kongresses. Sechs Monate später, am 18. Mai 1943, wurde im Weißen Haus vor höchsten Würdenträgern die Verleihungskurkunde verlesen:

»Für hervorragendes Heldentum und besondere Tapferkeit, die das übliche Maß von Pflichterfüllung weit überschritten, dem Einsatzoffizier einer Marinefliegerstaffel auf Guadalcanal, Salomonen-Inseln. Vom 9. Oktober bis 19. November 1942 fast täglich im Einsatz, hat Hauptmann Foss 23 japanische Flugzeuge abgeschossen und viele andere so schwer beschädigt, daß ihre Zerstörung höchstwahrscheinlich ist.

Ferner führte er in diesem Zeitraum viele Begleitschutzeinsätze sehr erfolgreich an, wobei in geschickter Weise Nahaufklärer, Bomber, Fernaufklärer und auch eigene Schiffsverbände abgeschirmt wurden. Am 15. Januar 1943 konnte er seine bereits brillanten Erfolge durch den Abschuß von drei weiteren Feindflugzeugen krönen und damit bisher im Luftkrieg unerreichte Leistungen erzielen.

Am 25. Januar gelang es Hauptmann Foss durch schneidigen Einsatz, einen feindlichen Kampfverband zu entdecken. Er führte acht Marinejäger und vier Heeresjäger trotz erdrückender Feindüberlegenheit derart kühn und unerschrocken in den Kampf, daß vier japanische Jäger abgeschossen und die Bomber abgewehrt werden konnten, ohne Bomben abgeworfen zu haben. Seine beachtlichen fliegerischen Fähigkeiten, sein mitreißender Führungsstil und sein unbeugsamer Einsatzwille spielten als entscheidende Faktoren bei der Verteidigung der für die Amerikaner so wichtigen Stellungen bei Guadalcanal eine Rolle.«

Nach dem Verlesen der Verleihungsurkunde übergab Präsident Roosevelt persönlich den Orden an Foss. Außer der Notwasserung mußte Foss während seiner Frontzeit auf Guadalcanal noch drei Notlandungen mit stehendem Motor und zerschossener Maschine auf Henderson Field machen.

Für heldenhaften Einsatz und außergewöhnliche Leistungen im Luftkrieg – Abschuß von sechs *Zero* und einem Bomber in den kritischen Oktobertagen auf Guadalcanal – erhielt Foss aus den Händen von Admiral William F. Halsey noch zusätzlich das Distinguished Flying Cross verliehen (D.F.C. etwa Kriegsverdienstorden für fliegendes Personal; d. Ü.).

Nach der Rückbeorderung von Guadalcanal kam Foss 1943 zunächst in das Hauptquartier des US-Marine Corps nach Washington, um von dort eine Rundreise zu allen Fliegerschulen der Marine zu unternehmen und über seine Fronterfahrungen zu berichten. Dann beteiligte er sich an einer landesweiten Aktion zum Verkauf von Kriegsanleihen. Im Februar 1944 begann seine zweite Frontverwendung im Pazifik. Er flog Einsätze vom Einsatzhafen Emirau, zu den Inseln der Matthias-Gruppe gehörig. Dort kam es kaum zu Feindberührungen in der Luft, so daß er seine Abschußerfolge nicht fortsetzen konnte.

Die Bedeutung des Einsatzes von Marinefliegern über den Salomonen während dieser Phase des Krieges kann gar nicht hoch genug bewertet werden. In dem Zeitraum, als Foss dort diente, haben die Japaner drei nachhaltige Versuche unternommen, um Guadalcanal zurückzugewinnen.

Wenngleich die Angriffe der Fliegerkräfte am Nachmittag des 7. November die Anlandungen japanischer Reserven nicht unterbinden konnten, so führten die zugefügten Verluste bei Kriegs- und Transportschiffen die Japaner dazu, weitere Verstärkungen ihrer Brückenköpfe und Stellungen aufzugeben.

Japanische Offiziere mußten später eingestehen, daß der Einsatz amerikanischer Luftstreitkräfte über Guadalcanal schließlich so wirkungsvoll und unerbittlich war, daß nicht mehr genügend Truppen und Versorgungsgüter nach Guadalcanal gebracht werden konnten. Kurz nach den schweren Gefechten zwischen japanischen Kriegsschiffen und amerikanischen Flugzeugen, die sich am 7. November abspielten, entsandten die Japaner noch stärkere Flotteneinheiten mit dem Erfolg, daß zwei Schlachtschiffe und zahlreiche andere Kriegsschiffe versenkt wurden!

Der Höhepunkt der Auseinandersetzung wurde am 14. November erreicht, also eine Woche nach den hier zuvor beschriebenen Ereignissen. Ein großer japanischer Flottenverband versuchte, Truppenverstärkungen nach Guadalcanal zu bringen. Am Nachmittag des 14. November wurde jedes nur verfügbare Flugzeug auf Guadalcanal mit Bomben beladen und zum Angriff auf die Truppentransporter des Geleitzuges angesetzt. Dieser Tag brachte den japanischen Truppen verheerende Verluste, die allein durch den Einsatz von Fliegerkräften verursacht wurden. Bis zum Abend waren sieben Truppentransporter mit jeweils 5000 t bis 9000 t versenkt. Vier weitere wurden so schwer beschädigt, daß sie mit aller Not noch Guadalcanal erreichen und auf Strand gesetzt werden konnten. Diesen Havaristen wurde am nächsten Tag von denselben Piloten, die sie kampfunfähig gebombt hatten, und dem Zerstörer *Meade* der Garaus gemacht.

Schätzungen gehen davon aus, daß nur 4000 von 10 000 Mann in diesem Geleitzug Guadalcanal erreicht haben. Viele ertranken, und andere wurden von Zerstörern aus dem Wasser gefischt. Nur ganze fünf Tonnen Versorgungsgüter – 260 Munitionskisten und 1500 Säcke Reis – konnten an Land gebracht werden.

Bob Sherrod behauptet in seinem Buch »History of Marine Corps Aviation in World War II«, daß dieser Einsatz von Marinefliegern zu den bedeutendsten des Zweiten Weltkriegs zählt.

Nachdem die Marineflieger letztendlich den Kampf um die Beherrschung der Gewässer um Guadalcanal gewonnen hatten, wußten die auf der Insel ausharrenden Amerikaner, daß das die Wende bedeutete und Guadalcanal in amerikanischer Hand bleiben werde.

Foss wurde 1946 in die US-Reserveluftwaffe versetzt und trat später als Brigadegeneral der Nationalgarde von Süd-Dakota in den Ruhestand. Zweimal wurde er zum Gouverneur von Süd-Dakota gewählt (1954 und 1956). 1960 wurde er Präsident der amerikanischen Football-Liga. Bei bester Gesundheit lebt er heute in Paradise Valley bei Scottsdale im US-Staat Arizona.

KAPITEL 7

Hartmann – Schwarzes Meer

Der beste Jagdflieger in der Geschichte des Luftkriegs ist Oberst Erich Hartmann. Er hat den Krieg überlebt. Seit einigen Jahren interessieren sich immer mehr Menschen für seine Leistungen und sein Schicksal. Dieses deutsche Jagdfliegeras, das heute ein ruhiges und einfaches Leben in der Nähe von Stuttgart führt, ist Ziel vieler Anfragen und Anrufe von Historikern, den Medien Rundfunk und Fernsehen, Neugierigen und Bewunderern. Frühere Kriegsgegner, wie beispielsweise der Autor, aber auch Kameraden und Landsleute interessieren sich für diesen Mann. In meinem Buch »Jagdflieger« (Motorbuch Verlag) widmete ich Hartmann ein ganzes Kapitel. Er hat als Jagdflieger die fast unglaublich scheinende Zahl von 352 Abschüssen erreicht. Zwei Bücher brachten ihn vor allem in das öffentliche Bewußtsein: »Holt Hartmann vom Himmel« und »Der Jagdflieger Erich Hartmann«. Erst als diese Bücher erschienen waren, wurde vielen Deutschen klar, welche Leistungen im Luftkrieg ihr Landsmann Hartmann erbracht hatte. Nach zehn Jahren in schlimmster russischer Kriegsgefangenschaft trat Hartmann wieder in die Luftwaffe (der Bundeswehr) ein und ließ sich in den siebziger Jahren in den Ruhestand versetzen. Dann war er einige Jahre als Fluglehrer an einer zivilen Flugschule tätig. Er führt ein zufriedenes und genügsames Leben. Sein Blick ist in die Zukunft und nicht in die Vergangenheit gerichtet. Er ist nicht dauernd auf Achse, überaktiv oder anspruchsvoll. Er ist nicht eitel. Es gefällt ihm nicht, wenn man ihn in der Öffentlichkeit besonders herausstellt und hofiert. Er ist noch genauso ruhig, freimütig und offen im Wesen und spricht ruhig und bestimmt wie im Kriege, wie es Kameraden bestätigen. Besonders auffällig im Gegensatz zu vielen anderen berühmten Männern der Kriegsgeschichte ist, daß er überhaupt kein Aufhebens von sich macht; von Arroganz und dem Wunsch, verehrt zu werden, oder einer gewissen Steifheit und einem besonderen Flair gar keine Spur. Und doch ist er der erfolgreichste Jagdflieger aller Zeiten.

Das Leben in russischer Kriegsgefangenschaft – zehn Jahre Prügel, Isolierhaft, Mangelernährung und Hunger sowie brutalste Behandlung – hat bei Hartmann Spuren hinterlassen. Aber nie brach er unter dem Druck zusammen, und nie hat er ein »Geständnis« unterschrieben, er fühle sich als Kriegsverbrecher, so sehr die Peiniger auch darauf bestanden. Nach dieser Zerreißprobe und den Qualen hat er nicht mehr zu seiner jugendlich frischen Art zurückgefunden, was auch nicht verwunderlich ist. Diese harten Jahre und der niederschmetternde Zusammenbruch Deutschlands haben ernüchternde Wirkung gehabt. Vielleicht werden nur seine Eltern und seine Frau in der Lage sein, den genauen, feinen Unterschied zu beurteilen.

Werfen wir einen Blick auf die Höhen und Tiefen, die das Schicksal diesem jungen Jagdflieger in seinem Leben beschieden hat. Er wurde 1922 in Württemberg geboren und fast genau zwanzig Jahre später, Ende 1942, an die Ostfront versetzt. In den nächsten zweieinhalb Jahren stieg er auf zum Helden und Idol, allseits geehrt, mit hohen Orden ausgezeichnet, in der Presse gefeiert, von staatlichen Würdenträgern in höchsten Tönen gelobt, von Kirchen- und Kommunalvertretern gepriesen und vieles mehr. Er war gerade 23 Jahre alt, als der Krieg beendet war. Vom Gipfel persönlichen und militärischen Erfolges stürzte er unmittelbar in die Tiefen des Lebens. In den russischen Gefängnissen erlebte er tiefste Erniedrigungen und wurde der verschiedensten Verbrechen beschuldigt. Man sagte ihm, wenn er kein Geständnis ablege, werde er seine Heimat nie wiedersehen. Der Briefverkehr mit Zuhause, mit Frau und Familie war ihm untersagt. 1947 starb sein Sohn, den er nie gesehen hatte. 1952 starb sein von ihm hochgeschätzter Vater, während er immer noch in Kriegsgefangenschaft darbte. Als er schließlich heimkehren durfte zu seiner treuen Frau, die zehn Jahre auf ihn wartete, zu seiner Mutter, zur Familie und in seine Heimatstadt, hatte sich alles und die Welt verändert. Deutschland war geteilt. Seine Leistungen und Verdienste im Krieg waren nicht mehr gefragt, weil die Enthüllungen über begangene Grausamkeiten im Vordergrund standen. Ihm standen nur wenige Möglichkeiten offen. Er war 33 Jahre alt, und hinter ihm lagen Jahre schwerer Lebenserfahrung. Viele wären an diesen Einschnitten im Leben und an der überwältigenden Schicksalswende zerbrochen. Hartmann hat das verkraftet und sich mit den Gegebenheiten der Nachkriegszeit bemerkenswert gut und auch kritisch abgefunden.

In diesem Buch mit erinnernswerten Einsätzen von deutschen, englischen und amerikanischen Piloten, die sie über dem Wasser durchführten, waren bei den Deutschen natürlich nur Luftwaffenpiloten beteiligt. Die amerikanischen Streitkräfte hatten im Zweiten Weltkrieg starke Marineluftstreitkräfte, die über Bomber, Jäger, Aufklärer und Transporter sowie viele Flugzeugträger verfügten. Viele Marineflieger zählten zur Kategorie der sogenannten Asse. Die englische Kriegsmarine hatte auch Marineluftstreitkräfte beachtlicher Leistungsfähigkeit, wenngleich sie zahlenmäßig nicht so stark waren. Während des Zweiten Weltkriegs nahmen in Deutschland Verbände der Luftwaffe die Aufgaben im Seeluftkrieg wahr. Hartmann hat zahlreiche ungewöhnliche und dramatische Einsätze über See geflogen, so daß wir uns einem ganz besonders zuwenden können. Um an der Luftschlacht um England teilzunehmen, war Hartmann noch zu jung. Auch im Mittelmeer kam er nie zum Einsatz. Dennoch hat er in mehr als 1400 Feindflügen einige erlebt, die über See stattfanden und ihm unvergessen blieben.

So war ich Ende der siebziger Jahre wieder einmal auf dem Weg von München nach Stuttgart. Von Stuttgart fuhr ich auf der B 27 nach Süden; eine kurvenreiche, bergige Strecke, die durch viele württembergische Dörfer führt. Aus dieser Gegend stammen verhältnismäßig viele deutsche Auswanderer, die nach Amerika gingen.

Hartmanns Haus liegt nur zwei Straßen jenseits der »Hartmannstraße«. Wer denkt schon daran, daß diese Straße nicht nach dem berühmten Jagdflieger der Ostfront benannt ist. Namensgeber war sein Vater, ein bekannter und beliebter Arzt des Ortes, der 1952 verstarb, als Hartmann noch in russischer Kriegsgefangenschaft war. Hartmann trug eine blaue Jacke, Hosen und Sandalen. Seine Hände zitterten leicht. »Zu viele Zigaretten«, lächelte er. Auf die Frage, wie viele er täglich rauche, schätzte er vierzig bis fünfzig. Der Blick seiner blaugrauen Augen ist klar (seine Frau Usch Hartmann meinte, seine Augenfarbe hängt von der Art und Farbe seiner Kleidung ab). Seine Bewegungen sind locker und entspannt, getragen von innerer Ruhe. Wir drei, die wir uns schon seit Jahren kennen, nehmen an einem großen Glastisch Platz, der auf einem roten Orientteppich steht. Im Haus gibt es viel Grün, aber auch im Garten, den man durch ein großes Blumenfenster sehen kann. Rote Samtvorhänge harmonieren mit einer rötlichen chinesischen Lampe in einer Zimmerecke. (Hartmanns Vater nahm die Familie mit nach China, wo sie vier Jahre verbrachte; daher im Wohnraum die Erinnerungsstücke aus dieser Zeit.)

Hinter meinem Rücken befindet sich ein weißes Bücherregal, darin auch meine Bücher »Jagdflieger« und »Zweikampf im Himmel« sowie andere Kriegsliteratur. Eine Wendeltreppe führt hinauf zu Erichs Schreibtisch, der auf einer Art Galerie mit Balustrade steht. Usch meint, der Ruhestand fängt an, geschäftig zu werden: »Immer wieder klingelt das Telefon, und irgend jemand möchte ein Bild oder Autogramm haben, oder er will einfach einmal mit Erich sprechen. Und es sind so viele, die ein Bild oder Autogramm haben wollen. Sofern kein Rückporto beigelegt ist, können wir die Anfragen nicht beantworten.« Usch ist immer noch schlank und adrett. Sie hat schwarze Haare und dunkle Augen. Ihr Gedächtnis und ihr Interesse an den Dingen ist so stark mit Hartmann verbunden, ja ein Teil von ihm, daß sie fast unerläßlich ist, wenn man ein Interview oder Gespräch über vergangene Zeiten führen will. Sie weiß von Dingen, an die sich Erich nicht mehr erinnert. Sie hat alle seine Kriegsbriefe aufbewahrt und ist mit allem vertraut.

»Heute sprechen wir kaum noch über den Krieg«, sagt sie mir. Erich wirft ein: »Alte Kriegskameraden treffen sich natürlich dann und wann gerne. Aber dauernd das Gerede, wenn ich nur dieses oder jenes getan hätte, ist doch Zeitverschwendung. Wir sind am Heute, der Gegenwart und der Zukunft interessiert. Was vergangen ist, ist vergangen. Alles vorbei.«

Wir sprechen über gemeinsame Bekannte und den erst kürzlich verstorbenen Josef Jacobs, den großen Flieger aus dem Ersten Weltkrieg, den wir sehr schätzten. Es ist fünf Jahre her, seit ich Jacobs das letztemal gesehen habe. Der alte Pour le mérite-Träger, der noch mit Richthofen geflogen war, war bei bester Gesundheit. Er war seinerzeit in München mein Ehrengast, als ich zur Vorstellung meines neuen Buches »Zweikampf am Himmel« einen Empfang gab. Wenn ich doch nur an dem letzten Treffen der Pour le mérite-Träger, das ein paar Jahre später stattfand, hätte teilnehmen können. General Theo Osterkamp hatte mir eine persönliche Einladung geschickt. Zwischenzeitlich sind Osterkamp und Jacobs verstorben. Die letzten Jagdflieger des Ersten Weltkriegs werden nicht mehr lange leben, denn sie sind bereits Ende achtzig. (Erst ein paar Tage zuvor hörte ich in London, daß einer der Unvergessenen des Ersten Weltkriegs, der begnadete englische Jagdflieger, der Autor und Gentleman Arthur Gould-Lee, gestorben war. Ich hatte seine Frau Faye angerufen, und sie hat mir das dann mitgeteilt. Noch am selben Tage machte ich einen persönlichen Kondolenzbesuch.)

Hartmann ist stets sehr daran interessiert, wie fest entschieden Amerika ist, dem kommunistischen Expansionsbestreben Einhalt zu gebieten. Wie realistisch und krisenfest ist die US-Politik und ihre Entschlossenheit? Er kennt Rußland genau, denn er war zehn Jahre dort in Gefangenschaft. Und man spürt schnell, daß ihm vor dem Gedanken graust, Rußland könnte eines Tages die Bundesrepublik überrollen.

Dann wenden wir uns den Kriegsjahren zu. Ich bitte ihn, einmal seine hundert und aberhundert Einsätze vor seinem geistigen Auge vorbeiziehen zu lassen. Ist er viel über Wasser geflogen, oder gab es einen besonders interessanten Einsatz über See? Usch erinnert sich. In die nervenzermürbendste Zeit während des Krieges fällt ein weiter Flug übers Meer, den Erich und sein 1. Wart, Bimmel Mertens, gemeinsam erlebt haben: »Es war im Sommer 1944. Ich hatte zu Hause eine Landkarte, auf der ich den russischen Vorstoß gegen Sewastopol verfolgte. Ich wußte, daß Erich in diesem Raum war. Je näher die Russen vorrückten, um so mehr machte ich mir Sorgen. Es war die schlimmste Zeit für mich. In allerletzter Minute konnte er noch ausfliegen.«

Dazu Erich: »Ich mußte ausfliegen. Ich quetschte Bimmel und noch einen Mechaniker hinter mich in die einsitzige Me 109. Wir mußten von einem Platz bei Sewastopol quer über den Westteil des Schwarzen Meeres zu einem Platz nördlich von Constanza in Rumänien fliegen. Es klappte haarscharf. Wir kamen noch rechtzeitig aus dem Platz heraus, bevor die Russen den Platz einnahmen. Aber wir haben es geschafft – ich glaube, es war im Mai 1944.« Mehr als 350 Kilometer ging der Flug übers Meer. Er ist zugleich ein Zeichen für den Rückzug der Wehrmacht aus dem Südabschnitt der Ostfront im Jahre 1944.

Als wir so über den Einsatz am Schwarzen Meer sprachen, fiel Hartmann ein unvergeßlicher Einsatz über See ein, bei dem er fast sein Leben einbüßte. Das war genau ein Jahr vor dem Flug nach Rumänien, nämlich im Mai 1943. Um diese Zeit herrschte am Südabschnitt der Ostfront verhältnismäßige Ruhe. Die große russische Offensive, die zur Einschließung der 6. Armee bei Stalingrad führte, ebbte im Februar und März ab. Die Deutsche Wehrmacht schlug zurück und konnte Charkow wiedergewinnen – der Gegenschlag wurde von Feldmarschall Erich von Manstein geführt. Die drei Monate nach der Einnahme von Charkow brachten geringe Fronttätigkeit und eine gewisse Ruhe für die Truppe. Seinerzeit konnte Hartmann nicht wissen, daß das die letzte Periode relativer Ruhe an der Front gewesen ist. Entgegen der weitverbreiteten Ansicht war Deutschland nach den Ereignissen bei El Alamein und sogar bei Stalingrad noch keineswegs in die Defensive gezwungen. Viele Deutsche sehen den Juli 1943 als den Zeitpunkt an, an dem die Initiative verlorenging. In diesem Monat scheiterte die letzte Großoffensive der Wehrmacht an der Ostfront, das Unternehmen »Zitadelle«, unter schwersten Verlusten. Der Gegner hatte durch ›Ultra‹ – die Entzifferung deutscher Operationsbefehle durch die Engländer – rechtzeitig von den Vorbereitungen und Planungen erfahren. Sizilien wurde besetzt und Mussolini gestürzt. In diesem Monat traten bei Hitler wieder die Schlafstörungen und Schlaflosigkeit auf, an denen er bis zu seinem Ende leiden sollte. Die Katastrophen und Niederschläge begannen im Mai 1943. Die Achsentruppen kapitulierten in Tunesien. Der deutsche U-Boot-Krieg geriet ins Stocken, weil die eigenen schweren Verluste zu abnehmenden Versenkungszahlen führten. Davon wußte Hartmann an jenem Morgen des 8. Mai 1943 nichts (natürlich auch nicht ahnend, daß auf den Tag genau zwei Jahre später Deutschland bedingungslos kapitulieren sollte). Wer wußte schon, daß Mussolini sechs Wochen zuvor Hitler drängte, den Krieg im Osten zu beenden, oder daß Stalin, verärgert über die fehlende zweite Front in Europa, Friedensverhandlungen nicht abgeneigt gegenüberstand? Ein sowjetischer Diplomat soll Deutschland einen Hinweis gegeben haben, es könne Polen dafür als Siedlungsgebiet und Faustpfand behalten. aber Hitler trieb sein Pokerspiel bis zuletzt, was Hartmann zum Schicksal wurde – der Aufstieg zum ruhmreichen Jagdflieger und zehn Jahre Kriegsgefangenschaft!

Im Frühjahr 1943, in der letzten Ruhe vor dem Sturm an der Front, lag das JG 52, das erfolgreichste Jagdgeschwader der Luftwaffe im Zweiten Weltkrieg – mit über 10 000 Abschüssen bis Kriegsende –, im Süden der Ostfront. Die III. Gruppe, in der Hartmann war, lag auf dem Feldflugplatz Taman, nicht weit vom Schwarzen Meer und von der Halbinsel Kertsch auf der Krim. Taman war ein windgepeitschter, abgelegener Platz irgendwo in der Steppe. Die Funkmasten des Platzes überragten ein ausgedörrtes, sandiges Feld. Die Bunkerunterstände waren tief in den Erdboden getrieben und gut getarnt. Am Horizont eine Hügelkette. Weit auseinandergezogen standen blaugrau gestrichene Me 109 und andere Flugzeuge über den Platz verstreut. Feldgraue Zelte dienten als Staffelgefechtsstände. Das Geschwaderwappen des JG 52 prangte an gut sichtbarer Stelle auf einem Bunker nahe der Funkmasten.

Hartmann hatte seine Unterkunft in dem zwei Kilometer entfernt liegenden Ort Taman. Das Quartier war recht primitiv, aber immerhin noch das beste von allen. Er und einige andere Piloten teilten das einstöckige Haus mit einer russischen Familie. Sie schliefen alle in einem großen Raum, in dem es vor Flöhen nur so wimmelte. Hartmann pflegte seine Fliegerstiefel mit Flohpulver zu pudern, das störte die Flöhe aber gar nicht. Wie üblich standen die Flugzeugführer auch an jenem Morgen des 8. Mai 1943 früh auf, zogen sich an und ließen sich von einem Halbkettenfahrzeug in das Offiziersheim, das im Dorf lag, fahren. Von dort ging es weiter zum Flugplatz, wo man weitere Einsatzbefehle abwartete. Es war ein schöner, klarer Frühlingstag. Die Sonne stieg schnell über den Horizont in einen stahlblauen Himmel. Da die Luftlage nichts Besonderes erwarten ließ, war der Gruppenkommandeur, Günther Rall, auf Dienstreise.

Kritisch wurde es jedoch erst gegen 18 Uhr. Tags zuvor hatte Hartmann seinen 12. und 13. Luftsieg mit nach Hause gebracht – eine Lagg-3 und eine Lagg-5. Der junge Jagdflieger stand am Beginn seiner Karriere als aufsteigender Stern, obwohl schon das vierte Kriegsjahr sich neigte. Wer nicht zum Bereitschaftsdienst eingeteilt war, spielte an jenem Vormittag Karten, döste herum oder unterhielt sich mit anderen. Nach dem Mittagessen war Hartmann einer von denen, die einen kurzen Flug machten. Der Nachmittag verlief ruhig.

Bei klarem Himmel und tiefstehender Sonne schien alles so friedlich. Mit einem Male das Dröhnen von Motoren . . . es wurde immer lauter! Jeder suchte sofort Deckung. Sechs oder acht grüngestrichene Schlachtflugzeuge vom Typ IL-2 *Stormowik* kamen am Nordrand des Platzes im Tiefflug daher. Diese Schlachtflugzeuge hatten die deutschen Heerestruppen das Fürchten gelehrt. (Zwei Monate später, während des Unternehmens »Zitadelle«, sollen viele dieser IL-2 in Entfaltung begriffene Panzer der 9. Panzerdivision überrascht und angeblich innerhalb von dreißig Minuten neunzig davon abgeschossen haben!) Als Hartmann diese graugrünen

Feindflugzeuge über den Platz rasen sah, hatte er nur einen Gedanken: Nichts wie hinterher! Mertens muß denselben Gedanken gehabt haben. Denn bevor der Motorenlärm zu schwinden begann, rannten er und Hartmann bereits auf eine blaugrau gespritzte Me 109 G-14 zu. ›Bimmel‹ und ein Mechaniker bremsten schon den Motor ab, als Hartmann auf die Tragfläche sprang und sich in den Führersitz zwängte. Auch andere Piloten rannten zu ihren Maschinen. Innerhalb von Sekunden wirbelte Sand auf und wurde nach hinten geblasen, als die deutschen Jäger über die Steppe brausten, abhoben und nach Süden den langsamer fliegenden Bombern nachsetzten. Die Russen hatten bei ihrem blitzartigen Überfall nur ihre Bordwaffen eingesetzt und die Bomben irgendwo anders abgeworfen. Der in Taman angerichtete Schaden war gering. Nun hatten sie Kurs auf das Schwarze Meer genommen. Doch die Me 109 folgten ihnen mit voller Pulle. Die Jagdflieger wollten es jetzt wissen und hasteten voller Entschlossenheit hinterher.

Hartmann war einem etwas zurückhängenden feindlichen Zweisitzer am nächsten. Innerhalb von Minuten konnte er genau das Gesicht des Heckschützen erkennen. Sein MG war auf Hartmann gerichtet. Die Me 109 näherte sich schnell. Da Hartmann ohne Klappen gestartet war, gewann er nur langsam an Höhe. Die IL-2 duckten sich gleichsam an die Erdoberfläche. So schnell war Hartmann bisher noch nie gestartet und in die Luft gekommen. Aber jetzt, über dem Schwarzen Meer, legt er ein paar kleine Korrekturen an, um die *Stormowik* richtig ins Visier zu bekommen. Sie wächst in den Zielkreis hinein. Auch die anderen Me 109 schlossen auf die Feindbomber auf, während sich die Sonne dem Horizont zuneigte. Etwas von unten schob sich Hartmann heran, war in günstiger Schußentfernung und eröffnete das Feuer mit seinen 2-cm-Bordkanonen und den zwei 7,92-mm-Bord-MG. Es war ein betäubender Lärm, als die Bordwaffen losknatterten und der 1150-PS-Daimler-Benz-Motor in Vollast drehte. Hartmann hatte Treffer beobachtet. In jeder Sekunde rechnete er mit seinem 14. Luftsieg.

Plötzlich füllte blauer Rauch die Kabine. Er konnte das Ziel vor sich kaum noch sehen. Der Motor hatte Aussetzer. Er lief immer unrunder. Verdammt, gerade jetzt mußte das passieren, ging es Hartmann durch den Kopf. Er kurvte nach einer Seite, um besser sehen zu können. Der Rauch verdichtete sich, und die Triebwerkinstrumente zeigten an, daß der Motor schon überhitzt war. Er schaltete ihn sofort ab, um einen Motorbrand zu verhindern. Kein Motor mehr. Und das über See! Hartmann kurvte nach Norden, in Richtung auf Taman. Würde er es bis dahin schaffen? Bei abgestelltem Motor wurde die Rauchentwicklung schwächer. Zu seinem Glück war es nicht derselbe Motorfehler, dem sieben Monate zuvor der »Stern von Afrika« zum Opfer fiel. Hans-Joachim Marseille war damals auch mit einer Me 109 im Einsatz. Der Motor fing Feuer. Die Rauchentwicklung in der Kabine war so stark, daß Marseille unbedingt aussteigen mußte. Aber er befand sich noch über englischen Linien. In dem verzweifelten Versuch, solange in der verqualmten Maschine auszuhalten, bis er eigene Linien erreicht hatte, wartete Marseille einige Sekunden zu lange. Als er seine Maschine auf den Rücken legte, um sich herausfallen zu lassen, muß er ohnmächtig gewesen sein. Wie dem auch gewesen sei, er schlug mit dem Körper ans Seitenruder und brach sich das Kreuz. Man fand ihn sehr bald im Wüstensand von Nordafrika. Der Fallschirm war nicht geöffnet. Der brennende Motor einer nagelneuen Me 109 führte zu diesem Verlust für die Luftwaffe und für Deutschland. Jetzt kämpfte Hartmann, dem das Schicksal vorgab, an der Ostfront zu Deutschlands größtem Jagdflieger aufzusteigen, wieder in einer nagelneuen Me 109 mit brennendem Motor um sein Leben. Und er hatte zuwenig Höhe, um zu gleiten. Ihm wurde klar, daß er es bis zur Küste nicht mehr schaffen würde. Nur ein paar Kilometer noch fehlen bis zur rettenden Küste von Kertsch, die sich in der Ferne abzeichnet. Er versuchte, Höhe zu halten, näherte sich aber der Abreißgeschwindigkeit der Strömung, so daß er die Flugzeugnase andrücken mußte. Er sieht weiße Schaumkronen auf den Wellen. Das Wasser kam immer schneller auf ihn zu. Alles spielte sich rasend schnell ab. Hartmann wußte, daß ein Fallschirmabsprung nicht mehr in Frage kam. Er war zu tief. Er wird eine Notwasserung machen müssen. Die Fahrtanzeige stand jetzt auf 150 km/h. Er überprüfte noch einmal die Sitzgurte, zurrte sie fest und stützte sich gegen den Aufschlagschock ab. Durch die Frontscheibe kam die Wasseroberfläche auf ihn zu. Wumm! Die Me 109 knallte auf die meterhohen Wellen und schlitterte über die Kämme hinweg. Sie überschlug sich nicht, sondern rutschte ins Wasser bis zum Halt. (Es bestand immer die Gefahr, daß bei Notlandungen und Notwasserungen die Maschine sich überschlug und den Piloten unter sich begrub.) Hartmann schob das Kabinendach zurück, löste in aller Eile das Gurtzeug, kletterte aus der Kanzel auf die linke Tragfläche, die noch nicht untergegangen war. Er wunderte sich, daß die Maschine mit dem schweren Motor so gut schwamm. Ihm wurde aber auch ganz klar, daß ihm bis zum Einbruch der Dunkelheit nicht mehr viel Zeit blieb, denn es war schon nach 18 Uhr. Aber die Me 109 schwamm noch, so daß sich Hartmann die Muße nehmen konnte, erst einmal seine Lage zu beurteilen. Was tun? Die Maschine hatte sich gesetzt, und es war nur noch eine kurze Spanne, die ihm blieb, bis er im Wasser liegen würde. Zum Glück hatte er seine Schwimmweste angelegt. Aber würden sie ihn in der Dunkelheit überhaupt finden? Er entschied sich, seine Stiefel anzubehalten, denn sie waren teuer und nicht zu ersetzen. Sie würden zwar Wasser aufnehmen und schwer werden, aber seine Schwimmweste wird ihn schon über Wasser halten. Die Maschine begann schnell zu sinken, als sich Tragflächen und Rumpf mit Wasser füllten. Während die Fläche versank, waren seine Füße bereits im Wasser. Er sprang ins Wasser, um nicht in den Strudel des sinkenden Jagdflugzeuges zu geraten. Das Wasser war in den frühen Maitagen recht kalt. Er versank erst einmal bis zum Hals, weil seine Kleider und Stiefel so schwer waren. Seiner Schätzung nach mußte es jetzt gegen 18.30 Uhr sein, und es dunkelte schon. Niemand hatte seine Position überflogen, ihm zugewunken oder eine Markierung abgeworfen. Er war nur ein sehr kleiner Punkt in hochgehender See. Er vertraute auf das gelbe Markierungspulver, das der Notkapsel entströmte und seine Position markierte. Ob es in der Nacht überhaupt sichtbar ist, wird er die Nacht überleben, wenn sie ihn nicht mehr nachts finden?

Zwei oder drei Feindbomber waren abgeschossen worden, aber nicht sein Ziel. Er macht sich Gedanken, ob ihn wohl seine Kameraden beobachtet haben, wie er aufs Wasser niederging. Während er in den Wellen auf- und abschwappte, konnte er gelegentlich ein Schiff in Ufernähe sehen, das dort herumfuhr. Vielleicht das Seenotboot von Kertsch? Hat es vielleicht seine Notwasserung beobachtet? Es sieht nicht so aus, denn das Boot kam nicht näher. Es herrschte absolute Stille. Gelegentlich hörte er zurückfliegende Flugzeuge, aber sie werden ihn in der bewegten See nicht entdekken können. Jetzt müßten sie alle wieder in Taman gelandet sein. Was werden seine Kameraden denken? Mag sein, sie sehen in seinem 13. Luftsieg ein schlechtes Omen. Sollte es sein letzter Abschuß gewesen sein? Oder wußten sie, daß er nur einen Kilometer vom Seenotboot entfernt im Wasser lag?

Wie immer in seinem Leben, Hartmann bewahrte die Ruhe und ließ Panik gar nicht aufkommen. Er wußte, daß er in einer kritischen Lage war, aber irgendwie wird es sich schon fügen, daß man ihn finden und retten wird. Er klammerte sich an diese optimistische Einstellung, selbst als es immer dunkler wurde und er nur das Klatschen der Wellen um sich herum hörte. Die einsame Stille fand keine Unterbrechung, je tiefer er in die Nacht hineinkam. Seine Fliegeruhr war stehengeblieben. Die genaue Uhrzeit wußte er nicht mehr, aber er mußte schon über eine Stunde lang im Wasser gelegen haben. Und keiner war in seiner Nähe, wenngleich er dann und wann, wenn ihn die Wellen hochhoben, das Seenotboot sehen konnte. Das gab ihm neue Hoffnung und machte ihm Mut. Das Seenotboot hatte sein Suchen noch nicht aufgegeben. Warum läuft es nicht auf mich zu, wo ich doch nur etwa einen Kilometer vor der Küste liege? Es wäre schon ein starkes Stück, nicht im küstennahen Gewässer gefunden zu werden, so nahe, daß er seine möglichen Retter und die Lichter der Küste sehen kann.

Die Nacht war frisch und klar, die Sterne funkelten über dem Schwarzen Meer. Und er wartete und hing in seiner Schwimmweste im Wasser. Das gelbe Signalpulver hatte sich um ihn herum im Wasser gelöst. Er hatte keine Lampe dabei, wie wichtig wäre sie ihm jetzt. Alle Flieger, die über See Einsätze durchführen, haben eine kleine Lampe dabei, die bei Wasserberührung automatisch zu leuchten beginnt. Hartmann flog normalerweise keine Einsätze über dem Wasser, denn die Deutschen beherrschten das Schwarze Meer vollkommen. Beim Alarmstart am Nachmittag hatte er an diese Vorsichtsmaßnahme nicht gedacht. Nur das Markierungspulver hatte er dabei, das bei Nacht nicht gerade das geeignetste Mittel ist. Wenn das Seenotboot einen Suchscheinwerfer einsetzen würde, könnte es in dunkler Nacht den gelben Farbfleck im Wasser überhaupt sehen? All diese Gedanken gingen ihm durch den Kopf.

Eine weitere Stunde war verstrichen. Seit zwei Stunden lag er im Wasser, und die Kälte kroch langsam in ihm hoch. Seine Bewegungen wurden bleiern. Aber er gab die Hoffnung nicht auf. Er konnte nicht abschätzen, ob er an Land oder aufs offene Meer trieb. Dann und wann konnte er das Seenotboot oder die Lichter an Land flüchtig sehen. Er glaubte, das Boot käme näher. Oder redete er sich das nur ein? Er sträubte sich gegen das Gefühl, das Boot nähere sich, bevor er nicht ganz sicher sein konnte. Nach einigen Minuten sah er, daß das Boot tatsächlich auf ihn zulief. Also doch! Das Wichtigste war jetzt für ihn, sich bemerkbar zu machen, sobald das Boot bei seinem Suchmanöver in seine Nähe kam. Flüchtig erkennen konnte er es nur, wenn sein Kopf von den Wellen hinaufgetragen wurde. Stetig nahm das Boot Kurs auf ihn. Es hatte einen Suchscheinwerfer, der in einiger Entfernung über das Wasser strich. Werden sie ihn finden? Werden sie den Signalfarbstoff auf der Wasseroberfläche entdecken? Seine innere Anspannung steigerte sich, als er drauf und dran war, diese Chance unter allen Umständen zu nutzen – die Chance zu überleben und wieder fliegen zu können.

Stetig schob sich das Boot heran. Es war schon so nahe, daß er seine Umrisse und Lichter genau erkannte, sogar Stimmen hörte. Aber die Seemannschaft sah ihn nicht. Obwohl bereits geschwächt, machte er soviel Lärm, wie in seinen Kräften stand. Doch er war ja nur ein kleiner Punkt in hochgehender See. Der Suchscheinwerfer erwischte einen kleinen Zipfel der vom Farbstoff gelbgefärbten Wasseroberfläche, was die Retter tatsächlich orteten! Das Boot drehte bei und folgte der Spur. Irgend jemand sah ihn im Wasser mit letzter Kraft heftig winken. Ob man sein lautes Rufen gehört hat, wußte er nicht. Jetzt lief der Bug des Seenotbootes genau auf ihn zu. Helfende Hände machten sich bereit, ihn aus dem Wasser zu ziehen. Ein wunderbares Gefühl der Entspannung befiel ihn. Er spürte jetzt erst, wie angespannt und ausgekühlt er war. Vorher wollte er sich nicht eingestehen, wie geschwächt er wirklich schon war.

Die Retter hievten ihn an Bord und begrüßten ihn auf derbe Seemannsart. Alle waren sehr freundlich zu ihm, er kannte aber niemanden. Es war kurz vor 21 Uhr. Hartmann wußte, daß viele der III. Gruppe in Taman ihn schon als Vermißten abgeschrieben hatten. Es schien eine Ewigkeit, bis das Boot die anderthalb Kilometer zurückgelegt hatte. Hartmann fühlte sich wohl, und warme Getränke brachten ihn wieder auf die Beine. An Land bedankte er sich bei seinen Rettern und fuhr dann mit einem Wagen zurück zu seinem Feldflugplatz. Um 22 Uhr meldete er sich im Staffelgefechtstand zurück, zwar noch mit triefenden Kleidern, aber in bester Stimmung. Seine Kameraden bereiteten ihm einen stürmischen Empfang. Trockene Sachen, Tee und Cognac wärmten ihn auf. Das kalte Wasser hatte der Fliegeruhr den Garaus gemacht – Erich Hartmann jedoch nicht.

Diese Rettung aus Seenot und vielleicht die Notlandung hinter russischen Linien drei Monate später zählen zu den gefährlichsten Augenblicken in Hartmanns militärischem Leben, wo er dem Tode knapp entronnen ist. Hätte man ihn in jener Nacht nicht retten können, kaum jemand würde den Namen Erich Hartmann heute kennen. In der Luftwaffe waren dreizehn Abschüsse an der Ostfront nichts Außergewöhnliches. Gerhard Barkhorn sollte es auf 301 und der gemeinsame Gruppenkommandeur Günther Rall auf 275 Abschüsse im Verlaufe des Krieges bringen. Als er drei Monate später, am 20. August 1943, abgeschossen und gefangengenommen wurde, hatte Hartmann inzwischen 90 Luftsiege. Wäre er zu jener Zeit gefallen, so hätte man dann schon gesagt, er wäre ein junger, hoffnungsvoller Jagdflieger der Luftwaffe gewesen. Er wäre aber nie zum größten Jagdflieger der Luftkriegsgeschichte geworden. Seine damalige Abschußzahl hätten andere bald überrundet.

Was rettete am 8. Mai sein Leben? Vielleicht war es der Entschluß, den Motor sofort abzustellen, nachdem sich die Kabine mit Rauch zu füllen begann. Marseille hatte über Ägypten genug Höhe, um weiterzufliegen. Bei Hartmann war das anders. Als der Motor Feuer fing, hätte Hartmann aus geringster Höhe abspringen müssen, wobei er sich beim Absprung oder bei der Notwasserung mit brennender Maschine sicher tödliche Verletzungen zugezogen hätte. Dieser Entscheidung sah sich zwei Tage später auch einer der Kameraden von Hartmann gegenüber. Nachdem sein Motor Feuer gefangen hatte, sprang der stellvertretende Gruppenkommandeur Ehrenberg über der Straße von Kertsch in Küstennähe mit dem Fallschirm ab. Wo er aufkam, war das Wasser nur schultertief. Ehrenberg ertrank. Sein Flugzeug hatte so viele Treffer erhalten und brannte so heftig, daß er sofort abspringen mußte. Auch Hartmanns einstiger Staffelkapitän, Walter Krupinski, mußte sich in ähnlicher Lage entscheiden. Zum Glück brannte seine Maschine nicht, er konnte sie am Strand auf den Sand setzen. Die Küste war sonst felsig und voller Tücken. So half der Sandstrand Krupinski zu überleben – und nach dem Kriege eine neue Karriere in der Luftwaffe aufzunehmen, die jetzt eingebunden war in eine Demokratie und in ein westliches Bündnis. (Als Deutschland 1945 kapitulierte, hatte Krupinski 196 Abschüsse erzielt.). Ehrenberg war in 500 Meter Höhe ausgestiegen, um dem beißenden Qualm zu entkommen. Er hat sich wahrscheinlich im Wasser im Fallschirm verheddert. Als man den zuerst sichtbaren Fallschirm aus dem

Wasser barg, hing er noch in den Gurten. Die Ärzte konnten an ihm keine Verletzungen feststellen.

Lange blieb Hartmann nicht mehr in Taman. Knapp zwei Monate später verlegte man die Gruppe nach Norden, um im Rahmen der letzten deutschen Großoffensive eingesetzt zu werden. Vom neuen Platz Ugrim starteten die Jagdflieger täglich zu ihren Einsätzen. Hartmann schoß dort innerhalb von zwölf Tagen 22 feindliche Maschinen ab. Ein erstes spektakuläres Anzeichen dafür, daß er eines Tages zu den großen Jagdfliegern der Luftwaffe gehören würde.

1982, gerade 60 Jahre alt, sprach Hartmann nur selten über die turbulenten, triumphalen oder katastrophalen Tage, die er und Deutschland im Kriege haben mitmachen müssen. Eines Abends desselben Jahres saßen wir drei, Erich, Usch und ich, bis in die frühen Morgenstunden beim Gespräch zusammen. Hartmann wies warnend auf die vorzügliche ostdeutsche Volksarmee hin. Wie gut die bundesdeutsche Luftwaffe ist, weiß er nicht genau, denn er ist schon seit Jahren nicht mehr aktiv und lebt im Ruhestand. Aber er warnt den Westen davor, Ostdeutschland und die Russen keinesfalls zu unterschätzen. Ihnen gegenüber empfindet er beachtlicherweise keine Haßgefühle. Er erinnert sich daran, daß der Durchschnittsrusse, sogar russische Wachposten in den Lagern, ihm und anderen Mitgefangenen oft voller Sympathie und Mitgefühl begegneten. Als Ergänzung dazu schilderte er: »Nach dem Kriege wurden viele Soldaten der Division ›Groß-Deutschland‹ als Kriegsgefangene in Rußland in der Stadt interniert, die sie während des Krieges besetzt gehalten hatten. Viele Russen schafften es irgendwie, die Gefangenen zu sich einzuladen, und sie halfen ihnen auf unzählige Art und Weise. – Als wir in Rußland einmarschierten, wurden wir vom Volk begeistert begrüßt. Die nachfolgenden politischen Volksvertreter machten alles wieder zunichte.«

Würde er zu Hause bleiben, wenn die Russen nach Westdeutschland einfallen würden? Hartmann glaubt, er würde schon bleiben, denn er beherrscht ihre Sprache und könnte mit ihnen zurechtkommen. Er mag gar nicht daran denken, seinen Geburtsort und seine Heimat zu verlassen. Vielleicht würde er nach Amerika gehen, so meint er, das er während seiner Dienstzeit in der Bundesluftwaffe oft besucht hat. Aber im Grunde genommen führt er ein ruhiges, friedvolles Leben, und er ist fast das ganze Jahr über zu Hause, so daß er zögern würde, alles aufzugeben. Nein, heute würde er auf kein Wild oder keinen Vogel anlegen. Er merkt an, daß der Krieg so voller Ironie und Widersprüche ist: »Im Krieg bekam ich von meinem Land die Brillanten zum Ritterkreuz mit Eichenlaub und Schwertern verliehen und wurde dafür gefeiert, 352 Flugzeuge abgeschossen zu haben. Die nächste Regierung sagt, der Krieg ist etwas Kriminelles, ein Verbrechen.« Er spricht noch eine Binsenwahrheit des Krieges an: »Einmal abgesehen von den Massenmorden, die Verbrechen, die die Siegermächte begangen haben, die sind doch heute vergessen. Nur die vom Verlierer begangenen Verbrechen werden als Verbrechen und Kriegsverbrechen bezeichnet.« Trotz all dieser philosophischen Gedanken und Betrachtungen hat Hartmann einen guten Humor bewahrt und fügt sich in sein Schicksal. Auch Usch hegt gegenüber den ehemaligen Feinden ihres Mannes keine verbitterten Gefühle: »Überall auf der Welt sind doch alle Jagdflieger gleich.«

Beide heirateten 1944 und hatten nur wenige Tage für sich allein bis zum Kriegsende. Erich Hartmann ergab sich den amerikanischen Streitkräften, die ihn unverständlicherweise später an die Russen auslieferten und ihm versicherten, die Russen würden ihn als Kriegsgefangenen ordnungsgemäß behandeln! Das kostete ihn zehn Jahre seines Lebens. Dennoch ist er nicht verbittert. Das Ehepaar Hartmann hat eine inzwischen junge Dame zur Tochter. Erich bemerkt dazu: »Weißt du, sie ist immer noch unsere Kleine. Jede Generation ist anders, und sie wächst in eine andere Welt hinein.«

Wenn er so auf den Krieg zurückschaut, bewundert er den verstorbenen Gerhard Barkhorn, der dem Leser in Kapitel 1 vorgestellt wurde. Barkhorn stand auf Rang zwei der besten Jagdflieger der Luftwaffe des Zweiten Weltkriegs. Er hatte 301 Luftsiege, 51 weniger als Hartmann. Kein anderer kam so nahe an die Abschußerfolge von Hartmann heran.

Nach einem guten Essen in einem beliebten Speiselokal kehrten wir in sein Heim zurück. Wir blickten hinaus in den Garten, wo ich ein Schiebedach über dem beheizten Schwimmbad bemerkte. »Das habe ich selbst gebaut«, sagte Hartmann. Ich zweifelte nicht daran, daß ihm das gelang, was er sich einmal in den Kopf gesetzt hatte.

Je mehr zeitlicher Abstand zum Ende des Zweiten Weltkriegs erreicht wird, um so mehr findet Hartmanns Abschußerfolg von 352 Luftsiegen Anerkennung. Er kam erst an die Front, als die

Tage der verhältnismäßig leicht zu erringenden Abschüsse schon vorbei waren. Er erzielte seine überragenden Luftkriegserfolge innerhalb von zwei Jahren, während viele seiner Kameraden schon doppelt so lange an der Front waren. Wahrscheinlich hätte Hartmann noch mehr erreichen können, wäre er nicht gegen seinen Willen mehrmals von der Front abgezogen worden.

Die Russen wußten um die Gefahr und die außergewöhnlichen Fähigkeiten dieses Mannes, denn sie setzten einen Kopfpreis von 10 000 Rubeln auf den sogenannten »Schwarzen Teufel« aus. Sie hatten ihn schon einmal im Kriege in ihrer Hand. Es war am 20. August 1943, als er hinter den feindlichen Linien notlanden mußte. Hartmann täuschte so geschickt Verletzungen und Schock vor, daß er seine Bewacher überraschen konnte und plötzlich von dem Fahrzeug sprang, das ihn ins rückwärtige Gebiet transportieren sollte. In einem Sonnenblumenfeld versteckte er sich und schlug sich in einem Tag und einer Nacht bis zu den eigenen Linien durch. Den Weg durch die Front fand er nur, weil er den Spuren eines russischen Spähtrupps folgte! Dieses Selbstbewußtsein und Anpassungsvermögen waren das Geheimnis und der Schlüssel für Hartmanns Überleben. In ihm vereinigten sich die seltenen Fähigkeiten von Vorsicht, geschickter Taktik, kühlem Kopf, außergewöhnlicher fliegerischer Begabung, guten Augen und hervorragenden Schießleistungen. Ihm konnte es keiner gleich machen. Und dennoch läßt ihn das ganz unberührt. Was er als Jagdflieger im Luftkrieg erreicht hat, wird sich mit Sicherheit in der Geschichte des Luftkriegs nicht wiederholen. Heute gibt es weniger Flugzeuge, sie sind hochtechnisiert und verfügen über die verschiedensten Arten von gelenkten Flugkörpern.

Die Art und Weise, wie Hartmann sich im Luftkampf bewegte und kämpfte, ist unwiederbringliche Geschichte. Diese Tage sind ein für allemal vorbei. Hartmann glaubt nicht, daß die Zeit der Jagdflugzeuge, auch der einsitzigen Jagdflugzeuge, vorbei ist: »Man behauptet heute, in modernen Jägern benötige man zwei Mann als Besatzung. Dem stimme ich nicht zu. Ein Mann ist besser. Zwei Mann machen die Sache zu kompliziert. Zwei Augen, zehn Finger und ein Kopf – das ist immer noch das Beste.«

KAPITEL 8

Schröer – B-17 überm Mittelmeer

Während der vielen Jahre, in denen sich Luftfahrthistoriker mit den bekanntesten der großen Jagdflieger beschäftigten, blieben dennoch einige der großen Könner und Experten verhältnismäßig unbeachtet. Einer davon ist Werner Schröer, der 1985 starb. Seine Leistungen zählen in mancher Hinsicht zu den interessantesten von allen Jagdfliegern der Welt. Ein Teil der Erklärung mangelnder Beachtung mag darin begründet sein, daß Schröer viele Jahre nach dem Kriege in Rom lebte. Daher hatten Schriftsteller, die nach Deutschland reisten, nie Gelegenheit, ihn kennenzulernen. Als ich noch in London wohnte, hatte ich in den sechziger Jahren einmal ein Gespräch mit einem englischen Historiker, der mir über Schröer sagte: »In gewisser Hinsicht ist Schröer der interessanteste von den noch lebenden deutschen Jagdfliegern. Er ist ein sehr angenehmer und gebildeter Mensch.« Der deutsche Luftwaffenkenner Hans Ring bestätigte mir dies. Ich war fest entschlossen, Schröer kennenzulernen. Während ich von 1961 bis 1965 in Deutschland lebte, und auch bei meinen späteren Besuchen in Deutschland, war Schröer stets in Rom. Wenn er einmal in Deutschland war, war ich mit Sicherheit beruflich unterwegs. Endlich, Anfang der siebziger Jahre, führte mich der Weg zu ihm in sein Haus in Ottobrunn vor den Toren Münchens. Mein Eindruck deckte sich mit dem meiner Historikerfreunde. Ich hatte es mit einer Jagdfliegerpersönlichkeit zu tun, deren Leistungen in der Tat einmalig sind. Er ist einer der acht deutschen Jagdflieger, die mehr als 100 Luftsiege gegen englische und amerikanische Gegner erzielt haben. Er flog sowohl im Westen als auch in Nordafrika, wo er nach Hans-Joachim Marseille die meisten Abschüsse hatte. Von den sechs besten Jagdfliegern, die gegen Westalliierte kämpften, hat Schröer von den heute noch Lebenden mit 114 Abschüssen die meisten. Kurt Bühligen hat 112 und Adolf Galland 104. Nur drei, die nicht mehr leben, hatten zu ihrer Zeit mehr Abschüsse im Westen: Marseille (158), Heinz Bär (124) und Joachim Müncheberg (102).

Man könnte annehmen, daß Schröer für diese hohe Abschußzahl mindestens 400 bis 500 Einsätze fliegen mußte. (Der beste Jagdflieger, Erich Hartmann, erzielte seine 352 Abschüsse auf insgesamt 1400 Feindflügen.) Schröer benötigte nur 197 Feindflüge für seine 114 Luftsiege! Darin sind allein 26 viermotorige Bomber enthalten. Zum Vergleich dazu die Anzahl der Feindflüge von anderen großen Jagdfliegern, die vornehmlich im Westen ihre Luftkampferfolge erreichten: Marseille (383), Bär (1000), Bühligen (700), Galland (425), Müncheberg (500), Mayer (353) – der auch 102 Abschüsse im Westen erzielte. Daraus kann der Leser ersehen, daß Schröer pro Feindflug am meisten Abschußchancen in Luftsiege umgesetzt hat. Ein weiterer Jagdflieger mit mehr als 100 Abschüssen im Westen war Josef Priller (in 307 Feindflügen 101 Abschüsse, davon 11 viermotorige Bomber). Mayer und Müncheberg sind im Krieg gefallen. Bär und Priller überlebten zwar den Krieg, verstarben aber und wurden, von der Öffentlichkeit kaum beachtet, zu Grabe getragen. (Bär stürzte 1957 mit einem Sportflugzeug in Braunschweig ab und Priller starb 1961 in Augsburg.) Bär wäre aufgrund seiner Persönlichkeit und seines Werdegangs ein außergewöhnliches Thema für ein Buch gewesen. Mit 16 Luftsiegen in der Me 262 lag er an der Spitze aller Jagdflieger, die in diesem Düsenflugzeug noch zum Einsatz kamen. Auf allen deutschen Kriegsschauplätzen hatte er Erfahrungen gesammelt und Abschüsse erzielt: 96 im Osten, 45 in Nordafrika und 79 im Westen. Einen Charakterzug seines Wesens findet man in dem Buch »Die Ritterkreuzträger des Zweiten Weltkriegs« (Ernst Obermaier) in dem Satz wiedergegeben: »Sein Charme und sein Witz bleiben unvergessen.« Der Autor bedauert es zutiefst, daß er Männer wie Bär und Mayer, die sich großer Beliebtheit erfreuten, und andere, die im Westen zuerst die magische Grenze von 100 Abschüssen durchstießen, nicht mehr sprechen konnte. Priller starb nur Monate, bevor ich mich 1961 für vier Jahre in Deutschland niederließ. Auch Müncheberg, dieser beliebte Mann, wäre an sich ein Buch wert gewesen. Wie Bär hatte auch er als Jagdflieger und Truppenführer Charme und Charisma. Soweit zu den großen Jagdfliegern der deutschen Luftwaffe im Westeinsatz.

Zum Glück stand der deutsche Jagdflieger, der im Westen das beste Abschußergebnis im Verhältnis zu den dafür erforderlichen Feindflügen aufwies, bis 1985 zur Verfügung, um seine Erfahrungen mitzuteilen. Ich nahm 1972 als Gast an dem jährlich stattfindenden internationalen Treffen der Testpiloten teil, als ich schließlich Schröer kennenlernen durfte. Erst kurz davor hatte er seinen Wohnsitz von Rom wieder nach Deutschland verlegt. Es dauerte noch bis 1978, bis wir uns zu einem Gespräch zusammenfanden, in dem wir uns über seinen Werdegang unterhielten und einen seiner interessantesten Feindflüge durchgingen. Schröer hatte viele Flüge von Frankreich, Nordafrika, Rhodos, Griechenland und Kreta aus über See durchgeführt. So fiel es ihm im Sinne meines Buchprojektes nicht schwer, einen Feindflug herauszusuchen.

Als ich nach unserem Zusammentreffen in München an diesem Buchmanuskript zu arbeiten begann, mußte Schröer sich wegen einer Herzoperation (dreifacher Bypass) in eine Klinik begeben. Ich hatte zufällig in München zu tun und konnte ihn an einem Sonntagnachmittag im Jahre 1979 noch vor der Operation im Krankenhaus besuchen. Ich kam bewußt früher als seine Frau und sein Sohn, weil wir ja über den Luftkrieg sprechen wollten. Ich legte ihm sehr nahe, er solle doch ein Buch über seine Kriegserfahrungen und seine fliegerischen Erfolge schreiben, solange er während der Rekonvaleszenz nach der Operation noch Zeit und Ruhe findet. Es war im September, und wir gingen im Garten hinter dem großen Klinikkomplex unter alten Laubbäumen, die schon herbstliche Farben hatten, spazieren. Wir hielten inne und setzten uns auf eine Bank. Ich ließ nicht locker, und bat Schröer, doch unbedingt seine Memoiren zu schreiben. Mit seinem typischen Lächeln sagte er mir mit leiser Stimme: »Ich glaube kaum, daß in Deutschland heutzutage an diesen Dingen viel Interesse besteht.« Dem stimmte ich nicht zu und wies darauf hin, daß im Ausland und auch in Deutschland durchaus beträchtliches Interesse vorhanden ist. »Wir Jagdflieger waren alle sehr jung, als der Krieg begann«, sagte er. »Wir hatten mit Politik und Aktionen des Staats nichts zu tun. Wir waren junge, vaterländisch denkende Männer, die ihre Pflicht erfüllten, wie es seit Jahrhunderten alle jungen Männer taten. Das wäre ein schönes Thema, worüber man schreiben sollte.«

Schröer lächelte wieder und meinte, vielleicht wird er mit einem anderen Jagdflieger zusammen ein Buch schreiben. Ich sagte ihm, kaum jemand habe soviel Erfahrungen und Kriegserlebnisse wie er. Wenn zwei ein Buch schreiben wollten, müßten es auch zwei Bücher werden, denn das Marktinteresse dafür wäre groß. Das war Ende des Sommers 1979, an einem heißen und schwülen Sonntag und Welten entfernt von den schweren und zehrenden Tagen in den Jahren des Krieges von 1939 bis 1945. Mit 61 Jahren war Schröer ergraut, sein Haar war schon etwas licht. Wie in den Jahren als junger Jagdflieger sah er ruhig, gefaßt und tapfer der Operation entgegen. Am Vorabend des Eingriffs gingen seine Gedanken zu den Söhnen. »Sie können es gar nicht fassen, daß ich über die Kriegsverbrechen nichts wußte«, lächelte er in seiner Art. »Sie antworteten mir nur, du mußt es doch eigentlich gewußt haben! Ich erklärte ihnen, daß ich darüber überhaupt nichts erfahren und gewußt habe.«

Eines Tages werden Schröers Söhne und all die anderen jungen Deutschen erkennen, wie naiv es ist anzunehmen, daß die kämpfende Truppe und die Flieger an der Front etwas von Kriegsverbrechen gewußt haben könnten, die im Geheimen irgendwo hinter den Linien begangen wurden. Sogar die Geheimdienste und Abwehrstellen der Alliierten hatten nur vage Vorstellungen, was sich tatsächlich ereignete, obwohl sie überall in Deutschland ihre Agenten und Spione hatten, die hinter diesen Dingen her waren. Wie sollten dann unbefangene junge Männer, die an der Front um ihr Leben kämpften und auf Informationen einer gelenkten Zensurpresse angewiesen waren, darüber etwas wissen? Selbst wenn sie Gerüchte über Verbrechen gehört hätten, so hätten die meisten das einfach nicht geglaubt. Die vom Propagandaministerium gelenkten Medien hätten das verleugnet. Hoffen wir, daß die Söhne von Persönlichkeiten wie Schröer nie gezwungen sein werden, eine derartige Zeit durchmachen zu müssen. Das wird es sicherlich gar nicht geben, denn heute gibt es in Deutschland Pressefreiheit und eine offene Gesellschaftsform, und der Staat ist lange nicht so mächtig wie in den Jahren 1939 bis 1945. Gäbe es tatsächlich eine Zeitmaschine oder etwas ähnlich Futuristisches, so sollten die jungen Deutschen von heute sich einmal für eine Woche oder einen Monat in die Zeit der dreißiger und vierziger Jahre zurückversetzen lassen, um zu sehen, wie es wirklich war! Es ist einfach unfair, die Kriegsgeneration oder einen Mann wie Schröer, die einst von ihren Mitbürgern als Helden gefeiert wurden, als man noch glaubte, der Krieg wäre unabwendbar, heute einzeln für vom Regime begangene Greueltaten verantwortlich zu machen. Schröer wurde als Kriegsheld persönlich vom stolzen Bürgermeister seiner Heimatstadt getraut, überall in Deutschland als leuchtendes Beispiel gepriesen, mit höchsten Tapferkeitsorden ausgezeichnet und überall geehrt. Und doch kannte ihn bis zu seinem Tode kaum jemand, wenn er durch die Straßen von München ging, so daß ihm erspart blieb zu »erklären«, warum er sich seinerzeit nicht vor dem allseits üblichen Waffendienst für sein Vaterland gedrückt habe!

Es war an einem kalten Wintertag 1978 in München. Nachmittags um fünf Uhr war es schon dunkel. Während ich wartete, hörte ich in regelmäßigen Abständen die draußen vorbeirumpelnde Straßenbahn fahren. Ich hatte schon gegessen, damit ich später mitschreiben konnte, wenn das Ehepaar Schröer zu Tische saß. Mir hat der Hirschbraten mit Kartoffelpuffer und gemischtem Salat – dazu ein kühles Helles – vorzüglich geschmeckt. Die Tür ging auf, und am Nebentisch nahm ein gepflegt gekleideter Engländer in schwarzem Anzug Platz. Mit der Bedienung sprach er Englisch, was diese natürlich nicht verstand. Als ich ihm bei der Bestellung behilflich war, wechselten wir ein paar Worte. Ich dachte, er wäre vielleicht ein Rechtsanwalt oder Richter. Aber nein, er war der Fahrer eines deutschen Geschäftsmannes! Wie sich die Zeiten doch ändern!

Im Frieden mit der Welt hatte ich mir gerade eine gute Zigarre angezündet, als das Ehepaar Schröer eintraf. Werner schien recht gealtert und nachdenklich-ernst, was vielleicht mit dem Zustand seines Herzens zu tun hatte. Wenn er lächelte, verflog dieser Eindruck. Vermutlich hat er nach dem Krieg viel mitgemacht. Er hatte gar nicht dieses sorglose, leichte und oberflächliche Gehabe an sich. Aber seine grünen Augen – über dem rechten Auge eine kleine Narbe – leuchteten, als er mich mit einem spontanen und freundlichen Lächeln begrüßte. Seine Frau Ilse, braune Augen und braunes Haar, ist eine adrette und angenehme Erscheinung. Sie kamen gerade von einer kleinen Feier, die sie zur Erinnerung an den 44. Jahrestag ihres Kennenlernens veranstalteten. Er hatte mir schon über seine lange, glückliche Ehe erzählt und auch darüber, wie er oft morgens nach dem Aufwachen auf dem Nachttisch ein kleines Geschenk vorfand. Sie haben sich 1935 in Mülheim während der Tanzstunde kennengelernt. Er war 17 und sie war 15. Sie heirateten 1943 in der Kriegszeit. Weil so viele Gäste und Freunde versammelt waren, stellte der Bürgermeister von Mülheim die Stadthalle zur Verfügung. Schröer war das Ritterkreuz schon verliehen worden, zudem war er der erste Mülheimer, der diesen Orden erhalten hatte. Die Luftwaffe gewährte ihm drei Wochen Heiratsurlaub, zu dem er von Rhodos aus startete.

Für jeden Flugzeugführer, der in Nordafrika im Einsatz stand, war 1943 offenkundig, daß Deutschland den Krieg verlieren würde. Schröer hatte während des Afrika-Feldzuges 61 Flugzeuge abgeschossen und nach Marseille die meisten Abschüsse. Im Verlaufe der Absetzbewegungen der Achsen-Streitkräfte kam er nach Rhodos. Der Brückenkopf in Tunesien, der noch von der Achse gehalten wurde, schrumpfte immer mehr zusammen. In weniger als drei Monaten mußte auch er aufgegeben werden.

Mehr an die bevorstehende Hochzeit als an die hoffnungslose Lage in Nordafrika denkend, belud Schröer seine Me 109 mit Geschenken, Nahrungsmitteln und dem Zerbrechlichsten von allem – einem Porzellangeschirr. 1943 gab es in Rhodos noch alles in Hülle und Fülle für wenig Geld.

Er wollte über Kreta nach Italien fliegen. So hob er am 11. Februar mit seinem Rottenflieger in Rhodos ab und nahm Westkurs über die Ägäis. Aufgrund der Luftlagemeldungen erwartete er keine feindlichen Flugzeuge auf seinem Wege. Aber bevor Kreta erreicht war, stieß er zufällig auf zwei langsam fliegende zweimotorige englische U-Jagdflugzeuge vom Typ *Beaufighter* Mk.X, die in letzter Zeit erfolgreich gegen den Schiffsverkehr der Achsenmächte in der Ägäis und vor Kreta operierten. Schröer zögerte, denn in seiner Maschine waren in Rumpf und Tragflächen Hochzeitsgeschenke und ein Porzellanservice verstaut. Andererseits hatte er munitionierte MGs an Bord, und schließlich waren das ja immerhin Feindflugzeuge. Er und sein Rottenflieger flogen genauso tief wie die etwas nach rechts versetzt fliegenden braunen *Beaufighter*. Die Me 109 hatten einen Geschwindigkeitsvorteil. Die *Beaufighter* waren insbesondere gefährdet und unbeweglich, weil sie die Torpedos trugen. Schröer wußte sofort, was es zu tun galt.

Rechtskurvend schob er sich an die langsamen Bomber heran, die den 300 Meter entfernten deutschen Jäger nicht gesehen hatten. Schröers Me 109 F hatte drei 20-mm-Bordkanonen und zwei 7,92-mm-MGs. Innerhalb von Sekunden saß er hinter dem ahnungslosen Opfer. In 100 Meter Schußentfernung hielt Schröer auf die rechte Tragfläche an und eröffnete das Feuer. Die Feindmaschine qualmte und kippte über die rechte Fläche ab. Nur wenige Meter über der See beobachtete Schröer, wie das zehn Tonnen schwere Flugzeug mit seiner dreiköpfigen Besatzung steuerlos ins Meer stürzte. Arme Teufel! Mit seinem Rottenflieger an der linken Seite zog Schröer hoch, ging in eine Linkskurve und setzte sich hinter den anderen Topedobomber, der schnell in Schußweite kam. Sein Rottenflieger schrie über Funk: »Auf den andern!« Schröer flog sehr nahe heran. Er war baß erstaunt, daß die *Beaufighter* sofort in der Luft explodierte. Ein Glückstreffer! Aber verdammtes Pech für die drei Besatzungsangehörigen. – Schröer sorgte sich wegen des Porzellans, der Weinflaschen und Hochzeitsgeschenke, die in jeder freien Ecke seiner Maschine verstaut waren. Ob sie das wohl ausgehalten haben?

Er befand sich unweit Kretas und wird es bald genau wissen. Er setzte auf der Insel auf, die deutsche Truppen 1941 unter schweren Verlusten in Besitz genommen hatten. Hauptmann Düllberg, Jagdfliegerführer Kreta, begrüßte ihn. Düllberg konnte Schröers Geschichte kaum glauben. Schröer lud ihn ein, mit ihm zum Schauplatz der Ereignisse zu fliegen. Die alarmierten Seenotrettungsflugzeuge hatten keine Überlebenden finden können. Dann starteten Schröer und Düllberg und fanden Flugzeugwrackteile etwa 30 Kilometer ostwärts von Kreta. Sie gaben die Position über Funk durch, konnten aber auch keine Überlebenden ausmachen.

Während der Landung ging es Schröer durch den Kopf, wieviel seines Hochzeitsservice wohl zerschlagen war. Vier von acht Tellern und sieben Tassen waren zu Bruch gegangen, die große Platte war heil geblieben. Schröer kaufte ein paar Ersatzgeschenke ein und blieb über Nacht auf Kreta, um seine zwei wahrlich denkwürdigen Luftsiege gebührlich zu feiern. Am nächsten Morgen startete er zum Flug nach Foggia in Italien. Die Nachrichten über den merkwürdigen Luftkampf mit Porzellan an Bord eilten ihm voraus. Ein italienischer Korrespondent hatte die Meldung nach Italien durchgegeben, und deutsche Zeitungen griffen das Thema auf. So wußte Ilse schon von der rauhen Behandlung ihres Hochzeitsservices, bevor Werner in Mülheim eintraf! Von Foggia flog Schröer nach München, wo er seine Maschine übergab, um mit der Bahn weiter nach Mülheim zum Hochzeitstermin zu fahren. Die Hochzeit war am 2. März 1943 – vier Tage vor Rommels schicksalhafter Offensive an der Mareth-Linie.

Nach seinem Urlaub kehrte Schröer in den Mittelmeerraum zurück und flog von Plätzen in Sizilien und Italien aus. In Sizilien, wo er Kommandeur der II./JG 27 war, hatte Schröer drei Monate später wieder eine schicksalhafte Feindbegegnung über See. Bevor ich ihn um die eingehende Schilderung dieses Einsatzes bat, sprachen wir über die Geschichte des JG 27 und den begnadetsten Jagdflieger in Nordafrika, Hans-Joachim Marseille. Schröer kannte Marseille sehr gut. Mehrere Male hatte ich mit dem Kommodore des JG 27, Oberst Eduard Neumann, über Marseille gesprochen. Auch seinen einstigen Rottenflieger hatte ich in Köln aufgesucht und 1973 in München noch einmal getroffen. Adolf Galland und andere befragte ich über die außergewöhnlichen Leistungen von Marseille, dem es oft gelang, während eines Einsatzes fünf, sechs oder mehr Flugzeuge abzuschießen. Jetzt wollte ich Schröer dazu hören, zumal er gemeinsam mit Marseille im JG 27 diente.

»Marseille war ein genialer Schütze, er hatte ein gutes Auge für Entfernungsschätzen und brachte immer wieder neue Taktiken ins Spiel. Er setzte Landeklappen ein oder fuhr das Fahrwerk aus, um seinen Kurvenradius zu verringern. Laufend beschäftigte er sich mit den technischen und leistungsmäßigen Details seiner Maschine. Er führte völlig neue Luftkampftechniken ein.

Ich erinnere mich gut, wie die Engländer über Tobruk in den Abwehrkreis gingen, um sich unserer Angriffe zu erwehren. Das hatte gewisse Vorteile. Sie flogen immer in 2500 Meter, und wir kamen aus 3000 Meter, aus der Überhöhung. So ging das jeden Tag. Mit dieser Abwehrtaktik hatten wir unsere Schwierigkeiten. Marseille ließ das nicht ruhen, und er wollte etwas dagegen tun.

Er hatte sich etwas ausgedacht. Bei einem Einsatz stürzte er sich außerhalb des gegnerischen Abwehrkreises tief hinunter, um dann plötzlich hochzuziehen und in die Mitte des Abwehrkreises zu stoßen. Er schoß dabei zwei englische *Hurricane* ab und brachte den Gegner völlig durcheinander. Auf diese Weise konnten wir uns an die Luftgegner heranmachen. An jenem Tage haben wir ganz schön aufgeräumt und Abschüsse erzielt. Es war typisch für Marseille, alleine heranzugehen und zu schießen.

Mir fällt noch ein, daß er an jenem Tag, als er die beiden *Hurricane* abgeschossen hatte, anschließend ins Trudeln geriet, aus dem er schulmäßig abfing – das war Teil seines taktischen Planes. Die Einsätze waren immer spät am Tage, wenn wir gegen die *Hurricane* über Tobruk aufstiegen. Wir sorgten uns stets darum, ob wir noch bei Tageslicht landen könnten. Von Gazala flogen wir nach Gambut und dann nach Tobruk. 1941 hatten wir zuwenig Flugzeuge und Mangel an Ersatzteilen. In der Tat, beim Kartenspiel legten wir fest, wer fliegen durfte. Damals hatten wir noch das sichere Gefühl, überlegen zu sein.

Damals war Marseille Leutnant und ich war Feldwebel. Er war in der 2. und ich in der 3. Staffel. Einmal hatten wir etwa vier Wochen lang nur zwei einsatzbereite Maschinen. Wir waren alle erpicht darauf zu fliegen. Die Kampfmoral war bestens. Kein Zweifel, Marseille war eine Klasse für sich.«

Meistens flog Schröer die Me 109, einmal aber auch die Fw 190. Während des Krieges wurden laufend technisch verbesserte Versionen der Me 109 und Fw 190 den Verbänden zugeführt. »Ich erinnere mich, daß mir im Februar 1945, also drei Monate vor Kriegsende, eine Sonderausfertigung der Fw 190 D-9 übergeben wurde. Sie war besser als die amerikanische P-51 *Mustang,* vor allem was das Steigvermögen anbetraf. Eine sehr gute Maschine mit Höhenlader, wie ihn auch die *Mustang* hatte. Damals – ich war Kommodore des JG ›Udet‹ Nr. 3 – bekamen die Geschwader jeweils nur eine Maschine dieses Typs. Eine weitere wurde nicht mehr zugeführt. Wahrscheinlich haben viele der erfolgreichsten Jagdflieger den Krieg nur überlebt, weil die Luftwaffe ihnen die modernsten Jagdflugzeuge in die Hand gegeben hat.«

Unter den Abschüssen von Schröer sind fast alle amerikanischen und englischen Flugzeugtypen zu finden. In Afrika hatte er es gewöhnlich mit *Hurricane* und *Spitfire* zu tun. In Italien und Sizilien kamen Luftkämpfe mit P-40, dem leichten *Boston*-Bomber und den schweren Bombern B-17 *Flying Fortress* und B-24 *Liberator* hinzu, um schließlich in der Reichsluftverteidigung auch gegen P-38, P-47 und P-51 *Mustang* zu kämpfen. Vor den *Thunderbolt* und *Mustang* hatte er großen Respekt, aber auch vor den *Spitfire,* die aber nicht weit aufs Festland von Europa vordrangen, weil die *Mustang* mit ihrer großen Reichweite im letzten Kriegsjahr täglich bis weit ins Reichsgebiet einflogen.

Der Einsatz, an den sich Schröer besonders gut erinnern kann, fand Ende Mai 1943 über dem Mittelmeer statt. Dabei ergab sich später eine rätselhafte Angelegenheit. Schröer ließ es darauf ankommen, den Einsatzbefehl zu erteilen.

Anfang des Monats hatten die Achsen-Mächte in Tunesien kapituliert. Die Westalliierten hatten jetzt im Norden Sizilien und Italien im Auge. Amerikanische Bomber vom Typ B-17 flogen von ihren Basen in Nordafrika bis in das Herz Italiens hinein, das innerhalb von Monaten die Fronten wechseln sollte. Ursprünglich versprach sich das Oberkommando der Wehrmacht gar nichts von der

Verteidigung Siziliens, änderte dann aber die Pläne und entsandte Truppen und Luftwaffenverbände auf die Insel.

Schröer führte als Hauptmann und Gruppenkommandeur die II./JG 27. Seine Me 109 lagen in Trapani, etwa 100 Kilometer westlich von Palermo an der Nordwestspitze der Insel gelegen. Die Luftwaffe hatte nicht genügend Fernaufklärer, um das gesamte Mittelmeer zu überwachen. Die wenigen Fw 200 *Condor* operierten vornehmlich über dem Atlantik und waren immer häufiger den Angriffen englischer trägergestützter Jäger ausgesetzt. Kaum nennenswert war die Anzahl von Bv 138-Flugbooten, die meist im Atlantik oder Schwarzen Meer aufklärten. Die im Mittelmeer operierenden Ar 196 konnten gegen feindliche Bomber genausowenig ausrichten wie die Blohm & Voss-Flugboote oder die Fw 200 *Condor.*

Schröer und sein Verband hatten demnach besondere Schwierigkeiten, feindliche Bomber aufzuspüren. Außer gegenüber Jägern waren die B-17 hinsichtlich Geschwindigkeit überlegen, dazu kam noch ihre schwere Abwehrbewaffnung von zehn MGs. Fast täglich flogen die B-17-Verbände von Nordafrika aus Angriffe in Italien, wobei sie Sizilien und die dort liegende Jagdabwehr weit nach Westen ausholend umflogen. Immer wieder kam es vor, daß der Luftnachrichtenoffizier von Schröers Verband erst nach dem Angriff auf italienische Ziele Alarmmeldungen empfing. So blieb den Jägern nichts anderes übrig, als in Richtung des Zielgebiets zu starten, um die B-17, die ihre tödliche Last bereits abgeworfen hatten, irgendwo beim Abflug vom Ziel zu finden. Diese Art von Abfangeinsätzen war natürlich äußerst unbefriedigend. Aufgrund sehr geringer Kraftstoffvorräte bestanden seitens der Luftwaffe strikte Befehle, nur unbedingt erforderliche Einsätze oder solche gegen eindeutig erkannten Feind zu fliegen. So war man auf reine Mutmaßungen angewiesen, ob und wie oft die B-17-Verbände auf dem Weg nach Italien den Anflugkurs änderten und wie weit westlich von Sizilien der Rückflug erfolgte. Schröer und sein Luftnachrichtenoffizier, Werner-Stahl, versuchten, alle Möglichkeiten durchzuspielen und abzuwägen. Werner-Stahl vermutete, die Bomberverbände würden Sizilien in gerade noch verantwortbarer Entfernung umfliegen, um Flugzeit zu sparen. Seiner Ansicht nach würden sie im Tiefflug so weit westlich vorbeifliegen, um nicht entdeckt zu werden. Dabei gingen sie ein kalkulierbares Risiko ein, daß Teile der schwachen deutschen Jagdkräfte zum Zeitpunkt des Vorbeifluges nicht in der Luft wären. Selbst wenn deutsche Jäger von Flugmeldebooten oder Aufklärern über einen westlich von Trapani passierenden Bomberverband alarmiert worden wären, so wäre es unmöglich gewesen, die B-17 noch zu erreichen, bevor sie vom eigenen Jagdschutz vor der Küste Nordafrikas aufgenommen worden wären. Von Sizilien bis Nordafrika waren es knapp 150 Kilometer. Dem JG 27 blieb nur die Möglichkeit, eigene Maschinen in die Luft zu bringen, wenn die Italiener die Bombardierung eines Zieles meldeten, woraufhin sich die mutmaßliche Rückflugroute und die ungefähre Zeit des Vorbeifluges im Raum westlich von Sizilien errechnen ließ. Ob dann noch rechtzeitig alles klappte – und Feindberührung möglich war, das stand auf einem anderen Blatt.

Tagelang sprachen Schröer und Werner-Stahl ihre Überlegungen und Theorien durch, bis sie es schließlich auf einen Versuch ankommen lassen wollten. Am Morgen des 31. Mai spannte sich ein klarer und sonniger Himmel über dem Mittelmeer. Es herrschten vorzügliche Sichtbedingungen. Schröer befahl seinen Flugzeugführern Bereitschaft. Die 1. Warte ließen die sandbraun gestrichenen Me 109 zur Vorbereitung auf einen möglichen Alarmstart warmlaufen. Die Stunden bis zur Mittagszeit verliefen ruhig. Aus Italien waren noch keine Meldungen eingetroffen. Schröer und seine Jagdflieger der II. Gruppe hielten sich im Quartier, einem beschlagnahmten sizilianischen Landhaus am Rande des Grasplatzes, auf. An heißen Tagen wie jenem trugen die Flugzeugführer leichte Kleidung, blaues Hemd und blaue Diensthose. Statt der Lederhaube hatte man in diesem Klima eine Netzhaube mit eingepaßten Hörmuscheln für den Funksprechverkehr.

Um 14.08 Uhr kam ein Anruf aus Neapel. Die Stadt war soeben von einem großen Verband amerikanischer viermotoriger Bomber angegriffen worden. Schröer und Werner-Stahl beugten sich über Karten und griffen Entfernungen ab. Von Neapel bis zu dem Punkt westlich von Sizilien, wo die Bomber vorbeikommen mußten, waren es 400 Kilometer. Die beste Maßnahme müßte sein, wenn die Jäger alsbald nach Nordwesten hinausstarten, um den Verband möglichst früh abzufangen und über eine längere Flugstrecke zu bekämpfen. Schröer erteilte den Startbefehl, und die Flugzeugführer rannten zu den Liegeplätzen ihrer verstreut abgestellten Jagdmaschinen. Innerhalb von zwanzig Minuten starteten nach einem genauen Zeitplan zwanzig Jäger von dem staubigen sizilianischen Flugplatz und nahmen Kurs Westnordwest. Schröer mußte mit ernsten Konsequenzen höherer Dienststellen rechnen, wenn der Abfangeinsatz erfolglos verlaufen sollte. Er war daher voller innerer Anspannung, als er an jenem Frühlingsnachmittag auf Kurs 300° seine Me 109 mit dem Tropenanstrich, sandfarbener Oberanstrich und hellblauer Unteranstrich, in den Einsatz führte.

Funkstille war befohlen. Nach dem Überfliegen der Küste hielt sich der Verband im Tiefflug. Schröer war froh, daß so gute Sichtverhältnisse herrschten. Der Verband hielt seine Gefechtsformation. Die Minuten zogen sich dahin. Alle Augen suchten den Himmel ab, vornehmlich nach rechts voraus. Die Küste Siziliens lag schon 30 Kilometer südostwärts im Rücken. Nichts zu sehen. Sie flogen weiter auf der Suche nach den Amerikanern.

Dann, voraus, ziemlich tief, grünliche Flugzeugschatten, große Bomber. Gleichzeitig der Warnruf über Funk: »Da sind sie!« Schröer hatte sie auch gesichtet. Es waren ungefähr 60 viermotorige Bomber, die tief über dem Meer flogen. Offenkundig mußten sie schon Neapel verlassen haben, bevor Minuten später in Trapani die Alarmmeldung eintraf. Hätte er den Start seiner Jäger verzögert, so wären sie wahrscheinlich zu spät gekommen. Schröer gab seinem Verband die Position der Bomber durch, die sich von Steuerbord nach Backbord unter ihm hindurchschoben. Voller Jagdfieber befahl er seinen Männern anzugreifen nach eigenem Gutdünken: »Bitte an alle. Kommen! Jeder greift an, wie er will!«

Die Viermotorigen flogen erstaunlich tief. Schröer schätzte ihre Höhe auf 40 Meter über dem Wasser. Als einige der feindlichen Bomber die deutschen Jäger entdeckten, drückten sie sogar noch tiefer. Die Taktik war gut, denn die Deutschen konnten dadurch keine Angriffe von unten, sondern nur von oben durchführen. Und von oben kommende Jäger ließen sich von den Abwehrtürmen viel besser ins Visier nehmen. Die Bomber hatten Hecktürme, Seitenlafetten und MG-Stände auf dem Rumpf. Durch extremen Tiefflug konnte eine Angriffsart ausgeschaltet werden, was das Abwehrkonzept der Bomber vereinfachte.

Schröer senkte seine Maschine und ging in eine Linkskurve, um mit hoher Fahrt von hinten auf den Verband zuzufliegen. Die anderen Maschinen folgten und suchten sich Ziele. Schnell stieg die Fahrt von 500 auf 600 bis 650 km/h. Die B-17 schlossen enger auf, um ihr Abwehrfeuer zu konzentrieren. Ziele gibt es genug für jeden Jäger, denn die Bomber sind in dreifacher Überlegenheit. Und offensichtlich hat noch nicht jede Bomberbesatzung die Jäger gesichtet oder die Funkwarnung erhalten. Die Amerikaner flogen schon seit Wochen diese Einsätze. Die Besatzungen sind dadurch lax und leichtsinnig geworden. Einige Hecktürme waren von den Schützen noch nicht besetzt, als die Jäger heranstießen. Die Bomber beginnen die Reflexvisiere zu füllen. Schröer sucht sich einen Bomber, der etwas den Anschluß verloren hatte, und hat ihn innerhalb von Sekunden im Visier, um das Feuer zu eröffnen. Er hatte sich mit der Annäherungsgeschwindigkeit verrechnet und fliegt viel zu schnell über den riesigen grünen Bomber hinweg. Na ja, dachte er, dann nehme ich mir eben den Verbandsführer vor, der etwa 1500 Meter weiter vorne fliegt. Viele Bomber sind inzwischen unter Beschuß. Ohne den Kurs zu ändern, rast Schröer über die anderen Bomber hinweg und manövriert sich in Schußposition auf den Verbandsführer.

Er kann keinen Heckschützen sehen und nähert sich mit ungefähr 300 km/h. Diesmal wird er nicht übers Ziel hinausschießen . . . Sorgfältig arbeitet er sich von hinten rechts, etwas aus der Überhöhung kommend, an sein Opfer heran. Der Finger liegt schon am Abzugshebel, die »Fliegende Festung« ist in Schußweite, und er hält bewußt auf die rechten Motore an. Die 20-mm- und die 7,92-mm-Bordwaffen speien ihre Geschosse in die zwei rechten Motoren, die zu qualmen beginnen! Schröer hatte bestens gezielt und getroffen. Als er an dem Bomber vorbeizieht, legt sich dieser in eine Linkskurve. Weiter hinten sieht man getroffene Bomber ins Meer stürzen. Aber der angeschossene, qualmende Bomber des Verbandsführers gibt keinen Meter Flughöhe auf und nimmt geraden Kurs auf Sizilien! Der Bomberpilot kannte seine Position offenkundig sehr genau und wußte sofort, was zu tun sei. Schröer kurvt über dem Bomber, der dicke Qualmwolken nach sich zieht. Der Amerikaner wußte, er würde es nie bis Afrika schaffen, daher setzte er alle Hoffnung auf eine Notlandung in Sizilien, wo die Besatzung in Kriegsgefangenschaft geriete. (Vielleicht kann die B-17 wiederhergestellt und in den Dienst der Luftwaffe übernommen werden.)

Der grüne Bomber näherte sich im Tiefflug der Küste. Schröer begleitete ihn. Er merkte, daß der Treibstoff knapp wurde und gab an seinen Verband durch: »Achtung, Benzin!« Alle mußten unbedingt nach Trapani zurückkehren. Den Blick zurück aufs Meer wird er nicht vergessen. Acht der viermotorigen Bomber waren abgeschossen. Über Funk wurde der italienische Seenotrettungsdienst alarmiert, um mögliche überlebende amerikanische Besatzungsangehörige zu bergen. Obwohl Schröer Kurs auf Trapani hätte nehmen müssen, wollte er doch sein Opfer nicht aus den Augen lassen, und er folgte ihm im lockeren Verbandsflug. Im übrigen flogen sie ja sowieso in die allgemein richtige Richtung. Die beiden Maschinen überflogen die Küste. Die qualmende B-17 suchte sich einen großen Acker und setzte dort zu einer gut verlaufenen Notlandung auf. Der Notlandeplatz lag etwa auf halbem Wege zwischen Trapani und Palermo, unmittelbar in Küstennähe. Elf Amerikaner hasteten aus dem Bomber und wurden von Italienern, die schnell herbeieilten, gefangengenommen. Die Sizilianer gingen nicht gerade freundlich mit ihren Kriegsgefangenen um. Schröer hatte sich die taktischen Kennzahlen des Bombers notiert und flog nun sofort nach Trapani. Er landete um 15.10 Uhr und rief, umringt von den gratulierenden Kameraden und insbesondere Werner-Stahl; unmittelbar den Gefechtstand in Palermo an, um sich nach der notgelandeten Besatzung des amerikanischen Bombers zu erkundigen. An Bord hatte sich auch ein amerikanischer Heeresgeneral befunden! Nach Schröers Ansicht konnte das nur bedeuten, daß sich das amerikanische Heer für mögliche Anlandungsgebiete zur Einnahme der Insel interessierte oder aber bereits Geländeeinweisung für Truppenkommandeure vornahm. Er wollte Näheres über den Piloten in Erfahrung bringen. Ihm, einem Hauptmann, ging es gut. Schröer wollte ihn unbedingt kennenlernen. Er fand den Amerikaner völlig niedergeschlagen und verängstigt vor. Er habe die schlimmsten Geschichten über die harten Verhörmethoden der Luftwaffe gehört und mache sich darüber nun große Sorgen. Schröer beruhigte ihn und bot ihm etwas zu trinken an!

Woche für Woche flogen die Besatzungen der B-17 die Einsätze Nordafrika – Italien und zurück. Sie hatten sich sehr sicher, zu sicher gefühlt. Nach einiger Zeit waren sich die beiden Flieger nähergekommen und unterhielten sich recht kameradschaftlich. Als der Amerikaner schließlich in Kriegsgefangenschaft abgeführt wurde, trug er schon wieder Zuversicht zur Schau.

Feldmarschall Keßelring, der Oberbefehlshaber Süd, hatte von dem erfolgreichen Jagdeinsatz gehört und Anerkennung gezollt. Nur die höheren Stäbe fragten an, wer den Einsatz befohlen habe! Es wurde lang und breit erklärt. Nachträglich wurde Schröers selbständiges Handeln gebilligt, wenngleich unterschwellig doch eindringliche Ermahnungen und gar Warnungen mitschwangen, künftig derart unerlaubte Alarmstarts zu unterlassen.

Das Ergebnis dieses Nachmittags im Mai waren immerhin acht abgeschossene B-17 und eine notgelandete. Deutscherseits gab es keine Personal- und Materialverluste. Viele der amerikanischen Besatzungsmitglieder der abgeschossenen Bomber konnten von italienischen Rettungsbooten aus der See geborgen werden. Für einige kam leider jede Hilfe zu spät.

Lächelnd berichtet Schröer: »An dem Tag flog ich dann nicht mehr. Unser Plan hatte geklappt. Abends wurde kräftig gefeiert. Diesen besonderen Einsatz werde ich nie vergessen. Wir gingen damals ein Risiko ein. Hätten wir keine Feindberührung gehabt, dann hätte ich umschnallen müssen, um mich im großen Dienstanzug vor höheren Stäben zu verantworten.«

In diesem Raum des Mittelmeers erlebte Schröer noch andere denkwürdige Flüge. Nach seiner Vermählung wurde er nach Tunesien versetzt, wo englische und amerikanische Truppen den Ring um die Achsen-Truppen von Süden, Westen und Norden immer enger drückten. In der Schlußphase schwand die Hoffnung bei den Deutschen, dieser Einschnürung zu entrinnen. Amerikanische Jäger schossen reihenweise die langsamen großen Transportflugzeuge ab, die zwischen Sizilien und Tunesien pendelten, um die Versorgung aufrechtzuerhalten. Die Versorgung über See war für deutsche und italienische Truppen längst unterbunden. In letzter Minute flogen Schröer und andere Jagdflieger Bodenpersonal nach Sizilien aus, indem zwei Mann in die einsitzige Me 109 gequetscht wurden und der Pilot obenauf saß! Schröer flog jeweils von Bone, westlich von Bizerta, nach Trapani, wo er jetzt mit seinem Verband lag. Zweimal hat er diese Art halsbrecherischer Flüge unternommen. Es waren verzweifelte Situationen in jenen Tagen, denn jeder wußte, wenn er dem Kessel nicht entfliehen kann, gerät er in Gefangenschaft. Die vier Mann vom Bodenpersonal, die Schröer ausfliegen konnte, wurden von den zurückbleibenden Kameraden natürlich gehörig beneidet. Immerhin war der Krieg für die in Gefangenschaft gehenden Soldaten zu Ende. Wer waren die Glücklicheren, alles in allem betrachtet? Wenige der Evakuierten konnten ahnen, wie sehr Deutschland noch unter Zerstörung leiden sollte, bis es zwei Jahre später schließlich unter dem Druck des Krieges zusammenbrach.

Schröer hat den tragischen Untergang Deutschlands nicht vorausgesehen. Er muß in der Tat eingestehen, wie sehr ihn Hitler zwei Monate nach diesen Ereignissen in seinem Hauptquartier im Osten beeindruckte. Er und sieben weitere Jagdflieger wurden von dem immer noch überzeugenden Diktator ausgezeichnet. Zwei Tage mußten sie warten, bis Hitler endlich Zeit für sie fand. Am 2. August 1943, nachts um 2 Uhr, war es dann soweit, um eiligst dem »Führer« vorgestellt zu werden. Nachdem ihnen Hitler das Eichenlaub zum Ritterkreuz des Eisernen Kreuzes verliehen hatte, bat er die Jagdflieger zu sich an den Tisch zum Tee. Bis dahin hatte Schröer 84 anerkannte Luftsiege. Hitler machte auf die jungen Flieger einen großen Eindruck. Er war freundlich, ruhig und außerordentlich gut über Luftkriegsangelegenheiten informiert, sogar über kleinste Einzelheiten und die verwendete Bordmunition war er bestens unterrichtet. Er erläuterte ihnen, wie er Deutschlands zerstörte Städte wieder aufbauen lassen wollte, und äußerte tiefes Mitempfinden am Schicksal deutscher Städte, die dem alliierten Bombenkrieg ausgesetzt waren. Erstaunt waren die Fliegeroffiziere, als Hitler von dem neuen Strahlflugzeug Me 262 als Vergeltungswaffe und Bomber sprach. Einer widersprach und meinte, die Me 262 sollte als Jäger zum Einsatz kommen. Hitler zeigte Verständnis für diese Meinung. Er antwortete, daß Deutschland schon genügend Jagdflugzeuge produziere, aber zu wenig Treibstoff zur Verfügung stünde. Die Ausgezeichneten verabschiedeten sich sehr beeindruckt von Hitlers Persönlichkeit und Ausstrahlung, seinen profunden Kenntnissen vom Luftkrieg und seiner beruhigenden Zuversicht. »Aber ich habe damals überhaupt nichts von den Massenmorden an Juden und anderen Menschen gewußt, und über so vieles andere mehr.«

Bei Kriegsende war Schröer drei Monate Kriegsgefangener der Alliierten. Im August 1945 entlassen, kehrte er in das Leben einer zerschlagenen Nation zurück, dessen Volk mit Grauen von den Kriegsverbrechen hörte und ums nackte Überleben kämpfte. Es war eine sehr schwierige Zeit für das Ehepaar, das zwei Jahre zuvor mit großem Tamtam und begeisterten Mitmenschen Hochzeit feierte. Ein Lichtpunkt in dunkler Zeit war für Schröer der freundliche amerikanische Besatzungsoffizier Paul Cook. Durch einen reinen Zufall traf der Mann aus Colorado Schröer, als er ihn in seinem Auto mitnahm. Sie verstanden sich von Anbeginn an sehr gut. Bald erkannte Cook die Fähigkeiten Schröers, die er sich zunutze machte und Schröer zu seinem Abwehroffizier ernannte. Das erleichterte Ilse und Werner das Leben in jenen harten Jahren in einem gewissen Maße. Langsam begann Deutschland dann wieder Fuß zu fassen, und der Wiederaufbau ließ nicht auf sich warten.

Schröer suchte sich einen neuen Beruf und arbeitete in den siebziger und achtziger Jahren in leitender Stellung beim internationalen Luft- und Raumfahrtkonzern Messerschmitt-Bölkow-Blohm. Ein Sohn ist Rechtsanwalt in Hamburg, der andere wohnt unweit der Eltern. Ilse und Werner Schröer führten ein unauffälliges, ruhiges Leben. Der große Jagdflieger von Nordafrika und der Westfront, der das beste Abschußerfolgsverhältnis aller Luftwaffenpiloten mit mehr als 100 Westabschüssen erzielte, wurde nur selten von seinen Mitbürgern in Münchens Straßen erkannt. Eine Ironie des Schicksals war es, daß ihm wenige Monate Dienstzeit fehlten, um pensionsberechtigt zu sein! Aber Kameraden und Historiker würdigten wenigstens die einmaligen fliegerischen Leistungen des Jagdfliegers Schröer. Schröer hatte noch seine Flugbücher und die Abschußbestätigungen, die Monate später erst nach eingehender Überprüfung durch das Oberkommando der Luftwaffe in Berlin zurückkamen.

Er überließ mir zahlreiche Kopien seiner Dokumente. Um nur einige zu nennen: Vernehmungsprotokoll des Kriegsgefangenenvernehmungslagers der Luftwaffe in Oberursel/Ts. mit drei Seiten über die Befragung einer *Liberator*-Besatzung, die von ihm im Juli 1943 abgeschossen wurde; Zeitungsartikel des italienischen Korrespondenten, der seinerzeit aus Kreta die Geschichte mit dem Luftkampf zwischen einer *Beaufighter* und ihm – samt Porzellan und Hochzeitsgeschenken an Bord seiner Me 109 – berichtete. »Wir haben noch einiges von dem Porzellanservice«, sagte mir Schröer, mit seinem typischen stillen Lächeln, einmal in München. Damals sprachen wir über den Tod und über Krankenhausrechnungen. Hanna Reitsch, diese berühmte Fliegerin aus Vorkriegs-, Kriegs- und Nachkriegsjahren, war gerade verstorben. »Zuviel Angst«, meinte Schröer sehr ernst, »bleibt nicht in den Kleidern hängen. Das steckt im Körper und in den Knochen.« Wir saßen in Zimmer 339 des deutschen Herzzentrums in der Lothstraße, und Schröer dachte, ganz in sich gesammelt, an die bevorstehende Operation. Er blickte durch ein großes Fenster, wie sie typisch für deutsche Gebäude sind, die in der ersten Hälfte des Jahrhunderts gebaut wurden. Ich fragte ihn, wieviel die Operation kosten würde. Er drehte sich zu mir um und lächelte wieder. Im Sonnenlicht sah ich das graue Haar dieses einst jungen Adlers glänzen. »Ich habe neuneinhalb Jahre Dienstzeit als Soldat der Luftwaffe. Um pensionsberechtigt zu sein, benötigt man zehn Jahre. Also muß ich die Operation aus eigener Tasche bezahlen«, sagte er ruhig und mit leisem Lächeln.

Seine Antwort erinnerte mich sofort an ein Treffen, das ich zehn Jahre zuvor in München mit einem der besten Jagdflieger des Ersten Weltkriegs, Joseph Jacobs, hatte. Jacobs war ungefähr achtzig Jahre alt und arbeitete immer noch für seinen Lebensunterhalt. Auf meine Frage, warum er keine Pension erhielte, antwortete er mir, daß nur Berufsoffiziere eine Pension bekämen. »Und ich war nur Reserveoffizier, wissen Sie.« Jacobs starb kurz vor meinem Besuch bei Schröer im Krankenhaus. Der große Jagdflieger des Ersten Weltkriegs, der noch Richthofen kannte, hatte lediglich die wenigen Kriegsjahre als Dienstzeit nachzuweisen. Schröer, einst ein Held im Zweiten Weltkrieg, hatte neuneinhalb Jahre gedient und unvergleichliche Leistungen im Luftkrieg erbracht. Es war nicht genug. Er überstand den Krieg, um für seine Operation zahlen zu müssen.

Aber im Februar 1985 hörte sein Herz auf zu schlagen.

KAPITEL 9

Rabaul – in der Falle von ›Zeke‹

Während des Zweiten Weltkriegs war Rabaul von 1942 bis 1944 der gefährlichste japanische Stützpunkt im Südpazifik.

Rabaul liegt an der Nordspitze von Neu-Britannien. Bis zur Ostküste von Neu-Guinea sind es etwa 700 Kilometer Luftlinie. Der zu Rabaul gehörende Hafen von Simpson zählt zu den besten natürlichen Häfen im Pazifik. Er ist von drei Seiten mit hohen Bergen umgeben, darunter fünf Vulkane.

Dieser große Stützpunkt im Bismarck-Archipel gehörte einst Deutschland, Japans Verbündetem im Zweiten Weltkrieg. Im Ersten Weltkrieg hatten sich Australien und England der deutschen Kolonien, so auch des Bismarck-Archipels, bemächtigt.

Die ehemals deutschen Gebiete standen unter australischer Verwaltung in der Zwischenkriegszeit und bis zum 23. Januar 1942, als japanische Streitkräfte im Zuge ihres stürmischen Vorstoßens nach Südosten Neu-Britannien besetzten.

Die japanische oberste Führung hatte schon lange die Bedeutung Rabauls für die Kriegsführung erkannt, insbesondere den hervorragenden Hafen und die strategische Lage. Sehr schnell wurde Rabaul der wichtigste japanische Stützpunkt im Südpazifik, von wo aus Marine- und Luftstreitkräfte gegen Neu-Guinea, Australien, die Salomonen und weiter in den Südosten operieren konnten. In Rabaul lag das Hauptquartier der japanischen Südostflotte und von der 8. Armee. 100 000 Zivilisten und Soldaten waren dort stationiert, davon alleine 75 000 Heerestruppen.

Um Rabaul wurden fünf Flugplätze gebaut: Lakunai, Vunakanau, Rapopo, Keravat und Tobera.

Nur Truk, der Hauptstützpunkt der japanischen Flotte, etwa 1200 Kilometer nördlich gelegen, hatte ähnliche Bedeutung wie Rabaul. Rabaul stellte fast alle Kräfte, die in der Schlacht um Guadalcanal und die Beherrschung der Gewässer um die Salomonen zum Einsatz kamen.

Nach dem Sieg der Amerikaner bei Guadalcanal, im Februar 1943, rollten amerikanische Truppen die Salomonen auf. Die Japaner nutzten Hafen und Flugplätze in Rabaul für ihre Gegenschläge.

Ende 1943 schloß sich der Ring um den großen Stützpunkt enger. Amerikanische Luftstreitkräfte waren strategisch so disloziert, daß sie zu einer Luftoffensive ansetzen konnten. Die Anlandung amerikanischer Truppen in der Kaiserin-Augusta-Bucht auf Bougainville war gelungen, obwohl sich die Japaner noch auf der Nord- und Südspitze der Insel verschanzt hielten. Am Kap Torokina stand den Amerikanern das Flugfeld gleichen Namens auf Bougainville für weitere Einsätze zur Verfügung. Auf jeder Insel der Salomonen wurden amerikanische Flugplätze aus dem Boden gestampft. Von Westen her rückten Truppen des Generals Douglas MacArthur über Neu-Guinea bis zur Westspitze von Neu-Britannien vor.

Die amerikanische Luftoffensive gegen Rabaul begann Ende 1943 und führte bis 19. Februar 1944 zu den bis dahin schwersten Luftgefechten des Krieges. Die Japaner verlegten Hunderte von Jagdflugzeugen nach Rabaul, um in verzweifeltem Kampf der amerikanischen Luftoffensive zu begegnen.

Im Januar 1944 erhielt Konteradmiral Takaji Jojima mit seiner neugegliederten 2. Trägerdivision den Auftrag, seine Trägerflugzeuge zur Stärkung der wankenden Kräfte des 26. Fliegergeschwaders nach Rabaul einfliegen zu lassen. Am 25. Januar war diese Verlegemaßnahme abgeschlossen.

Einsatzstabsoffizier für die Trägerflugzeuge der 2. Trägerdivision war Masatake Okumiya, einer der besten japanischen Jagdflieger und ein angriffsfreudiger Verbandsführer. Die über hundert Flugzeuge dieser Trägerdivision, die von Truk nach Rabaul überführt wurden, sorgten für beträchtliche Verstärkung der Jagdabwehr – mehr als 300 Jagdflugzeuge standen damit für die Verteidigung von Rabaul zur Verfügung. Die Flugzeugführer der Trägerdivision zählten zu Japans besten Jagdfliegern.

Den ganzen Januar über dauerten die amerikanischen Luftangriffe gegen Rabaul an. Oft warfen sich 75 bis 100 japanische Jäger den Angreifern entgegen. Die Amerikaner setzten Jäger, Sturzkampf-, Torpedo- und schwere Bomber ein. Die Torpedoflieger bekämpften Schiffe im Hafen von Simpson und hatten trotz schwerer Flakabwehr und erbitterter Jagdangriffe nicht selten gute Erfolge. Am 17. Januar wurden fünf japanische Schiffe versenkt, wobei die Amerikaner zwölf Maschinen einbüßten. Ein amerikanischer Torpedobomber ging verloren, weil er nach dem Abwurf des Torpedos in ein japanisches Schiff hineinflog.

In der Woche darauf, am 24. Januar, griffen mehrere Torpedobomber unter Jagdbegleitschutz wieder den Hafen Simpson an. Den 1000-kg-Torpedos mit Verzögerungszünder fielen fünf japanische Kriegsschiffe zum Opfer. Nach diesem Großangriff trafen die Maschinen der 2. Trägerdivision in Rabaul ein.

Trotz aller Verstärkungen waren die Japaner gezwungen, das Gros ihrer Kriegsschiffe aus Rabaul abzuziehen, weil die amerikanische Luftoffensive, vor allem die Sturzkampf- und Torpedobomber, immer wieder Erfolge zeigten. Die Luftkämpfe forderten von den japanischen Verteidigern einen hohen Tribut.

Bei den schweren Luftgefechten im Januar wurden auch viele der besten Jagdflieger der US-Navy abgeschossen. Leutnant Robert M. Hansen, US-Marine Corps, der schon 25 Abschüsse erzielt hatte, war gefallen, als er bei Kap St. George nach einem Bordwaffenangriff auf Erdziele Bodenberührung bekam. Major Gregory Boyington, US-Marine Corps, der im Pazifik 22 Luftsiege hatte, wurde über Rabaul abgeschossen und geriet in Kriegsgefangenschaft.

Einer der besten Jagdflieger der US-Navy war Kapitänleutnant Ira C. Kepford. Er zählte zu den paar amerikanischen Jagdfliegern, die während dieser Luftkriegsphase auf dem neugebauten Flugplatz von Bougainville stationiert waren. Kepford und seine Kameraden der 17. Marinefliegerstaffel waren kurz vor dem Höhepunkt der Luftschlacht dorthin verlegt worden. Die US-Navy hat viele Piloten verloren, die unter primitivsten Bedingungen ihre Einsätze fliegen mußten.

Japanische Scharfschützen beschossen sie aus dem Dschungel. Sie lebten in Zelten auf schlammigem Boden. Unter diesen Bedingungen flogen viele mehrmals täglich ihre Einsätze nach Rabaul!

Im Vergleich zu den Tagen an der Northwestern University, wo er sich für den Dienst in der Marine verpflichtete, war es für Kepford wahrlich ein gewaltiger Unterschied. Im Northwestern Football-Team spielte er einst als Verteidiger und wurde beim entscheidenen Endspiel 1941 sogar bei der Halbzeit eingewechselt.

Auf Bougainville mußte der Sportler aus Muskegon in Michigan ein Leben führen, das ganz anders als einst am College verlief. Auf Bougainville endeten die amerikanischen Versorgungswege für den Frontnachschub. Die amerikanischen Piloten mußten mit Delikatessen wie Schafbockzunge vorliebnehmen. Bleibt noch zu erwähnen, daß die Piloten der US-Navy, die den Speiseplan an den hohen Qualitäten an Bord von Flugzeugträgern maßen, alles andere als begeistert waren.

Bougainville war gleichbedeutend für Staub und Dreck – oder für Regen. Immer war es sehr heiß. Der Staub von den Korallenriffen bereitete Personal und Material Probleme. Die 1. Warte mußten häufig Störungen an den Sternmotoren beheben, die in den F4U *Corsair* der 17. Marinefliegerstaffel eingebaut waren. Beim Feindflug trugen die Piloten gewöhnlich kurze Hosen, eine leichte Fliegerkombi und Tennisschuhe.

Trotz all dieser Schwierigkeiten sollte die 17. Marinefliegerstaffel eine der besten Leistungen aller Jagdstaffeln des Zweiten Weltkriegs erzielen. Und Kepford, der Mittelverteidiger des Northwestern Football-Teams, sollte nach dieser Frontverwendung zum fünftbesten Jagdflieger der US-Navy aufsteigen.

Sein denkwürdigster Feindflug, der ihn fast das Leben kostete, war am 19. Februar 1944. Jenem Tag wollen wir uns nun zuwenden.

Früh am Morgen des 19. Februars, es war ein Samstag, mußte der Offizier vom Dienst Kepford recht handgreiflich wachschütteln. Er war für den ersten Tageseinsatz eingeteilt. Er zog seine leichte Fliegerkombi und die weißen Turnschuhe an, nahm ein Frühstück im »Futter«-Zelt recht hastig zu sich und meldete sich in der Hütte, die in einiger Entfernung unter Palmen stand, zur Einsatzbesprechung.

Der Einsatzoffizier der 17. Marinefliegerstaffel, Korvettenkapitän Roger Hedrick, war als Verbandsführer für den ersten Einsatz des Tages eingeteilt. Er führte auch die Einsatzbesprechung durch. Zwanzig Maschinen sollten den Angriff auf Rabaul und umliegende militärische Ziele eröffnen. Hedrick rechnete mit starker japanischer Abwehr. Es war bekannt, daß der Feind erhebliche Verstärkung an Jagdflugzeugen erhalten hatte – die Kräfte der 2. Trägerdivision.

Eines der Ziele, dem besondere Aufmerksamkeit gewidmet werden sollte, waren die Flakbatterien am Vorderhang eines Vulkans, die den Hafen und das benachbarte Flugfeld von Lakunai beherrschten.

Die Wetterberatung ließ gutes Wetter im Zielgebiet erwarten.

Die Staffel sollte sich aufteilen in sechzehn Maschinen, die die Flakbatterien bekämpften, und vier Maschinen, die die Höhensicherung übernahmen. Kepford zählte zu der Höhensicherung.

Ein Lastwagen brachte die Piloten zum Staffelgefechtstand, wo noch eine Einsatzbesprechung stattfand, um sicherzustellen, daß alle genau wußten, wer was im Staffelverband zu tun hatte. Dann ging es weiter zu den Maschinen, die unter Palmen abgestellt waren. Jeder Pilot trug Schwimmweste und hatte Pistole und Erste-Hilfe-Ausrüstung dabei. Die Fallschirme lagen bereits in den *Corsair*-Jägern.

Den Schwarm der Höhensicherung führte Kapitänleutnant Merle »Butch« Davenport. Kepford war früher Rottenflieger von Davenport, aber inzwischen zum stellvertretenden Schwarmführer aufgestiegen, so daß er die Nummer 3 flog. Leutnant zur See Don »Red« McQueen, ein Junge aus Chicago, war ihm als Rottenflieger zugeordnet.

Das Rufzeichen der Staffel war »Hog« (›Schwein‹ das hatte keine übertragene Bedeutung, sondern galt nur der kurzen, knappen, unmißverständlichen Bezeichnung im Funksprechverkehr, der seinerzeit technisch noch nicht weit entwickelt war; d. Ü.). Der Verbandsführer hieß »Big Hog«. Kepford flog die F4U 29 und hatte daher das Funkrufzeichen »Hog 29«.

Die dunkelblauen *Corsair* begannen zu dröhnen und rollten an den Startbahnkopf. Innerhalb von Minuten hoben sie in den klaren Himmel ab. Mit 350 km/h stiegen die zwanzig F4U über die Palmenhaine und Hügel von Bougainville auf Kurs 320 Grad. Es war 8 Uhr. Hinter ihnen stieg die Sonne über den Horizont und tauchte den links von ihnen liegenden Ozean in gleißendes Licht. Die Sonne blendete beim Blick zurück derart, daß der Himmel nur hell flimmerte. Voraus, in Richtung Rabaul, war die Sicht durch etwas Dunst beeinträchtigt. Dennoch schimmerten die Wellenkämme gen Westen silbern.

Der Verband setzte den Steigflug nach Nordwesten fort. In 5200 Meter schalteten die Höhenlader zu. Kurz darauf zeichnete sich die Küste von Neu-Britannien voraus ab. Die Piloten wurden unruhig, denn die Erfahrungen der vergangenen Einsätze hatten ihre Spuren hinterlassen.

Die Japaner hatten seit Beginn der amerikanischen Luftoffensive gegen Rabaul ungefähr 300 Flugzeuge verloren. Aber zugeführte Verstärkungen versetzten sie in die Lage, eine beachtliche Jagdabwehr aufzubieten. Man wußte, daß die Japaner von ihren Luftraumbeobachtern auf Bougainville vor anfliegenden amerikanischen Verbänden gewarnt wurden.

Die vorne unten liegende Küste von Neu-Britannien ist schon sehr nahe. Kepford wundert sich plötzlich über das merkwürdige Flugverhalten seines Rottenfliegers »Red« McQueen. Er fällt zurück, weil aus den Auspuffstutzen seines Motors weiße Qualmwölkchen entweichen. Kepford nimmt das Gas zurück, um Blickkontakt zu seinem Rottenflieger aufzunehmen. McQueen nickt ihm zu und gibt Handzeichen, daß er aufgrund von Korallenstaub Schwierigkeiten mit dem Vergaser habe. Er müsse umkehren! Viel schlimmer für Kepford, denn auch er müsse umkehren und den Feindflug abbrechen, weil Einzelflieger an Angriffen in Rabaul nicht teilnehmen dürfen.

Über Funk teilt er Verbandsführer Hedrick die Lage mit. »Big Hog« befiehlt McQueen, zum Heimathafen zurückzukehren, wobei ihn Kepford zu begleiten habe. Als die blaue *Corsair* von McQueen nach unten abschwingt in Richtung Bougainville, bittet Kepford über Funk um Erlaubnis, beim Angriffsverband bleiben zu dürfen, denn McQueen befände sich in keiner Gefahr. Hedrick läßt sich erweichen und genehmigt ihm, beim Verband zu bleiben, bis das Zielgebiet erreicht ist. (Dies würde ihm die offizielle Anerkennung für einen durchgeführten Feindflug einbringen.) Kepford schiebt sich in die Verbandsflugposition zu Davenport und seinem Rottenflieger. Die Höhensicherung besteht jetzt nur noch aus drei Jägern.

Die Küste von Neu-Britannien wird überflogen. Kepford sieht voraus den großen Flottenstützpunkt und sucht den Himmel nach feindlichen Jägern ab. Offensichtlich alles ruhig. Jetzt nähern sie sich dem großen Hafen und den feindlichen Flugplätzen. Davenport und sein Rottenflieger sehen, wie er mit den Flächen wackelt, und verabschieden ihn mit einem Handkuß. Er schwingt nach unten rechts ab, voller Enttäuschung, Minuten vor dem eigentlichen Einsatz nach Hause geschickt worden zu sein.

In der Kurve sieht er genau vor sich Neu-Irland liegen, diese langgestreckte Insel nördlich von Rabaul. Kepford, dieser einsame amerikanische Jagdflieger, allein in einem Gebiet, wo jederzeit mit feindlichen Jägern zu rechnen ist, bringt es nicht übers Herz, einfach nach Hause zu fliegen, als wäre nichts gewesen. Er will ein wenig ausholen und sich einen Teil Neu-Irlands anschauen, während seine Kameraden in den Hafen von Rabaul hineinstechen. Er will sich auch den feindlichen Flugplatz auf der Insel Buka ansehen, die nördlich von Bougainville anschließt. Unablässig sucht Kepford den Himmel nach möglichen Feindflugzeugen ab. Nach rechts, links, oben, unten und nach hinten wandern seine Augen.

Schon während der fliegerischen Grund- und Fortgeschrittenenausbildung hatten ihm seine Fluglehrer eingehämmert, wie wichtig die ständige Luftraumbeobachtung ist. Nur der Flugzeugführer ist im Vorteil, der den Feind zuerst sieht. Dann kann er je nach Lage zum Angriff ansetzen oder sich vom Gegner absetzen. Diese eingebleute Routine und Wachsamkeit zahlt sich jetzt aus. Kepford entdeckt vorne rechts unten eine Bewegung, irgend etwas, das sich über dem Wasser bewegt. Ein dunkles Flugzeug, das aus ein Uhr kurz über dem Wasser auf ihn zukommt.

Feindflugzeug! Es ist ein dunkel gestrichenes, einmotoriges, japanisches Schwimmerflugzeug, das weit unten genau auf Kepford zusteuert.

Ein schneller Blick nach hinten, und Kepford drückt den Steuerknüppel nach vorne. Den Höhenvorteil nutzend, wird er eine 180-Grad-Kurve fliegen und die Feindmaschine von oben, fast senkrecht stürzend annehmen. Der Gegner kommt näher und hat die blaue *Corsair* mit den charakteristischen Knickflügeln noch nicht gesehen. Kepford wartet solange, bis der Japaner fast unter ihm verschwindet, um dann in den Sturzflug abzuschwingen. Wenn sein Vorhaben gelingt, wird er im senkrechten Sturz nach unten schießen, so daß der Gegner durch seine Geschoßgarben fliegen muß.

Die dunkle Silhouette unter ihm fliegt stur den Kurs weiter. Kepford tritt ins rechte Seitenruderpedal und rollt noch steiler ein. Die F4U nimmt immer mehr Fahrt auf, so daß er den Gashebel etwas zurücknehmen muß. Seine Augen sind auf die zwei gelben Zielkreise in seinem Reflexvisier fixiert. Jeden Augenblick muß der Gegner über der Motorverkleidung ins Visier der *Corsair* wandern. Jetzt hat er die Feindmaschine im Zielkreis . . . in Schußweite!

Kepford betätigt den Abzughebel für seine Bordwaffen. Das Stakkato der sechs MGs schüttelt seine Maschine, und die Leuchtspur liegt genau im Ziel. Der Gegner fliegt durch die Geschoßgarben der *Corsair,* die sich in den Rumpf des Opfers fressen! Kepford muß aufhören, die Einschläge zu beobachten und sofort abfangen, um nicht Wasserberührung zu bekommen. Kräftig zieht er am Steuerknüppel, das Lastvielfache mindert Kopfdurchblutung und Sehvermögen, und er sieht nur Wasser. Die langsam hochkommende Flugzeugnase verdeckt jetzt den angeschlagenen Japaner. Die Wasseroberfläche rast auf ihn zu. Die *Corsair* hat den tiefsten Abfangpunkt erreicht und wird knapp über dem Wasser mit hoher Geschwindigkeit abgefangen. Kepford schaut sich um und sieht den Gegner, der qualmend, in leichter Schräglage auf dem Wasser aufschlägt. Kepford nimmt ein wenig Gas zurück und beobachtet, wie sich auf dem Wasser ein Tod verheißender Ölfleck ausbreitet. Das war ein schneller Luftsieg.

Er kurvt weit ausholend auf Südkurs, drückt den Mikrofonknopf und meldet voller Stolz: »Big Hog von Hog 29. Habe einen Abschuß. Kehre zum Heimatplatz zurück.« Während er etwas an Höhe gewinnt, um zurückzufliegen, hört er über Funk die Antwort: »Beweisen!« Enttäuscht wird ihm klar, daß niemand seinen Abschuß beobachtet hat. Die Schießfilmkameras arbeiten unter den feldmäßigen Bedingungen in Bougainville nur unzuverlässig. Daher kann es sein, daß er keinen Schießfilm zur Bestätigung des Abschusses vorlegen kann.

Der Höhenmesser klettert, während er nach Süden den Steigflug fortsetzt und den Himmel nach allen Richtungen absucht. Wo die 17. Marinefliegerstaffel Rabaul angegriffen hat, kann er nichts Besonderes sehen. Aber vorne sieht er oben Flugzeuge . . . ihm verschlägt es den Atem!

Punkte . . . viele Punkte! Sein Herz pocht ihm bis zum Halse. Wenn das zwischen ihm und Bougainville feindliche Jäger sind, dann hätten sie einen vortrefflichen Höhenvorteil. Er wäre ihnen hoffnungslos ausgeliefert! Mindestens zwanzig . . . die Punkte werden größer. Jetzt sind es sogar dreißig! Angespannt prüft er die näherkommenden Silhouetten. Nein, keine eigenen Maschinen . . . sondern *Zeke*!

Kepford setzt seine erste Chance auf möglichst unauffälliges Verhalten, um dem Gegner zu entkommen. Vielleicht werden sie ihn nicht entdecken. Knüppel ganz nach vorne gedrückt, Vollgas und Nase runter bis über die Wellenkämme, Abstand gewinnen vom sich anbahnenden Luftkampf! Im hellen Sonnenlicht zeichnen sich die *Zeke* unmißverständlich ab. Sie fliegen weiter, als ob sie ihn nicht ausgemacht haben. Wird ihm das Glück hold bleiben? Nervös meldet Kepford über Funk an die 17. Marinefliegerstaffel:

»Feindflugzeuge in fünf Uhr, bezogen auf eure Position!«

Hedrick antwortet sofort: »Wo?« – Kepford: »Wiederhole; fünf Uhr, bezogen auf eure Position.«

Es bleibt keine Zeit für weitere Durchgaben. Vier *Zeke* vor ihm machen einen Abschwung nach unten. Kepford ist entdeckt worden. Er kann den Kampf gegen die vier nicht aufnehmen, weil dreißig und mehr *Zeke* oben lauern, wovon jede einzelne ihm den Garaus machen könnte. Alle haben den wesentlichen Höhenvorteil. Er muß sehen, daß er sich aus dem Staube macht. Er stellt seine F4U auf die linke Fläche und kurvt den herabstechenden *Zeke* mit Vollgas davon. Das heißt aber, daß er auf Nordkurs gehen muß, also weg vom Heimatkurs. Der starke 2000-PS-Pratt & Whitney-Motor dröhnt und zieht ihn mit hoher Fahrt über die Wellenkämme . . . aber die *Zeke* kommen näher. Eine ist den anderen weit voraus. Er holt so schnell auf, daß ihm nur ein kurzer Feuerstoß möglich sein wird. Der schmutzgrüne Gegner rutscht vor ihm – nur für einen Augenblick – etwas herüber. Kepford nutzt seine Chance und eröffnet das Feuer. Die Geschosse schlagen im Heck ein und zerfetzen das Seitenruder der *Zeke,* die ins Meer stürzt. Die anderen drei fächern aus, eine nach links und zwei nach rechts.

Sie nehmen ihn in die Zange, um ihm den Rückweg abzusperren. Welchen Weg er auch nehmen wird, er wird auf einen oder zwei der Feindjäger treffen, die ihn dann voll ins Visier bekommen. Die *Zeke* schließen auf, und Leuchtspur zischt rechts an ihm vorbei! Wenn er seine Verfolger nicht abschütteln kann, wird er innerhalb von Minuten abgeschossen sein. Ein kurzer Blick auf den Gashebel . . . ein plombierter Sicherungsdraht und eine Raste in der Gashebelkulisse hindern an einem weiteren Vorschieben. Die Plombierung durfte nur im Notfall gebrochen werden. Dadurch wird Wassereinspritzung für den Motor freigegeben, wodurch mehr Motorleistung zur Verfügung steht. Jetzt befindet er sich in einer solchen Notlage! Kepford umfaßt den Gashebel mit fester Hand und drückt ihn kräftig nach vorne, so daß der Sicherungsdraht reißt. Der Motor scheint einen Augenblick zu zögern, um dann aufzudröhnen. Kepford spürt die Zusatzleistung merklich, die jedoch nur für kurze Zeit vorhält. Ihm bleibt keine andere Wahl.

Die F4U vibriert und rast über Küste und Baumwipfel. Kepford ist jetzt auf Nordkurs über Neu-Irland, genau in entgegengesetzter Richtung zu seinem Heimatplatz. Die Japaner sind ihm auf den

Fersen. Er schaut zurück, dann rechts und nach links. Kommen sie näher heran? Leuchtspurgeschosse zischen über seine Tragflächen. Rumms! Irgend etwas hat seine *Corsair* hinten getroffen. Sie sind immer noch in Schußweite!

Der Motor brüllt und zittert, die Fahrtanzeige steigt. Mit dem Motor in Notleistung und den gewachsten und polierten Tragflächen, die ihm normalerweise schon ein paar km/h mehr geben, erreicht Kepford gut über 650 km/h. Die Japaner hängen hinter ihm wie angekettet.

Rumms! Rumms! Wieder Treffer. Kepford spürt die *Corsair* sich schütteln. Er ist verzweifelt . . . fast schon in Panik und fliegt Zickzackkurse, um den Angreifern das Zielen zu erschweren. Voraus sieht er wieder Wasser. Er hat die Insel also überflogen und fliegt nach Nordwesten. Wenn er nicht bald umkehrt, endet die wilde Jagd damit, daß er notwassern muß. er wird nicht genug Kraftstoffreserven haben, um den Heimatplatz zu erreichen.

Er schaut wieder kurz zurück. Die drei *Zeke* sind immer noch da, sie kommen aber nicht näher und treffen ihn auch nicht mehr. Auf dem Kartenbrett auf seinem rechten Knie vermerkt er schnell die Uhrzeit und den Restkraftstoff. Er will noch ein wenig mit Notleistung nach Nordwesten fliegen, muß dann aber unbedingt umkehren. Im Augenblick ist ihm der Feind noch zu sehr im Nacken. Jede Abwehrkurve bringt ihn genau vor die Bordwaffen der feindlichen Jäger. Er muß Abstand zu ihnen gewinnen, damit sich der Fahrtüberschuß, den sie aus der Überhöhung gewannen, abbaut.

Er hört einen Anruf von ›Big Hog‹. Hedrick will wissen, wo sich die *Zeke* befinden und welche Richtung sie fliegen. »Immer noch in fünf Uhr zu eurer Position«, antwortet Kepford und ergänzt: »Viele Feindflugzeuge, wie es aussieht!«

Kepford vergrößert seinen Abstand zu den Japanern. Er ist ganz in Schweiß gebadet. Zurückschauend sieht er die *Zeke* in unveränderter Entfernung zu ihm. Der große Pratt & Whitney-Motor lief in Notleistung für eine ihm ewig erscheinende Zeit. Bald muß er in den Gegner einkurven, und das hieße, ihm eine Abschußchance geben. Seine Hand zittert am Steuerknüppel, seine Füße schütteln in den Seitenruderpedalen.

Kepford hat zum erstenmal im Kriege wirklich Angst. Er befindet sich in der Falle, und jede Sekunde entfernt er sich weiter von seinem Heimatflugplatz. Jetzt fängt der Motor noch an, heiß zu werden! Ein braungelber Ölfilm überzieht die Kanzelhaube. Die

Motorinstrumente zeigen eindeutig hohe Temperaturen.

Merkwürdigerweise drehen sich jetzt alle Gedanken Kepfords um Vergangenes. Er denkt an seine Familie, an seinen Vater, das Gesicht seiner Mutter, an den lange zurückliegenden Tag, als ihm der Vater das Luftgewehr wegnahm, an die Zeit als Student der Northwestern University, an seinen Bruder, den Feldwebel beim US-Marine Corps, an seine Freunde und an Korvettenkapitän Tom Blackburn, seinen Staffelkapitän.

Sein Füße sind in den Tennisschuhen klitschnaß. Die Schuhe haben sich grün verfärbt! Er kann das gar nicht verstehen. Sind sie wirklich grün? Darüber macht er sich in dieser verzweifelten Lage noch Gedanken. Er meint, der Körperschweiß habe sie verfärbt!

Bald müßte die Notleistung des Motors aufhören. Der Abstand zu den feindlichen Jägern hat sich vergrößert. Er hat es doch noch geschafft!

Jetzt muß etwas geschehen! Er muß nach rechts oder links kurven, um sich aus dieser Zwickmühle zu befreien. Kepford hofft, daß die hohen Motortemperaturen nur aufgrund der Zuschaltung der Notleistung entstanden sind. Sollte aber ein Motortreffer vorliegen, dann wird der Motor bald glühend heiß werden.

Wieder ein kurzer Blick zurück. Seine *Corsair* hat tatsächlich den Abstand weiter vergrößert. Die zwei feindlichen Jäger rechts sind zwar noch in Position, aber weiter zurück. Genauso verhält es sich mit dem links fliegenden Jäger. Kepford beginnt mit Täuschungsmanövern, um seine Verfolger zu verwirren. Er kurvt etwas nach rechts, die Feinde folgen ihm sofort. Dann beginnt er in der Kurve zu slippen, was die Japaner etwas später erst bemerken und dadurch weiter zurückfallen. Mit diesen unauffälligen Manövern gewinnt er in diesem Katz- und Mausspiel langsam und sicher Raum gegenüber den Japanern.

Da Kepford außerhalb der tödlichen Schußweite der Japaner ist, nimmt er den Gashebel ein wenig zurück, um den Ladedruck zu verringern. Der Motor läuft danach ruhiger, aber immer noch etwas unrund mit einigen Vibrationen. Auch Kepford zittert noch am ganzen Körper. Jetzt oder nie! Er muß zum Rückflug einkurven. Er wird über die linke Tragfläche kurven, denn wenn er rechts kurven würde, würde er zwei japanische Gegner vor sich haben. Links ist ihm nur einer im Wege. Und da ist noch der Kreiseleffekt des Motors. Linksherum kann er schneller kurven, weil er gegen die Drehrichtung des Propellers kurvt. Für die verfolgenden Jäger besteht die Gefahr, daß sie beim Schießen in der Kurve tief über dem Wasser nicht so sehr auf die Höhe achten und dadurch vielleicht Wasserberührung bekommen. So will er ganz plötzlich eine harte Kurve reißen.

Mit aller Macht tritt er ins linke Seitenruder und zieht den Steuerknüppel zurück bis an den Bauch, um bis an die äußerste Belastungsgrenze von Mensch und Maschine sein Flugzeug herumzureißen. Die F4U geht senkrecht über die Tragfläche fast auf der Stelle herum. Das hohe Lastvielfache drückt Kepford das Blut aus dem Kopf. Vor seinen Augen sieht Kepford Sterne, das Sehvermögen läßt nach, die ersten Anzeichen, daß ihm bald schwarz vor Augen wird. Er gibt dem Steuerdruck ein wenig nach, um die Körperbelastung so weit zu verringern, daß die Kopfdurchblutung für ausreichendes Sehvermögen wiederhergestellt wird.

Wieder zurück mit dem Steuerknüppel. Die links hinter ihm fliegende *Zeke* kurvt enger als er und gerät innerhalb seines Kurvenradius. Aus den Tragflächen des Gegners spritzen kleine weiße Blitze. Leuchtspurgeschosse zischen vorbei, während der Gegner noch enger kurvt. Kepford hält den Knüppel so fest, daß die *Corsair* sich schüttelnd an der Grenze des Abschmierens bewegt.

Knapp über den Wellen schießt der Japaner in der Kurve weiter. Kepford beobachtet ihn aus dem linken Augenwinkel. Er hat seine 180-Grad-Kurve beendet. Hinter ihm spritzt Wasser auf! Mit der linken Tragfläche hat der japanische Jäger Wasserberührung bekommen. Die *Zeke* überschlägt sich! Ihre Bordwaffen feuern weiter in die Luft, ihre Tragflächen montieren ab.

Welch eine Erleichterung! Den Feindjäger, der ihn in der Linkskurve abschießen sollte, ist er los. Kepford, jetzt wieder in Richtung Neu-Irland fliegend, schaut nach hinten links zurück. Haben die zwei anderen Jäger folgen können? Offensichtlich nicht. Entweder kreisen sie über der Absturzstelle ihres gefallenen Kameraden, oder ihnen ist klar, daß sie die *Corsair* nicht mehr erwischen können. In seiner Linkskurve hat Kepford den Abstand zu den rechts von ihm fliegenden *Zeke* noch mehr vergrößern können. Er nimmt den Gashebel vorsichtig zurück.

Nach soviel Vollgasfliegen zeigen die Kraftstoffinstrumente natürlich nicht mehr viel Reserven an. Er muß mehr Gas herausnehmen und das Luft-Kraftstoffgemisch magerer einstellen, wenn er Bougainville noch erreichen will. Die Motortemperaturanzeige steht im roten, gefährlichen Bereich, aber der Motor läuft rund

und störungsfrei. Nachdem er sich umgeschaut hatte und keine *Zeke* sieht, nimmt er das Gas weiter zurück.

Voraus, am Horizont, liegt Neu-Irland. Wenn er erst diese Insel hinter sich hat, ohne belästigt zu werden, wird er sich sicherer fühlen.

Inzwischen landen die Maschinen der 17. Marinefliegerstaffel in Bougainville. Das Letzte, was man von Kepford hörte, war seine aufgeregte Meldung, er werde von vielen feindlichen Jägern angegriffen.

Der Flugplatz auf Bougainville hat die Form eines T. Am Ende der Piste zweigt ein Rollweg ab. Irgendwo am Rande dieses Rollwegs steht ein großer Baum, unter dem Kepfords 1. Wart, Moore, und sein Waffenwart, Dineen, sitzen. Trotz der Hinweise anderer Bordmechaniker, daß die Nr. 29 längstens so oder so unten sein muß, warten sie. Kepford ist offiziell überfällig, aber Moore wiederholt immer wieder: »Herr Kepford wird zurückkehren.«

Kepford dröhnt auf Südostkurs über die Küste von Neu-Irland. Tief überfliegt er die Wipfel der Palmenwälder. Seine ganze Sorge gilt dem Kraftstoffvorrat. Den Mischerhebel hat er auf ein sehr mageres Gemisch eingestellt, so daß der Motor wieder heiß und rauher läuft. Seine Chance zurückzukommen sieht er schwinden. Fifty-fifty vielleicht. Die einsame F4U überfliegt jetzt die Gegenküste von Neu-Irland in Richtung Salomon-See. Es sind noch etwa 350 Kilometer bis zum Heimatplatz! Die Morgensonne strahlt zwar, aber ihm ist alles andere als wohl zumute.

Die *Corsair* schleppt sich Minute um Minute dahin. Das laute Dröhnen des Motors ist das einzige monotone Geräusch. Im Funk herrscht Stille, denn alle anderen Piloten sind längst gelandet. Kepford fliegt vor sich hin, die Zeiger auf den Kraftstoffinstrumenten nähern sich stetig der »Leer«-Marke.

Bougainville! Die langgestreckte Insel kommt in Sicht. Da sein Kraftstoffvorrat bedenklich niedrig ist, hält er sich rechts der feindlichen Stellungen auf der Insel Buka und denen im nördlichen Teil von Bougainville. Erst kurz vor dem Anflug auf den Heimatplatz, der an der Westküste, auf halber Länge der Insel liegt, will er einkurven.

Endlich, nach einem scheinbar Ewigkeiten dauernden Flug über Wasser, mit dem letzten Tropfen Sprit, kommt die Kaiserin-Augusta-Bucht in Sicht! Kepford kann keinen Kontakt mit dem Kontrollturm herstellen. Kein Mensch rechnet mit seiner Rückkehr.

Also muß er den Platz überfliegen und auf ein grünes Licht vom Kontrollturm warten, um die Landefreigabe zu bekommen.

Er ist noch über der Bucht und fliegt von See her an. Er beobachtet den üblichen Betrieb auf dem Flugplatz, nur starten und landen keine Flugzeuge. In einer leichten Linkskurve sieht er gerade noch rechtzeitig das grüne Licht vom Kontrollturm aufleuchten. Er fährt das Fahrwerk aus, kurvt über den Queranflug weitere 90 Grad in den Endanflug, nimmt die Fahrt auf 180 km/h zurück, zieht den Steuerknüppel etwas an und wartet, daß sich seine *Corsair* auf den staubigen Landestreifen aus Korallensand setzt. Mit einem Rumms setzt sie auf, wackelt ein bißchen und rollt aus. In der Nähe des großen Baumes biegt er von der Piste ab und folgt dem Rollweg.

Sein 1. Wart und sein Waffenwart haben die Nr. 29 erkannt und laufen dem angeschlagenen blauen Jäger entgegen. Sie springen auf die Tragfläche. Moore schaut seinen Flugzeugführer mit einem breiten Grinsen ins Gesicht, aber Kepford zittert am ganzen Leib, als von ihm die ungeheure Anspannung abfällt.

Die Warte finden Einschußlöcher in der Tragfläche, in den Landeklappen und im Höhenruder. Kepford steigt schlotternd aus der Kabine seiner Maschine, offensichtlich unter schwerer Schockwirkung stehend. Er ist kurz angebunden und spricht nur leise mit den Warten und anderen Fliegerkameraden, als er zum Staffelgefechtszelt geht. Der Staffelkapitän und der Fliegerarzt, Kapitänleutnant Lyle Herrmann, begrüßen ihn dort. Blackburn genügte ein Blick, um zu wissen, daß Kepford nicht in der Lage ist, seinen Gefechtsbericht abzugeben oder vom Feindlageoffizier befragt zu werden. Kepford besteht aber darauf, seine Meldungen abzugeben, obwohl Blackburn und Herrmann ihm zuraten, sich doch erst einmal zu entspannen und auszuruhen.

Herrmann gießt ihm ein großes Glas »Ärzteschnaps« ein und gibt ihm zwei kräftige Tabletten, die Kepford schluckt. Der Fliegerarzt besteht darauf, daß Kepford etwas ißt, und er läßt Kaffee und ein wenig zu essen kommen.

Und dann, es ist noch früh am Tage, versinkt der körperlich und seelisch total erschöpfte Kepford in tiefen Schlaf. Er schläft fest für den Rest des Tages, die ganze Nacht hindurch, bis in den nächsten Tag hinein. Als er aufwachte, bemerkte er, daß seine Tennisschuhe immer noch grün waren!

Zum letzten Male boten die Japaner erhebliche Jagdfliegerkräfte am 19. Februar gegen auf Rabaul anfliegende Amerikaner auf. 50 japanische Jäger warfen sich den amerikanischen Torpedobombern, Sturzkampffliegern, F4U, P-40 und F6F entgegen.

Es gelang den Amerikanern, 23 Maschinen des Gegners abzuschießen. Ein wahrlich großer Erfolg. Schon am Tage darauf wurden die verbleibenden Reste japanischer Jäger von Rabaul nach Truk zurückverlegt, wo Trägerpiloten der US-Navy Task Force 58 erst kurz zuvor mehr als dreihundert japanische Flugzeuge, die als Verstärkung für Rabaul vorgesehen waren, zusammengeschossen hatten.

Der amerikanischen Aufklärung und Abwehr war es völlig entgangen, daß sich die Japaner zurückgezogen hatten, daß der bedeutende feindliche Stützpunkt aller Kräfte entblößt war und die lange andauernden und verlustreichen Luftkämpfe doch noch zum Sieg geführt haben.

Die Japaner büßten vier- oder fünfhundert Flugzeuge im Rahmen der Verteidigung in Rabaul ein. Nicht berücksichtigt sind die dreihundert auf Truk vernichteten Flugzeuge.

Die aufreibende Auseinandersetzung war für die Amerikaner nicht so verlustreich, wenngleich ihr die besten amerikanischen Jagdflieger zum Opfer fielen. Der wesentlichste Erfolg der Luftschlacht um Rabaul ist in der beeindruckenden Wirkung zu suchen, den sie auf die japanischen Piloten und die japanische Führung ausübte. Die japanische Führung war in den letzten Tagen der Kämpfe um Rabaul unglaublichen Belastungen ausgesetzt. Sie mußte Tag für Tag mit ansehen, wie der Druck der amerikanischen Luftangriffe zunahm und die japanische Gegenwehr immer mehr an Wirkung verlor.

Trotz stärkster Anstrengungen und des Einsatzes bestausgebildeter Trägerpiloten mußte die japanische Führung erkennen, daß die besten Kräfte ihrer Heeres- und Marinestaffeln der sich steigernden amerikanischen Luftoffensive nicht gewachsen waren. Aufgrund der Wucht amerikanischer Angriffe, der steigenden Zahl und Leistung amerikanischer Flugzeuge wurde vielen in den Kreisen höherer japanischer Offiziere klar, daß für Japan der Krieg verloren war.

Masatake Okumiya, der als japanischer Luftwaffenstabsoffizier in Rabaul diente, bemerkte, daß nach Abschluß der Kämpfe um Rabaul jedem von Anbeginn dabeigewesenen Japaner deutlich war, daß zwischen dem japanischen und amerikanischen Industriepotential eine gewaltige Lücke klaffte. Das baute zunehmend eine defätistische Geisteshaltung auf, die bis in höchste militärische Kreise reichte. Mehr als jede andere landgestützte Auseinandersetzung trug die Luftschlacht um Rabaul dazu bei, der japanischen Luftmacht das Rückgrat zu brechen.

Die einst so mächtige japanische Festung Rabaul wurde einfach umgangen – und umzingelt. Neuseeländische Infanterie landete auf Green Island, etwa 170 Kilometer von Rabaul entfernt. Am 6. März war der Bau einer 1500 Meter langen Piste auf Green Island fertiggestellt. Eine Woche später schon fielen amerikanische Jäger dort ein.

Am 20. März landete das 4. Marine-Infanterieregiment auf Emirau, einer Insel der St.-Matthias-Gruppe nordwestlich von Rabaul. Das war der Abschluß der Umzingelung des großen japanischen Stützpunktes, der nun vom etwa 1000 Kilometer im Norden liegenden Truk abgeschnitten war.

Danach kam für diesen mächtigen Luft- und Seestützpunkt der Japaner, aus dem so starke Flottenverbände im Kampf um Guadalcanal ausliefen und von dem die schweren Luftangriffe gegen die Amerikaner auf den Salomonen ausgingen, das unabwendbare Ende.

Kepford war einer der ersten, der in seiner Maschine über die Wassereinspritzung zur Steigerung der Motorleistung im Notfall verfügte. Kurz danach, im Mai 1944, veröffentlichte die US-Navy eine Pressemitteilung unter der Schlagzeile: »Hervorragender Jagdflieger der US-Navy verdankt der Wassereinspritzung für den Motor seiner Maschine sein Leben.«

Die US-Navy hatte erst vor kurzem die Wassereinspritzung bei ihren Jagdflugzeugen eingeführt. Die Diskussionen über das Für und Wider waren noch nicht beendet, als Kepford seinen Einsatz flog. Seine Erfahrungen damit bestätigten sicher den Wert dieser Verbesserungsmaßnahme. In dem Pressekommuniqué verlautete die US-Navy über die Nutzung der Wassereinspritzung bei Kepfords Einsatz:

»Der 25jährige Flugzeugführer aus Muskegon in Michigan . . . befand sich in einer Lage, die ein Alptraum für jeden Einsatzpilot ist. Er flog nur zwanzig Meter über der See, und drei *Zeke* hingen hinter ihm – zwei rechts und eine links. Hätte er hochgezogen, wäre er den *Zeke* ausgeliefert gewesen; dasselbe wäre ihm geschehen, wenn er rechts oder links gekurvt wäre . . . Und dann nutzte der Pilot die Wassereinspritzung zur Notleistung seines Motors. Die sich daraus ergebende Leistungssteigerung und Geschwindigkeitszunahme gab ihm genügend Vorsprung, um den feindlichen Geschoßgarben auszuweichen . . .«

Kepford hatte am Ende des Krieges 17 bestätigte Luftsiege. Er wurde mehrfach mit hohen Tapferkeitsorden und Verdienstmedaillen ausgezeichnet.

Der fünftbeste Jagdflieger der US-Navy wurde kurz nach dem Kriege, 1945, ausgemustert und heiratete Esther M. Kraegel, die aus Superior in Wisconsin stammt.

Auf der Suche nach einer neuen Beschäftigung schrieb er auf eine Zeitungsanzeige hin an die Rexall Drug Company, die ihn nach verschiedenen Tests einstellte. Später stieg er bis zum Präsidenten der Liggett Drug Company auf und strafte als einer der vielen erfolgreichen Jagdflieger damit die allgemein verbreitete Ansicht Lügen, daß Kriegshelden meistens nach dem Kriege im Zivilleben scheitern und versagen.

KAPITEL 10

Am D-Day über der Normandie

Am Morgen des 6. Juni 1944 wurde die zweite Front in Europa damit eröffnet, daß englische, kanadische und amerikanische Truppen zur Invasion der Normandie über den Kanal setzten. Wenn man auf das größte amphibische Unternehmen der Kriegsgeschichte zurückschaut, wird deutlich, warum an dem Erfolg der Operation kaum zu zweifeln war. Die Alliierten hatten die Seeherrschaft. Bei Salerno und Anzio erzwangen Schiffsgeschütze auf den Gefechtsfeldern des Anlandungsraumes meist die Entscheidung. Auch die alliierten Luftstreitkräfte beherrschten den Luftraum. Nach deutschen Lageeinschätzungen rechnete man mit einer feindlichen Überlegenheit von 20:1 bis 50:1.

Der Zweifrontenkrieg band die meisten deutschen Heeresdivisionen. Der Rest hatte Besatzungs- und Abwehraufgaben vom Nordkap bis Griechenland. Der deutsche Oberbefehlshaber West rechnete in seinem Bereich mit bestenfalls 40 Divisionen, die eine Hunderte von Kilometern lange Küste schützen sollten. Ein Mehrfaches dieser Kräfte stand an der Ostfront. In Mittelitalien standen 20 deutsche Divisionen im Abwehrkampf. Mindestens die gleiche Anzahl war überall im besetzten Europa auf Posten als Besatzung oder in der Verteidigung. Die Deutschen schätzten, daß die Alliierten in England 75 Divisionen hatten, die fast alle frontreif sein sollten (diese Schätzung war zu hoch gegriffen). So kann man verstehen, daß Feldmarschall Gerd von Rundstedt die Lageeinweisung für Feldmarschall Erwin Rommel in düsteren Farben darstellte. Rommel traf im Dezember 1943 in Frankreich ein, um die Heeresgruppe B, bestehend aus der 15. und 7. Armee, zu übernehmen, die der bevorstehenden alliierten Invasion Widerstand entgegensetzen sollte.

Weniger als ein Jahr stand Rommel zur Verfügung, die Abwehr zu organisieren. Er hat in dieser Zeit viel erreicht, vor allem auch die Kampfmoral seiner Truppen gestärkt. Es war aber ein hoffnungsloses Unterfangen, denn nur starke See- und Luftstreitkräfte hätten die Landung der Alliierten stoppen oder in eine ähnliche

Katastrophe wie bei Dieppe wandeln können. (Im August 1942 war es der Luftwaffe zu verdanken, daß das Unternehmen bei Dieppe für die Alliierten eine Schlappe wurde.) Das Erstaunliche bei der alliierten Invasion war, daß es der Deutschen Wehrmacht trotz erdrückender feindlicher Luft- und Seemacht für mehr als zwei Monate gelang, die alliierten Invasionskräfte in engem Raum abzuriegeln. Das grenzte schon an übermenschliche Leistungen und unerhörten Mut der Eliteverbände, von denen einige im wahrsten Sinne des Wortes von einer Walze konzentrierten Feuers von See, aus der Luft und vom Boden aufgerieben wurden.

In den ersten Tagen der Invasion hat Schiffsartillerie oft entscheidend zur Niederkämpfung schwerer Geschütze oder Artillerieansammlungen beigetragen. Die Deutschen wollten damit Kriegsschiffe oder anlandende Truppen abwehren. Viele Küstenbatterien waren in mächtigen Betonbunkern eingebaut und von See nicht auszumachen. Aus diesem Grunde planten die alliierten Befehlshaber vorsorglich den Einsatz von Kriegsschiffen, bis hin zu Schlachtschiffen mit 40,6-cm-Rohren, im Rahmen der Landungsflotte mit ein. Für Schlachtschiffe war der Ärmelkanal ein gefährlich kleines Gewässer, weil die feindlichen Luftbasen nicht weit entfernt lagen. Die Luftwaffe hatte in den Gewässern von Norwegen, Kreta und Malta bewiesen, daß sie selbst die schwersten Brocken von Kriegsschiffen versenken konnten, wenn sie in Reichweite kamen. Dem alliierten Hauptquartier war klar, daß die RAF und die USAAF die Luftwaffe vom Himmel über der Normandie bannen muß, damit die Kriegsschiffe nicht deutschen Luftangriffen ausgesetzt werden. Dem D-Day gingen zwei Monate lang schwerste Luftangriffe gegen Einrichtungen und Flugplätze der Luftwaffe voraus, die die meisten Plätze im französischen Küstenraum unbrauchbar machten. Die Jäger und Bomber der Luftwaffe mußten zurück in den Raum von Paris genommen werden. Aus diesem Grunde und aufgrund der zahlenmäßigen Überlegenheit der Alliierten konnte die Luftwaffe während der Invasion keinen nennenswerten Schaden anrichten.

Außer der Erringung und Erhaltung der Luftherrschaft über der Normandie hatten alliierte Jagdflieger auch noch eine andere Aufgabe, von der selbst heute noch in Veröffentlichungen über die Ereignisse im Juni 1944 nur selten die Rede is. Es handelt sich um die Einsätze als Artilleriebeobachter für die Feuerleitung der vor der Küste liegenden Kriegsschiffe. Artilleriebeobachter der Royal

Navy flogen die berühmte *Spitfire,* die bei der Marine unter dem Namen *Seafire* geführt wurde – man nannte sie auch die »Spitfire mit Fanghaken«. Als sie im November 1942 bei der Royal Navy in Dienst gestellt wurde, war sie das schnellste Jagdflugzeug für den Flugzeugträgereinsätz, wo sie noch bis 1954 genutzt wurde. Die *Seafire* war nicht nur ein zu fürchtendes Jagdflugzeug – sie war ja schließlich eine *Spitfire,* die lediglich für den Trägereinsatz modifiziert wurde –, sondern auch ein hervorragendes Artilleriebeobachtungsflugzeug. Die hohe Fluggeschwindigkeit erlaubte es den Piloten, das Ziel auszumachen, sich darüber aber nicht allzulange aufzuhalten. Nicht selten flogen *Seafire* auf dem Wege zurück von ihren Zielen durch die Salven von Feuerwalzen ihrer Mutterschiffe, die sie vorher mit Feuerleitinformationen versorgt hatten. Wie wir im Laufe dieses Kapitels noch sehen werden, war die deutsche Flakabwehr sehr gut, und Piloten, die diesen Gesichtspunkt außer acht ließen, mußten diese Sorglosigkeit oft mit dem Leben bezahlen.

Es war ein unvergleichbarer Anblick, aus der Luft mitzuerleben, wie in den Tagen der Invasion eine riesige alliierte Armada vor der Küste der Normandie stand. Mit den Schlachtschiffen der englischen und amerikanischen Marine im Rahmen der Feuerleitung zusammengearbeitet zu haben, um feindliche Artillerie zum Schweigen zu bringen, und zudem Ziele ausfindig gemacht und Feuerkorrekturen gegeben zu haben, zählt zu den wirklich unvergeßlichen Frontverwendungen, die nur einer kleinen Zahl von englischen und amerikanischen Flugzeugführern zuteil wurden. die Artilleriebeobachter flogen rottenweise. Gleichzeitig befanden sich nur einige wenige Rotten im Einsatzgebiet. Etwa 150 Jagdflieger, von denen einige gefallen sind, hatten die seltene Gelegenheit, aus der Luft die große amphibische Operation mitzuerleben und zu überwachen. Sie schauten auf eine Szene tobender Kämpfe, die elf Monate später das Schicksal Europas wenden sollten.

Alle alliierten Artilleriebeobachterkräfte waren in Lee-on-Solent (zwischen Portsmouth und Southampton gelegen) stationiert und flogen die *Seafire,* zwei RAF-Staffeln die *Spitfire* Mk.LVB und eine US-Navy-Staffel (17 Flugzeugführer) die *Spitfire* Mk.VCS-7. Am 1. Juni 1944 gab es 101 *Seafire* und *Spitfire,* die in 5 Marine- und 2 US-Heeresfliegerstaffeln im Einsatz standen. Ihnen oblag die Feuerleitung für die alliierten Schlachtschiffe. Die meisten Flugzeugführer hatten bis dahin mindestens drei Monate Ausbildung zum Artilleriebeobachter hinter sich. In der Rotte nahm einer die Aufgaben der Höhendeckung wahr (der sogenannte ›weaver‹). Er flog etwa 600 Meter über dem Artilleriebeobachter, der zwischen 1200 und 2400 Meter Höhe hielt. Der Höhendeckung Fliegende hatte den Artilleriebeobachter vor Überraschungsangriffen feindlicher Jäger zu schützen. Diese Taktik hat sich vom ersten Tag der Invasion an bewährt, denn die Jäger der Luftwaffe hatten es stets besonders auf die Artilleriebeobachter abgesehen. Andererseits tauchten deutsche Jäger nur selten über dem Kanal auf. Im Invasionsraum hingegen waren sie schon am ersten Tage anzutreffen. Sie konnten ihre Heereskameraden nicht oder nur wenig unterstützen, weil sie sofort bekämpft wurden und zahlenmäßig weit unterlegen waren. Sie mußten sich ihrer Haut erwehren und dem Beschuß vom Boden oder von Kriegsschiffen weichen. Die häufig aufgestellte Behauptung, am D-Day wäre von der Luftwaffe nichts zu sehen gewesen, weisen die Artilleriebeobachtungsflieger, die dabeigewesen sind, strikt von der Hand.

Am D-Day waren die Artilleriebeobachtungskräfte in Lee-on-Solent um weitere drei Staffeln verstärkt worden – eine kanadische und zwei englische *Mustang*-Staffeln. In welchem Umfang Artilleriebeobachter eingesetzt wurden, beweisen die 435 Feindflüge zur Unterstützung der Landungstruppe am D-Day selbst. Nach Berechnungen des Autors David Brown, der die amtliche Geschichte der Royal Navy geschrieben hat, war das die bisher höchste Zahl von Feindflügen, die an einem Tag von einem Flugplatz der Alliierten jemals starteten. Demnach spielten die Artilleriebeobachtungsflieger in den ersten Tagen der Invasion für die Erfolge alliierter Truppen in Frankreich eine entscheidende Rolle. Nach Beendigung der eigentlichen Aufgabe der Feuerleitung bekämpften viele auf dem Rückflug noch Artilleriestellungen mit ihren Bordwaffen.

Mit am schwierigsten gestaltete sich in der Normandie die Einnahme des Strandabschnitts »Omaha Beach«, den amerikanische Truppen in den frühen Morgenstunden des 6. Juni 1944 gewinnen sollten, was aber fast fehlgeschlagen wäre. »Omaha« war ein etwa 15 Kilometer langer Küstenabschnitt, der sich ostwärts der Halbinsel Cherbourg zwischen Pointe du Hoc bis Port-en-Bassin erstreckte. Am ersten Tag konnte im Mittelabschnitt dieses Raums mit Mühe Fuß gefaßt und ein kleiner Brückenkopf von drei Kilometer Tiefe gebildet werden. Bei »Omaha« lief schon von den ersten Minuten an alles schief. Die schweren Bomber, die die deutschen Küstenverteidigungsstellungen zerschlagen sollten, verzögerten aufgrund schlechter Sichtverhältnisse und möglicher Gefährdung eigener Truppen den Angriff, so daß schließlich die 13 000 Bomben der 329 B-24 weit im Hinterland abgeworden werden mußten. Gerade wegen des schlechten Wetters setzten die Deutschen alle Hoffnungen darauf, daß keine der Invasionsabschnitte bombardiert werden konnten. Die Entscheidung von General Dwight Eisenhower, die Landung bei »Omaha« trotz des schlechten Wetters fortzusetzen, hatte schlimmste Folgen. Deutsche Küstenbatterien, die unentdeckt geblieben waren, eröffneten um 5.36 Uhr das Feuer auf Ziele auf See. Man mußte erkennen, daß viele der deutschen Küstenbatterien durch die schweren Luftangriffe nicht ausgeschaltet worden waren. Die alliierte Schiffsartillerie konnte gerade bei »Omaha« ihren Auftrag nicht vollständig erfüllen, die Küstenverteidigung zum Schweigen zu bringen. Viele Gründe wurden dafür gesucht. Aber sicher ist, daß die Küstenbatterien in diesem Gebiet so gerichtet waren, die Strandabschnitte und nicht das Seegebiet zu bestreichen, warum sie von See her auch nicht ausgemacht werden konnten. Was immer die Gründe gewesen sein mögen, Tatsache bleibt, die alliierten Bomber warfen ihre Bomben zu weit im Hinterland, und die Schiffsartillerie traf die meisten der zugewiesenen Ziele nicht. Zudem lag das Sperrfeuer alliierter Raketenwerfer viel zu weit. So wurden die amerikanischen Truppen vom ersten Augenblick an während der Anlandung, vor allem am rechten Flügel, von Artillerie- und Mörserfeuer eingedeckt. Noch am gleichen und am nächsten Tage mußte Schiffsartillerie unbedingt mitwirken, um den Landungstruppen eine Durchbruchlücke zu schlagen.

Im Landungsabschnitt »Omaha« bot sich ein derart erschreckendes Bild, daß das LXXXIV. Korps und die 7. Armee der Deutschen Wehrmacht am 6. Juni davon ausgehen durften, die Landung der Amerikaner wäre an der Küste bereits unterbunden worden. Die 1. US-Division des V. US-Korps (General Leonard Gerow), die mit zwei Regimentern angriff, erlitt schwerste Verluste. Die Truppen wurden vor Erreichen des Strandes schon im Wasser zusammengeschossen. Überlebende suchten hinter Sanddünen Schutz und lagen dort praktisch deckunglos. Eine weitere Folge der Entscheidung, trotz schlechten Wetters und schwerer See die Anlandung fortzusetzen, war der Verlust fast aller Panzer und schwerer Ausrüstung dieser Regimenter. Von 32 Panzern, die für das 116. Regiment der 29. Division am rechten Flügel von »Omaha« zur Verstärkung landen sollten, erreichten nur fünf Panzer den Strand, alle anderen versanken mit den Landungsbooten auf dem sechs Kilometer langen Weg zur Küste in den Fluten. Die Infanterie wurde 15 bis 20 Kilometer vor der Küste – in Anbetracht des Wetters viel zu weit draußen – von Transportschiffen auf Landungsboote gesetzt. Mindestens zehn dieser Boote liefen auf dem Wege zur Küste voll und sanken. Auch die meisten 105-mm-Haubitzen gingen in der schweren See verloren. Nur eine Haubitze des 111. Feldartilleriebataillons kam an Land, ganz abgesehen von den Materialverlusten der beiden anderen Artilleriebataillone. Zusätzlich zu diesen Schwierigkeiten ergaben sich im Abschnitt von »Omaha« erhebliche Orientierungsprobleme. Die Einschläge der Schiffsartillerie hüllten alles in Staub und Qualm, so daß die Landmarken von den Landungsbooten nicht mehr auszumachen waren. Viele Landungsboote liefen falsche Strandbereiche an. An der rechten Flanke von »Omaha«, wo neun Kompanien gleichzeitig an Land gehen sollten, brach der Angriffsschwung unter dem schweren Abwehrfeuer zusammen. Schlechte Sicht, die Wetterverhältnisse und unerwartete Strömungen im Küstengewässer zerrissen den Truppenverband.

Ein weiterer wesentlicher Grund für den Ablauf der Ereignisse am Strand von »Omaha« war das Vorhandensein der voll kampfbereiten 352. (deutschen) Division, die weder von der alliierten Abwehr noch von französischen Agenten vor Beginn der Invasion gemeldet worden war. General Clarence Huebner, Kommandeur der 1. US-Division, hatte man gesagt, seine Kräfte würden in einem Küstenabschnitt angreifen, der nur von einem Regiment Küstensicherung verteidigt würde. Statt dessen gerieten sie in die Fänge der 352. Division, die, ganz im Sinne von Rommels Abwehrkonzept, die Verteidigung sofort in Strandnähe aufnahm. Im übrigen Invasionsbereich trafen alle Feindnachrichtenangaben der alliierten Abwehrstellen zu. Das Versagen französischer Agenten und der Luftaufklärung, die 352. Division, die seit 1. April aus ihrem Bereitstellungsraum um St. Lô in den Abwehrraum sickerte, zu entdecken, zählt – nach offiziellen Angaben der US-Army – zu einem der ungelösten Rätsel im Zusammenhang mit Fragen um den Ablauf der Invasion.

Und so kam es, daß sich an den Stränden bei Pointe du Hoc,

Pointe de Raz und Vierville-sur-Mer am D-Day fast eine Katastrophe entwickelte. Der deutsche Offizier am Pointe de Raz glaubte schon, die Invasion wäre abgeschlagen worden. Er meldete amerikanische Gefallene, Soldaten, die am Strand Deckung suchen, viele brennende Panzer und gepanzerte Fahrzeuge und viele Verwundete am Strand. (Viele Soldaten, schwerbeladen mit Kampfausrüstung, ertranken, als sie an Land zu schwimmen versuchten, nachdem ihr Landungsboot versenkt wurde.) Selbst mit Luft- und Seeunterstützung erforderte es heldenhaften Einsatz und außergewöhnliche Tapferkeit, die Lage bei »Omaha« in den Griff zu bekommen und die Kräfte neu zu gliedern. Es mußten Kriegsschiffe her, die mit ihrer Artillerie 20 bis 25 Kilometer weit feuern konnten.

Im Juni jenes Jahres flog Kapitänleutnat D. B. »Dick« Law, Royal Navy, in Lee-on-Solent eine *Seafire* L III. Er sollte später als einer der wenigen englischen Marineflieger im Verband der 8. US-Luftflotte noch *Mustang* fliegen. Er diente beim 34. taktischen Aufklärungsgeschwader und war einer von drei Brüdern, die im Kriege Flugzeugführer waren. (Einer fiel als Kommandant eines RAF-Bombers *Lancaster* über Deutschland. Eine Schwester diente in London als Nachrichtenhelferin der Marine.)

1920 als Sohn eines Ingenieuroffiziers des Heeres in London geboren, unterschied sich Laws Laufbahn im Kriege durch verschiedene Frontverwendungen von der vieler anderer Jagdflieger. Er flog die *Seafire,* die *Mustang* (von Rodney bei Norwich) und – nach Frontverwendung in der 352. US-Jagdgruppe in die USA versetzt – sogar die japanische *Zeke* im Rahmen von Erprobungen an der Erprobungsstelle der US-Navy in Patuxent. Dann nach Fernost versetzt, nahm er an den Endkämpfen gegen Japan teil und flog die F6F *Hellcat.* Demnach ist Law qualifiziert, Flugzeuge und Kriegsschauplätze zu vergleichen und zu beurteilen. Ob es nun ein Einsatz mit der *Mustang* nach München, Feindflüge gegen Japaner im Pazifik oder Einsätze von Flugzeugträgern sein mögen, zu allem kann Law in der Tat etwas aussagen. Und insbesondere kann er über die Flüge als Artilleriebeobachter für englische und amerikanische Schlachtschiffe bei der Invasion berichten. Damit werden wir uns in diesem Kapitel beschäftigen.

Ich lernte Law 1978 in seinem Londoner Büro kennen. Mit 58 Jahren war er von stattlicher Erscheinung, blond mit dunkelgrünen

Augen. Vor elf Jahren trat er als Kapitän der 30 000-t-»Bulwark« in den Ruhestand. Ja, um den Kreis einer vielfältigen Militärlaufbahn zu schließen, nach dem Kriege wurde er Kapitän auf Großer Fahrt! Als leitender Angestellter einer größeren Firma der Luftfahrtindustrie lebt er in Guildford und fährt täglich nach London. Oft fährt er an die Südküste, um zu segeln oder seinen alten Kommandeur, Admiral Percy Gick, der in Kapitel 2 vorgestellt wurde, zu besuchen. Über Gick hat Law eine unverbrüchliche Meinung: »Er war der beste Offizier, unter dem ich je gedient habe, ausnahmslos und ohne Zweifel, und er war ein feiner Mann.«

Laws Haar ist ergraut und schon etwas dünn, aber er ist aktiv und voller Kraft. In zahlreichen Gesprächen, die ich mit ihm nach 1978 noch führte, bewies er eine Aufmerksamkeit und Flinkheit, die man gewöhnlich nur bei jüngeren Menschen antrifft, die sich auffälligerweise bei Jagdfliegern jedoch bis ins hohe Alter zu halten scheint. Kapitän »Dick« Law, hochdekorierter pensionierter Offizier der Royal Navy, sitzt fünf Tage in der Woche an seinem Schreibtisch in der Duke Street. Dort sprachen wir über die Ereignisse von 1944 und vor allem über die im Juni jenes Jahres.

»Es gibt nur einen Tag, an den ich mich besonders erinnere«, sagte er, als ich ihn nach einem Einsatz über See befragte. »Es war am zweiten Tag der Invasion, am 7. Juni 1944.« Ich bat ihn um nähere Einzelheiten, die er dann schilderte:

»Die Sonderausbildung für Artilleriebeobachter und Aufklärer begann im Februar 1944 auf den Flugplätzen Ballyherbert und Ayr. Dazu gehörte auch die praktische Ausbildung in der Zusammenarbeit mit dem Heer. Das 3. Marinefliegergeschwader hatte ungefähr 42 Flugzeuge und 60 Flugzeugführer. Wir flogen die *Spitfire* und die *Seafire*. Im April wurden zwei Staffeln, auch die meine, mit den verbesserten *Seafire* L III ausgerüstet. Ich war Einsatzstabsoffizier der 886. Staffel. Zwei Staffeln erhielten die *Spitfire* LVB, die in etwa nach Leistung und Flugverhalten den neuen *Seafire* entsprachen. Am 3. Juni – wir hatten erst Tage zuvor nach Lee-on-Solent verlegt – wurden unsere hellblau-grau bemalten Maschinen mit weißen Streifen versehen. Die Unterseite von Rumpf und Tragflächen wurden in etwas dunklerem Grau bemalt. Natürlich wußte jeder, daß die Invasion bevorstand. Es herrschte allseits Hektik und aufgeregte Spannung.

Wir kannten unsere Ziele. Es waren die deutschen Küstenbatterien, die mit ihren schwerkalibrigen Rohren in dicken Betonbunkern steckten. Monatelang hat man uns die Bedeutung unserer Einsätze eingehämmert. Aus diesem Grunde kam nie ein Gefühl der Niedergeschlagenheit auf, nicht in der traditionellen Rolle als Jagdflieger eingesetzt zu werden. Man hatte uns erklärt, daß nur schwerste Schiffsartillerie die verbunkerten Artilleriestellungen ausschalten kann. Wir mußten diese Stellungen finden und das Feuer darauf lenken. Nur wenn diese schweren Batterien zum Schweigen gebracht würden, könnten die Landungstruppen sicher an Land gehen und in Feindgebiet vorstoßen.

Nach und nach lernten wir, schwere Geschütze auf ein Ziel einzuschießen. Zuerst übten wir am Sandkasten, dann mit leichten Heeresbatterien, und in der letzten Ausbildungsphase arbeiteten wir mit einem Kreuzer vor der Küste Schottlands zusammen, um in der Luft entsprechende Praxis als Artilleriebeobachter zu sammeln. Am 6. Juni 1944, als die Invasion begann, fühlten wir uns bereit für diese Aufgaben.

Am Invasionstag, es war ein sehr bewölkter Tag, erhielt ich schon in aller Frühe Startbefehl. Ich hatte den Auftrag, mit dem englischen Schlachtschiff *Warspite* zusammenzuarbeiten. Sie lag vor der Küste der Normandie im Rücken der englischen und kanadischen Landeköpfe, die links von den amerikanischen Abschnitten ›Utah‹ und ›Omaha‹ lagen. Eine Batterie westlich von Trouville machte erhebliche Schwierigkeiten. Wir mußten sie finden. Das gelang, und wir lenkten das Feuer darauf. Die Flakabwehr war zeitweise sehr stark, aber wir kümmerten uns nicht darum. Es hätte mich einmal fast erwischt, nachdem ich der *Warspite* Feinkorrekturen für ihre Feuerwalzen gegeben hatte und ich in der Schußlinie zwischen Schlachtschiff und Ziel herumflog.

Etwa 25 Sekunden nach dem Abschuß von der *Warspite* schüttelte sich meine *Seafire,* und ich hörte ein kräftiges Womp! Zu meinem Erstaunen sah ich links von mir, ziemlich nahe, eine 38,1-cm-Granate ›vorbeikoffern‹. Das Ding wiegt ungefähr eine Tonne! Danach paßte ich höllisch auf, nicht in die Schußlinie zu geraten.

Es war ein anstrengender Einsatztag. Jeder von uns machte mindestens drei Feindflüge als Artilleriebeobachter oder Aufklärer. Einige von uns pflegten nach Beendigung der Feuerleitung noch im Tiefflug Panzer, Artillerie oder Truppen mit Bordwaffen anzugreifen. Das konnte ins Auge gehen, denn deutsche Panzerabwehrkanonen schossen am 6. Juni ein oder zwei unserer Spezialisten ab. Auch die deutschen Küstenbatterien beschossen die *Warspite.* Einmal wurde sie sogar eingegabelt und leicht beschädigt.

Wir schauten von oben diesen Feuergefechten wie bei einem riesigen Tennisspiel zu. Dieses Bild werde ich nie vergessen – die See, die grünen Hecken um die Felder und Bauernhöfe in der Normandie, der massive Flottenaufmarsch und all diese Kampftätigkeit dort unten. Dreimal war ich am 6. Juni als Artilleriebeobachter für die *Warspite* im Einsatz. Wir hielten solange im Einsatzraum, bis wir von anderen *Seafire* abgelöst wurden. Mein Rottenflieger übernahm die Höhendeckung, um Ausschau nach feindlichen Jägern zu halten. Am D-Day hatten wir keine Feindberührung. Aber am nächsten Tag machte ich einen Feindflug, den ich mein Leben lang nicht vergessen werde.«

Am 7. Juni, dem zweiten Tag der Invasion, stand Law wiederum vor Morgengrauen auf, weil er den ersten Einsatz des Tages zu fliegen hatte. 2000 amerikanische Gefallene lagen am Strand des Abschnittes »Omaha«. Drei Kompanien der US-Ranger hatten mit Hilfe von Feuerunterstützung zweier vor der Küste liegender Zerstörer am rechten Flügel schließlich die deutsche Küstenabwehr brechen können. Aber »Omaha« blieb vorerst ein Landekopf, um den verzweifelt gerungen wurde. Die amtliche Kriegsgeschichte der US-Armee bezeichnet diesen Abschnitt als den einzigen, wo es am D-Day zu einer ausgesprochenen Krisenlage gekommen ist. Am Morgen des 7. Juni herrschte klares Wetter, immerhin eine Verbesserung gegenüber dem Vortag. Law zog sich seine schwarze Fliegerkombi an – und vergaß, seine Erkennungsmarke umzuhängen. Es war 5 Uhr morgens, als er im Gefechtsstand zur Lagebesprechung eintraf.

Die immer noch kritische Lage bei »Omaha« wurde eingehend angesprochen. Law sollte die Feuerlenkung für die amerikanische *Nevada* übernehmen, die vor der Halbinsel Cherbourg im Rücken von »Omaha« stand und mit dazu beitragen sollte, eine deutsche 15,5-cm-Batterie sowie andere Stellungen zum Schweigen zu bringen, die seit Beginn der Invasion den Alliierten verheerende Verluste zugefügt hatten. Der amerikanische Feindlageoffizier versprach, daß keine große Gefahr seitens deutscher Flak zu erwarten war. »Dick, ich sage dir«, meinte er, »kilometerweit wirst du keine Flak antreffen.« Guter Dinge und beruhigt, schrieb sich Law Funksprechfrequenzen, Radiopeilungen, Kurse und Zeiten auf und machte sich auf den Weg zur Startvorbereitung.

Der gute Feindlageoffizier hatte voller Optimismus angenommen, die Amerikaner hätten im Landekopf »Omaha« alles bis in die Tiefe des Raums unter Kontrolle. In der Tat hatte das V. US-Corps weder am rechten noch am linken Flügel das gesetzte Tagesziel des Vorstoßes erreicht. In einem sieben Kilometer langen Strandabschnitt hatte man im Durchschnitt nur eineinhalb Kilometer Landgewinn gemacht. Aber die amerikanischen Truppen wurden verstärkt und mit Nachschub versorgt, so daß man am 7. Juni noch einmal etwa drei Kilometer landeinwärts vorstoßen und zu den Flanken beiderseits Anschluß zur 2. englischen Division links und fast bis Pointe du Hoc rechts gewinnen wollte. Das sollte sich noch zu einem erbitterten Kampftag in diesem Abschnitt entwikkeln. Zerstörer, Kreuzer und Schlachtschiffe wurden zur Feuerunterstützung der Gefechte herangezogen.

Eine halbe Stunde nach Beendigung der Einsatzbesprechung standen Law und sein Rottenflieger, Oberleutnant zur See Taylor, auf der Startbahn und gaben ihren *Seafire* Vollgas. Die Rolls-Royce-*Merlin*-Motoren dröhnten in der Stille der Morgendämmerung, und die schlanken Jagdmaschinen hoben schnell ab. Sie setzten Kurs zur 130 Kilometer entfernten französischen Küste.

Zunächst mußte Law Sicht- und Funkkontakt zur *Nevada* herstellen, was keine Schwierigkeiten bereitete, denn im Kanal lagen nur wenige Schlachtschiffe. Er nahm mit dem Feuerleitoffizier der *Nevada* Funkkontakt auf, der die zwei *Seafire*-Piloten anwies, eine 15,5-cm-Batterie aufzuklären, die regelmäßig amerikanische Truppen unter Beschuß nahm. Ferner sollten andere Ziele im Kanal ausgemacht werden. Als Law die französische Küste überflog, sah er auf die typische Landschaft der Normandie. Wie ein Flickwerk lagen die Felder da, grün oder frisch eingesät. Hecken, Baumreihen oder Knicks umsäumten sie. Law flog in etwa 1800 Meter Höhe, Taylor, der über ihm die Deckung wahrnahm, flog 600 Meter höher. Nachdem die *Nevada* eine ziemlich genaue Peilung durchgegeben hatte, konnten sie bei guter Sicht die feindliche Batterie recht bald orten.

Law meldete: »Ziel geortet, Feuerbereitschaft!« Diesmal achtete er darauf, nicht in die Schußlinie der Granaten des Schlachtschiffs zu geraten. Er hielt sich seitwärts und konnte den Mündungsblitz der sechs Rohre leicht erkennen. Das war eine Salve. Er wartete auf den Aufschlag in der Batterie unten. Die Salve lag etwa 400 Meter daneben. Er gab eine Korrektur durch und kurvte in Richtung See. Flakwölkchen stiegen um ihn herum auf. Er dachte an die Einsatzbesprechung, wo ihm versichert wurde, er habe kaum mit Flakabwehr zu rechnen.

Den Artilleriebeobachtern hatte man tags zuvor gesagt, sie hätten genügend Zeit, über den Kanal zurückzukurven, während die Schiffsartillerie nachgeladen und neu gerichtet wurde. Law, der mit seiner *Seafire* etwa 320 km/h Marschgeschwindigkeit machte, legte in 18 Sekunden 1609 Meter zurück, diese Zeit und Entfernung, die sich auch auf Minuten und Kilometer erweitern ließ, bedeuteten für die Jäger über der Normandie schon etwas, wenn es darum ging, die eigene Verwundbarkeit durch Flak zu mindern.

Genauso wie der Beschuß durch die *Warspite* am Vortage wirkte, so konnte auch Law in Zusammenarbeit mit dem Feuerleitoffizier der *Nevada* vierzig Minuten lang gute Treffergebnisse erzielen. Die feindliche Küstenbatterie mußte ihr Feuer einstellen. Am Himmel waren keine feindlichen Jäger zu sehen, nur die sechs bis acht Rotten der Artilleriebeobachtungsflieger über dem Invasionsraum. Alles lief ganz nach Plan. Es wurde Zeit, daß die zwei anderen *Seafire* Law und Taylor in der Wahrnehmung ihrer Aufgaben ablösten. Als sie den ersten Funkspruch zur Ablösung hörten, schauten sie nach Norden und sahen zwei kleine Punkte am Horizont, die im Tiefflug auf Südkurs auf die *Nevada* zuflogen. Law hatte noch genügend Kraftstoff an Bord. Er gab Taylor den Auftrag, sich doch einer 3,7-cm-Flakbatterie anzunehmen, die 13 Kilometer von der Küste entfernt immer noch nicht zu feuern aufgehört hatte. Sie hatten sich abgesprochen, sie in einem Überraschungsangriff zum Schweigen zu bringen. Sobald sich die ablösenden *Seafire* einsatzbereit gemeldet hatten, schärften sie ihre Bordwaffen, überprüften das Zielgerät und die Einstellungen daran und stürzten sich auf die feindliche Batterie. Law konnte sie gut sehen, auch das Bedienungspersonal. Schnell nahm die Fahrt zu, als sie im Sturzflug die Batterie ins Visier nahmen. Aber auch die alarmierten Flakkanoniere waren auf einen Angriff vorbereitet.

»Ich war meiner Sache absolut sicher, diese Stellung schnell auszulöschen«, erinnerte sich Law, »und dann wollte ich nichts wie weg zum Heimatplatz. Wenn ich heute daran zurückdenke, dann waren wir beide doch im Hinblick auf den Erfolg der Invasion in höchstem Maße vermessen. Die ganze Geschichte erschien uns wie ein Spaziergang, weil wir von der Luftwaffe nicht viel gesehen haben, wo wir doch so auf Luftgefechte eingestellt waren. Damals dachten wir, wir dürften doch nicht nach Hause zurückkehren, ohne nicht mindestens in den Kampf am Boden einzugreifen.«

Law ist der erste, der zugibt, daß seine Art des Einsatzes in diesem Fall alles andere als vorbildlich war. Verbissen und voller bester Absichten stürzten sie mit 480 km/h der Erde zu. Law hatte seinen Finger am Abzugshebel und brachte sein Visier genauf auf die Stellung mit den Kanonen und den Soldaten. »Aber diese Kanoniere teilten unsere Überzeugung nicht, daß ihr Fall hoffnungslos war. Sie waren abwehrbereit«, schilderte Law, »und ihre erste Trefferlage war verdammt genau.«

Gebannt nahm Law die glühenden und qualmenden Feuerspuren wahr, die in langgestreckter Flugbahn ihm entgegenflogen, wo er doch noch nicht in Schußweite war! Er hörte ein schnelles, merkwürdiges Plank! Plank! Plank! Das waren Treffer von der 3,7-cm-Flack. Er drückte instinktiv den Steuerknüppel in eine Ecke, um dem gut liegenden Feuer auszuweichen, dann zog er die Maschine etwas an. Er wußte sofort, daß er in Gefahr ist. Die Temperaturanzeige des Motors stieg rapide an. Der Kühler! Getroffen. Das Kühlmittel Glykol floß aus. Er spürte den unmißverständlichen, beißenden Geruch verdampfenden Glykols in der Nase. Während sich all das innerhalb von Sekunden abspielte, hatte er schon nach Norden gekurvt, um so schnell wie möglich die Küste zu erreichen. Gleichzeitig brüllte Taylor über Funk: »Kurs auf die Küste nehmen!« Ihm blieben nur noch Sekunden, vielleicht eine Minute. Ohne Kühlung konnte der Motor nicht laufen und würde wahrscheinlich zu brennen anfangen, wenn er ihn nicht rechtzeitig abstellen würde. Er hatte wieder ungefähr 1000 Meter Höhe erreicht, weil er den Fahrtüberschuß im Sturz genutzt hatte – aber der große Propeller drehte nur müde im Fahrtwind. Law schaltete das elektrische Bordnetz und die Kraftstoffschalter ab. In der Kanzel begann es zu qualmen. Ihm wird wohl nur eine Notlandung bleiben. Nicht einmal mehr bis an die Küste würde er es schaffen. Wie weit waren amerikanische Truppen bereits in Frankreich vorgestoßen? Würde er hinter deutschen Linien notlanden müssen? Nur Sekunden hatte er, um darüber nachzudenken, denn ohne Motorkraft mußte er die Nase des angeschossenen, still segelnden Jägers nach unten halten, oder die Strömung würde abreißen. Schnell verlor er an Höhe und rief Taylor über Funk zu, er müsse jetzt notlanden. Hilflos sah Taylor diesem Spiel zu. Law ging in eine letzte Kurve und nahm Kurs auf ein Sumpfgelände im

Norden, um möglichst nahe an die Küste zu gelangen. Er zurrte sein Gurtzeug fest und behielt die Fahrtanzeige genau im Auge. Fehler konnte er nicht mehr ausgleichen, denn seine Maschine flog antriebslos dahin.

Er durfte nicht mehr an Fahrt verlieren, sonst würde er abschmieren und in den ansteigenden Boden schlagen. Die größte Strecke bis zur Küste hatte er schon hinter sich, und nun sah er vor sich das flache Sumpfgebiet. Die blaugraue Flugzeugnase hielt er mit 160 km/h am Stau genau darauf zu. Über dem Sumpfgebiet fuhr er die Landeklappen aus, behielt das Fahrwerk drin, dann zog er den Steuerknüppel leicht an, um zwar Fahrt zu verlieren, aber keine Höhe zu gewinnen. Die *Seafire* mit stehendem Propeller glitt leise über den Boden, immer mehr Fahrt verlierend. Es war ein so unheimlich stiller Abschluß eines Feindflugs, und Law wartete nur darauf, daß die Maschine Bodenberührung bekam. Es dauerte seine Zeit. Dann bumste sie auf. Die Maschine schlidderte geradeaus, ohne nach links oder rechts auszubrechen oder einen Überschlag zu machen, vor dem sich die Piloten am meisten fürchteten, weil sie dann unter der Maschine gefangen wären. Während die *Seafire* durch das sumpfige Gelände pflügte, war Law sehr erleichtert zu sehen, daß diese Art weichen Untergrunds perfekte Notlandeplätze abgibt. Nach beiden Seiten schaute er heraus, während die Maschine mit verbogenem Propelle langsam ausrutschte bis zum Halt. Die Maschine brannte nicht, kein Qualm mehr, und alles um ihn herum war totenstill. Weit und breit keine Soldaten in Sicht.

Law raffte sich auf, öffente das Kabinendach, löste das Gurtzeug und sprang aus der Kabine auf die Tragfläche. Die Kraftstofftanks könnten jeden Augenblick zu brennen beginnen. Es war eine alte Regel, nicht abzuwarten, was geschieht, sondern sich schnellstens von der notgelandeten Maschine zu entfernen. Law hörte jetzt Kanonendonner und Schießereien. Der Waffenlärm war ihm in der Kabine gar nicht aufgefallen. Das schwere Artilleriedauerfeuer kam glücklicherweise aus einiger Entfernung. Als er von der Tragfläche sprang, gelangte er in einen hohen Schilfbestand. Eine Fw 190 flog über ihn hinweg. Law rannte wie der Teufel! Er hielt inne, weil sich vor ihm irgend etwas im Schilf bewegte. Die Bewegung kam immer näher, das Schilf teilte sich. Er hielt den Atem an. Zwei schwarze Hände zeigten sich. Das mußte ein Amerikaner sein! Jetzt schaute ein großer, kräftiger Unteroffizier der US-Armee durchs Schilf, musterte ihn und winkte ihn heran. Erleichtert folgte Law dieser Anweisung. Der große Kerl wußte, daß er es mit einem alliierten Flieger zu tun hatte, denn er hatte die Notlandung beobachtet und die *Seafire* als alliiertes Flugzeug erkannt. Der Bursche war von Anfang an freundlich. Er bot ihm als Zeichen der Kameradschaft einen Schluck aus der Feldflasche an, dem Law dankend nachkam. Es war, wie er sich erinnert, »ein passabler Rotwein«.

Der Unteroffizier war erst vor einigen Stunden an Land gekommen. Er sagte Law, sie befänden sich im Niemandsland. Nachdem er ihm den Weg zum Strand gezeigt hatte, verabschiedeten sich die Männer voneinander. Law würde auch heute noch gerne wissen, wer der Unteroffizier gewesen ist und ob er die harten Kämpfe der folgenden acht Wochen überlebt hat. Er meinte: »Der Junge war erst wenige Stunden zuvor an Land gegangen und war schon gut auf Draht.«

Vorbei an Truppen, Geschützen, zerschossenen Fahrzeugen und Trümmern aller Art machte sich Law auf den Weg nach Norden in Richtung Küste. Er fragte sich bei Tuppen durch, die auf dem Marsch zur Front waren. Schließlich erreichte er den Strandabschnitt, an dem am Vortage die amerikanischen Soldaten in einem Feuerhagel anlandeten. Insgesamt benötigte er für den Marsch etwa eine Stunde. Amerikanische Soldaten machten ihn darauf aufmerksam, daß er am Kopf blutete. Er hatte sich bei der Notlandung den Kopf am Visier angeschlagen, ohne zu wissen, wie stark er blutete. Weil er einen privat gefertigten Flugdienstanzug trug, wurde er mehrmals nach seiner Erkennungsmarke gefragt. Da er weder Uniform noch Erkennungsmarke trug, erschien das einigen doch recht merkwürdig. Er war müde und mußte unbedingt ein wenig ausruhen. Im Sand sitzend wollte er mit sich selbst erst einmal ins reine kommen. Deutsche Küstenbatterien schossen immer noch in den Strandabschnitt – vielleicht dieselben, auf die er vorher das Feuer lenkte. Trotzdem wurden Truppen und Material unablässig angelandet. Als Law dort saß, sah er die ungeheuren Verluste, die die Kämpfe schon gekostet hatten. Gefallene Soldaten lagen überall am Strand herum, während Truppen und Nachschub anlandeten und sofort an die Front gingen. Gelegentlich kam ein Offizier vorbei. Sehr überrascht war er, als ihn ein General ansprach, um sich in das Gelände einweisen zu lassen. Nur war die Karte des Generals anders als die, die Law bei sich hatte, dennoch bot er seine Hilfe an. Ein Offizier fuhr ihn mit einem Geländewagen zu seiner *Seafire,* um sein kreiselgestütztes Reflexvisier zu bergen, das seinerzeit höchst geheim eingestuft war. Die Piloten hatten Befehl, bei einer Notlandung das Visier zu zerstören.

Mit Hilfe des amerikanischen Leutnants fanden sie die *Seafire.* Die letzten paar hundert Meter mußten sie sich den Weg durch den Sumpf bahnen, um an die Maschine zu gelangen. Während er mit Werkzeug das Zielgerät ausbaute, wurden sie beschossen. In aller Eile schlossen sie die Arbeiten ab und rannten zurück zu dem Geländewagen. Law war froh, daß sie unbehelligt davonkamen. Zurück am Strand, setzte ihn der Leutnant an einem Anlegeplatz ab. Ein Landungsboot hatte gerade Panzer und schweres Gerät ausgeladen. Law sah hier eine Chance, dankte dem Leutnant und begab sich an Bord, um den Kapitän zu suchen. Er stellte sich als Marineoffizier vor, der in einer *Seafire* notlanden mußte. Der Kapitän bat ihn in seine Kajüte und erklärte sich bereit, ihn mit hinüber nach England zu nehmen.

Jetzt konnte sich Law wirklich entspannen. Er griff hinunter an die Fußgelenke und öffnete die Ventile seines G-Anzuges (ein Schutzanzug für Piloten gegen hohe Erdbeschleunigungskräfte; d. Ü.). Zu dieser Zeit zählte auch der G-Anzug zur geheimen Ausrüstung der Alliierten. Matrosen, die Law bei seinem Tun neugierig durch die Fensterscheibe zuschauten, staunten nicht schlecht, als aus seinen Hosenbeinen Wasser herauslief. An dieses Bild erinnert sich Law heute noch mit einem Lächeln. (Das in dem G-Anzug enthaltene Wasser wurde unter Druck in die unteren Teile des Anzuges gepumpt, um zu verhindern, daß unter extremen Luftkampfbedingungen das Blut aus den oberen Körperpartien absackte, weil dem Flugzeugführer andernfalls grau oder schwarz vor Augen wurde.)

Es wurde spät, bis das Landungsboot ablegte. Die Fahrt über den Kanal verlief ohne Störungen. Law und ein Pilot einer P-47, der auch über dem Gefechtsfeld abgeschossen worden war, wurden zum Marinestützpunkt Portland übergesetzt. Die Überfahrt und das Absetzen in Portland hatte die ganze Nacht in Anspruch genommen. Es war 6 Uhr morgens, am 8. Juni 1944, als sich die beiden Piloten bei der Wache meldeten. Nachdem sie den Posten um Informationen und Hilfe gebeten hatten, antwortete der nur kurz angebunden: »Ist Ihnen klar, daß es jetzt sechs Uhr morgens ist?«

Einige Erläuterungen über das von ihnen Erlebte ließen den Posten einsichtiger werden. Bald kam eine Marinehelferin, die Law nach Lee-on-Solent fuhr. Dort hatte man ihn bereits als vermißt betrachtet, denn Taylor meldete seinen Notlandeversuch hinter deutschen Linien. Law war sichtlich verärgert, daß seine besten Kameraden bereits seine persönliche Habe untereinander aufgeteilt hatten, darunter auch seine Uhr und seinen Squashschläger. Mit Glückwünschen und voller Freude händigten sie ihm die Sachen aus. Insbesondere war die Freude groß, daß Law das Zielgerät mitbrachte, das er bis dahin nicht aus den Augen gelassen hatte.

»Gerne wüßte ich den Namen des amerikanischen Leutnants«, sagt Law heute. »Auch den Namen des Generals möchte ich erfahren. Den Namen des Feindlageoffiziers, der mir damals an jenem Morgen versicherte, die deutsche Flak würde mich nicht belästigen, den kenne ich. Er ist Amerikaner und lebt in der Nähe von Brunswick in Georgia. Nach dem Kriege wurde er Kapitän eines Flugzeugträgers. Noch ein Amerikaner fällt mir ein. Er war ein guter Kamerad während der Zeit, als ich mit den Amerikanern in der 352. Gruppe flog. Es war Oberst Mac McCarty, den ich seit 36 Jahren aus den Augen verloren hatte. Dann rief er mich vor einiger Zeit aus Amerika an, daß sein Sohn nach England käme. Natürlich habe ich ihm einen guten Empfang bereitet.«

Law ist immer noch Seemann. Häufig segelt er mit seinem Boot in den Gewässern, die in gewissem Sinne zum Hausrevier von Admiral Percy Gick gehören. Sein Sohn gehört zu Englands besten Sportseglern. Trotz beruflicher Tätigkeit hat er in seiner Freizeit zu diesen hohen Leistungen gefunden. Law ist stolz darauf, daß sein Sohn ein so guter Segler ist, denn er verfügt über keine Reichtümer und opfert seine Freizeit dafür. Als Verantwortlicher für die Öffentlichkeitsarbeit bei der Firma British Aerospace ist Law noch viel mit dem Flugzeug unterwegs, aber nicht mit dem eigenen. Er selber sitzt nicht mehr am Steuerknüppel.

Law erfreute sich 1980 im Alter von 60 Jahren bester Gesundheit, was man ihm ansah. Jeden Morgen macht er einen Dauerlauf und hält sich fit und schlank mit sorgfältig zusammengestellter Diät. Wenn man ihn so sieht, kann man sich kaum vorstellen, wie nervenzermürbend seine Kriegserfahrungen waren. »Nach der Invasion wurde ich nach Fernost versetzt«, erinnert er sich. »Dort flog ich die *Hellcat.* Wir waren auf einem Flugzeugträger stationiert und kämpften gegen die Japaner.« Für die meisten englischen

Piloten war dieser Teil der Erdhalbkugel absolutes Niemandsland. Law erinnert sich an einen Einsatz, wo alle den falschen Flugplatz angriffen. Das war natürlich die Ausnahme. In den letzten Kriegsmonaten zerstörte Law sieben japanische Flugzeuge am Boden.

Er erlebte auch als einer der ersten englischen Piloten den berühmten deutschen Düsenjäger Me 262 im Einsatz. Daran kann er sich deutlich erinnern. Er flog die *Mustang* als Begleitschutz für einen amerikanischen Bomberverband. Die Staffel flog in 7600 Meter Höhe, etwa zehn Kilometer westlich von Merseburg. Es war am 28. Juli 1944. Bei der Einsatzbesprechung hatte man sie schon darauf hingewiesen, sie könnten damit rechnen, zum ersten Male auf das schnellste Düsenflugzeug der Welt zu treffen. Also paßte jeder auf wie ein Luchs, um den zweistrahligen Düsenjäger zu sichten.

»Die Bomber flogen damals in 6600 Meter Höhe. Wir befanden uns im Steigflug, etwa 1000 Meter höher. Dann sahen wir Kondensationsstreifen, die 25 bis 30 Grad Steigflug vermuten ließen. Sie flogen sehr schnell.

Die deutschen Düsenjäger waren an den Bombern B-17 interessiert, nicht an uns, den Begleitschutzjägern. Die ›Fliegenden Festungen‹ hatten die Bomben an Bord, die mußten die Düsenjäger abschießen. Ich sah eine Me 262 abkippen und auf die Bomber zustürzen. Wir konnten dagegen wenig ausrichten. Sie waren einfach zu schnell. Sie schossen durch den Bomberstrom nach unten weg und zogen wieder hoch. Ehe man sich's versah, waren sie bereits außer Schußweite.«

Nach all den aufregenden Erlebnissen als Flieger im Kriege und einer vielfältigen Karriere als Offizier hat sich Law gut in das Zivilleben hineingefunden. Er ist ein lebendes Beispiel dafür, daß das dumme Märchen eben nicht stimmt, Jagdflieger würden nach einem Kriege Schwierigkeiten haben, sich einem zivilen Leben anzupassen. Es ist eine Freude, mit dem jugendlich lächelnden 60jährigen Mann zusammenzusein. Er freut sich des Lebens. Bei einem Essen im Hotel »Cavendish« rief er den Besitzer, der offensichtlich stolz auf Laws Besuch war: »In diesem Hotel lebte die Herzogin der Duke Street«, meinte er mit einem Lächeln in Anspielung auf die Fernsehserie. Zu seinem Freund gewandt, fügte er hinzu: »Er versucht diesem Namen gerecht zu werden, hat es aber noch nicht ganz geschafft!«

Im Gespräch kommt Law meist bald auf seine große Liebe, die

See, zu sprechen. »Wissen Sie, ich mußte unbedingt für meinen Sohn ein Spezialsegel aus Amerika beziehen. Er brauchte es für eine Regatta, und zwar schnellstens. Also rief ich einen Freund in Milwaukee an und erklärte ihm die Geschichte. Er beschaffte das Segel sofort, denn nur er konnte es besorgen. Mein Junge hat es noch rechtzeitig vor der Regatta bekommen . . .«

Sein Vater hat im Leben alles mögliche erfahren und gemacht. Der Sohn tritt ganz natürlich in seine Fußstapfen.

Die folgenden erregenden Tagebuchaufzeichnungen eines weiteren Artilleriebeobachtungsfliegers, des Kapitänleutnants Michael Crosley, der auch im 3. Jagdgeschwader flog, spiegeln sehr genau den Ablauf der Ereignisse im Dienst als Artilleriebeoachter über der Normandie wider.

Die Aufzeichnungen umfassen die ersten drei Tage der Invasion. David Brown hat mir dankbarerweise gestattet, diese Auszüge aus seinem Buch »Seafire« zu entnehmen. Sie vermitteln einen Eindruck von den spannenden Momenten, die Kapitänleutnant Crosley auf seinen Feindflügen erlebte. Jeweils gleich nach den Einsätzen niedergeschrieben, fangen sie die Atmosphäre und Gefühle jener Tage im Juni ein. Crosley diente in der 886. Staffel. Mit seinen 23 Jahren war er schon im Einsatz im Mittelmeer und hatte zu jener Zeit 3,5 bestätigte Luftsiege. Wie Law flog auch er von Lee-on-Solent aus. Und hier seine Tagebuchnotizen:

6. Juni

»Gestern, am D-Day, hatten wir alle wahrlich viel zu tun. Dreimal war ich über Frankreich als Artilleriebeobachter für die *Warspite;* hatte 6 Stunden und 50 Minuten Gesamtflugzeit. Ziemlich tiefe Bewölkung. Mußten tief runtergehen und im Bereich der leichten gegnerischen Flak operieren. Vier Jungs wurden abgeschossen, einer mußte über der Insel Wight aussteigen, wobei er sich den Arm brach[1]. Darunter waren Bassett[2] und Boater[3], von denen nichts in Erfahrung gebracht werden konnte, und ein RAF-Flieger[4]. Wallace[5], der abends zurückkam, sagte, daß er immer noch Armschmerzen habe vom Handschütteln der Franzosen, die ihm genau erklärten, welchen Weg er durch die deutschen Linien wählen müßte.

Um 7.45 Uhr startete ich zu meinem ersten Feindflug. War 45

Minuten über Frankreich, um Feuerlenkung auf schwere Küstenbatterien zu geben. Das Feuer lag ziemlich genau, nur der Funkkontakt zur *Warspite* miserabel. Oberleutnant zur See (D. T.) Keene, mein Rottenflieger, war recht gut. Wir waren mit dem Rückflug schon 25 Minuten verspätet. Der zweite Schuß, abgefeuert um 12.45 Uhr, galt einem Gelegenheitsziel. Die *Warspite* war bei meinem Rückflug noch nicht feuerbereit. Ich beschoß einen deutschen Stabswagen, der sich in einem Acker überschlug. Ein Mann kam raus und rannte in einen nahegelegenen Wald – guter Treffer! Dann feuerte ich noch auf einen Lastwagen, der anhielt und brannte. Bei der Landung waren wir 20 Minuten spät dran.

Die Sache wurde dann langsam heiß; die Flak ballerte auf mich und alle anderen wie verrückt. Ein Kamerad beobachtete unsere Panzer, die aus einer Walddeckung heraus acht deutsche Panzer unter Feuer nahmen. Vier deutsche Panzer explodierten! Wir meldeten Transportbewegungen und Sturmgeschütze an unser Schiff. Beim dritten Start fiel mein Funkgerät aus. Ich landete wieder und nahm mir eine neue Maschine. Mit 25 Minuten Verspätung startete ich, um meinen Rottenflieger zu unterstützen. Die Maschine war kaum besser – der Zusatztank ließ sich nicht abwerfen und einige MGs waren nicht klar. Ich beschoß eine Flakstellung an der Küste, die inmitten einer Kraterlandschaft lag, die die schweren Granaten der Schiffsartillerie hinterlassen hatte. Ich erhielt kein Abwehrfeuer. Ich fand ein wunderbares Ziel – einen Bereitstellungsraum mit Lkw, die etwa 30 Kilometer im Landinnern unter Bäumen getarnt standen, aber die Funkanlage der *Warspite* funktionierte immer noch nicht.«

7. Juni

»Heute zwei Feindflüge – viel Spaß gehabt, schwer 'was los. Weil die Funkanlage der *Warspite* nicht klappte, flog ich ins Hinterland und meldete ein neues Ziel – getarnte Panzer hinter einem Bauernhof. In So-und-So sur Orne beschoß ich einen schweren Lkw, der in ein Haus krachte. Mein Rottenflieger folgte mir, aber seine MGs gaben nicht einen einzigen Schuß ab. Ihm stank das gehörig. Bei meinem zweiten Angriff funktionierten nur die Browning-MGs. Verflucht nochmal!

Beim zweiten Feindflug war das Wetter viel besser. Ein Zehntel Bewölkung über der Küste, weiter im Landinnern nahm sie auf zehn Zehntel zu. Der Kontakt zum Kriegsschiff nicht möglich – hatte schon damit gerechnet – suchten wir im Wald ostwärts von Tourville nach Zielen. Da sich dort nichts bewegte, flogen wir weiter ins Landinnere. Ungefähr 25 Kilometer südostwärts von Caen sah ich etwas, was mich glauben machte, es wäre einer unserer ›Traumtänzer‹, der ganz sorglos über den Wolken dahinflog. Ich ging auf Gegenkurs, um zu sehen, wer das war, denn ich nahm an, es wäre eine *Mustang*. Siehe da, es war eine Me 109 – noch dazu ganz allein. Ich schob das Gas rein, aber sie verschwand in den Wolken. Bis auf 1000 Meter war ich schon ran.

Wenn ich doch nur ein wenig schneller gewesen wäre!

Weil ich meinen Rottenflieger abgehängt habe, stieg ich auf 2100 Meter Höhe. Kaum war ich dort oben angelangt, sehe ich schon wieder eine, etwa 10 Kilometer entfernt. Es kann gut derselbe Vogel gewesen sein, denn er verhielt sich ganz genauso wie vorher. Diesmal weiß ich, daß es ein Deutscher ist. Aus der Sonne kommend, setzte ich mich hinter ihn, ging nahe heran und eröffnete in 200 Meter Entfernung das Feuer, bis er riesig in meinem Visier hing. Er kippt ab, qualmend und Glykol-Kühlstoff verlierend, stürzt senkrecht nach unten und schlägt am Boden auf.

Feuerball.

Zu Bett um 21.35 Uhr, muß morgen um 3.30 Uhr aufstehen. Was für ein Leben! Toll!«

8. Juni

»Gestern hatten wir schlimme Verluste. Wir dürfen keine Lkw mehr angreifen. Die meisten Verluste verursachte die leichte Flak, die die Deutschen verdammt gut beherrschen. Tiny Devonald[6], Dicky Law[7], Val Bailey[8], Foxley[9], und ein RAF-Flieger[10] – alle abgeschossen. Dicky Law hatte unheimliches Glück: Er zerstörte sein Freund-Feind-Kennungsgerät und rief nach der Notlandung seinen Rottenflieger per Funk, daß er in Ordnung ist. Sein Rottenflieger[11] gab ihm durch: ›Marschiere etwa eineinhalb Kilometer nach Osten und du kommst an den Strand‹. Dicky machte sich mit seinem Schießfilm und dem Reflexvisier auf und davon. Prima Zusammenarbeit. Tiny Devonald kehrte heute morgen mit einem Landungsboot nach Devonport zurück, aber leider haben wir von Val oder Foxley keine Nachricht.

Mit Keene, meinem Rottenflieger, in aller Frühe zum Patrouillenflug gestartet. Um 6.30 Uhr überm Landekopf. Wie üblich kein Radiokontakt zum Schlachtschiff. Mein Rottenflieger nahm die Fahrt etwas zurück, um den Zusatztank abzuwerfen. Und in diesem kritischen Moment sah ich einige *Spitfire* – ? – aus nordöstlicher Richtung von oben aus der Sonne einkurven. Etwas gelangweilt gab ich ihm über Funk durch: ›Einer von unseren Leuten hinter dir‹. Und, Gott sei Dank, riß er eine Abwehrkurve, denn gerade hatte der Deutsche das Feuer eröffnet. Keene hat seine Sache gut gemacht, und dann stürzten sich die acht oder neun auf mich. Für ein paar Sekunden zog ich mich in eine Wolke oben zurück, um mich dann, wie ich meinte, mit dem armen Esel, der zurückfiel, zu beschäftigen und abzuknipsen. Bevor ich jedoch in Schußweite war, sah ich neben mir eine Fw 190 im Rückenflug vorbeifliegen. Jetzt kamen sie aus allen Richtungen. Einer der Kerls zog direkt vor meiner Nase nach oben.

Ich nahm mir den Burschen vor, der im Rückenflug nach unten wegstürzte, ich gab einen fünf Sekunden dauernden Feuerstoß auf ihn ab und hatte am Ende des Sturzes gut 650 Sachen drauf. Weil einige *Spitfire* und Fw 190 hinter mir her waren, zog ich in einem engen Looping hoch und konnte nicht beobachten, was mit meinem Gegner passierte, dem ich mindestens zehn Bordkanonentreffer aus 300 bis 500 Meter Entfernung beim Abflug verpaßt hatte. Die Spezial-Fliegerkombi von Franks (G-Anzug) hat mir in der Kurbelei unendlich viel geholfen. Nach dem Looping schaffte ich es, den Burschen ins Visier zu bekommen. Dummerweise hatte ich nur noch wenig Munition an Bord. Gerade jetzt, wo ich so gut an ihn herankam, dazu noch in Bodennähe. Der liebe Gott wird wissen, welche wahnsinnige Fahrt ich hatte! Mein Rottenflieger meldete sich ab zum Rückflug, weil er getroffen war. Weil ich auch keine Munition mehr hatte, folgte ich ihm[12].

Um 14 Uhr war ich wieder über Frankreich. Diesmal arbeite ich mit der *Ramillies* zusammen. Und gerade, als ich mein Ziel gefunden hatte, setzten uns vier *Spitfire* nach. Wir wichen aus und zeigten ganz offen unsere Hoheitsabzeichen und die Sondermarkierungen für Invasionskräfte, aber es half nichts. Immer mehr tauchten auf. Wir mit unseren eckigen Flächen waren das Ziel von etwa 30 *Spitfire* und einigen *Mustang*. Wir schoben die Pulle rein und gingen sofort in den Abwehrkreis. Gleichzeitig riefen wir über Funk unser Leitschiff, sie sollten den Kerlen sagen, Leine zu ziehen.

Die Deutschen haben mit Sicherheit vor uns Artilleriebeobachtern einen Mordsrespekt. Jede Bewegung, ob Truppen oder Lkw und anderes, hört sofort auf, wenn wir uns am Himmel zeigen. Alles verzieht sich in die nächsten Häuser und Hecken. Die Deutschen schalteten sich in unseren Funksprechverkehr ein und gaben der *Ramillies* manch falsche Zielinformation durch. Wir sagten ihnen, sie sollten das Maul halten, wenngleich wir viel kräftigere Worte wählten.

Gestern war Campbell-Horsfall[13] mit dem Kommandeur[14] unterwegs. Sie wurden von einigen Fw 190 ganz schön zerrupft. Der Kommandeur wurde abgeschossen und Campbell-Horsfall, ohne Munition, über die See fortgejagt. Unser einziger Verlust heute war Sam Lang, den Fw 190 erwischten[15]. Simpson[16] und Chamen[17] gingen heute morgen einer tollen Taktik der Deutschen auf den Leim. Sie fielen auf Köderflugzeuge herein. Chamen wurde schwer getroffen, konnte aber noch heil zurückkehren.«

Bedeutung der Zahlen:

1. Kapitänleutnant C. L. Metcalfe, 885. Staffel, Royal Navy.
2. Oberleutnant zur See A. H. Bassett, 885. Staffel, Royal Navy – vermißt, wahrscheinlich gefallen.
3. Oberleutnant zur See A. Goater, Royal Navy, wurde nicht abgeschossen bei diesem Einsatz, sondern Oberleutnant zur See H. A. Coghill, 808. Staffel, der nach Flaktreffer an jenem Tag ins Meer stürzte – vermißt, wahrscheinlich gefallen.
4. Oberleutnant G. R. Duff, 63. RAF-Staffel – gerettet.
5. Kapitänleutnant W. A. Wallace, 886. Staffel, Royal Navy.
6. Korvettenkapitän S. L. Devonald, Staffelkapitän 885. Staffel, Royal Navy.
7. Kapitänleutnant D. B. Law, Einsatzstabsoffizier 886. Staffel, Royal Navy.
8. Korvettenkapitän P. E. I. Bailey, Staffelkapitän 886. Staffel, Royal Navy, – von eigener Flak abgeschossen, ausgestiegen und bei der Fallschirmlandung auf eigenem Gebiet im Strandabschnitt eine Mine ausgelöst, aber nur leichte Verstauchung.
9. Oberleutnant zur See R. J. Foxley, 886. Staffel, Royal Navy, – gerettet.
10. Oberleutnant G. R. Wilcock, 26. RAF-Staffel, – vermißt, wahrscheinlich gefallen.
11. Oberleutnant zur See A. E. Taylor, 886. Staffel, Royal Navy.
12. Oberleutnant zur See Keene, vier Treffer im Leitwerk seiner »Seafire« – Rückflug ohne Schwierigkeiten; Kapitänleutnant Crosley hatte offensichtlich nur 60 Schuß pro Kanone und 150 jeweils für die zwei klaren Browning-MGs an Bord.
13. Korvettenkapitän C. P. Campbell-Horsfall, Royal Navy und stellvertretender Geschwaderführer.
14. Fregattenkapitän J. M. Keene-Miller, Royal Navy, – Kriegsgefangenschaft.
15. Oberleutnant zur See H. Lang, 886. Staffel, Royal New Zealand Navy, – abgeschossen von Fw 190.
16. Oberleutnant zur See H. H. Simpson, 886. Staffel, Royal Navy, – Beschußschäden.
17. Oberleutnant zur See R. G. S. Chamen, 885. Staffel, Südafrika.

KAPITEL 11

Trägereinsatz gegen Formosa

Der zweitbeste Jagdflieger der US-Navy im Zweiten Weltkrieg ist Beispiel für den Bürger in Uniform, wie er seit den Jahren der Revolution zu den Waffen gerufen wurde. Wieder einberufen im Korea-Krieg, ist seine Lebensgeschichte gewissermaßen typisch für Amerika.

Cecil Elwood Harris wurde 1916 als Sohn eines Farmers in Crespard, Süd-Dakota, geboren. Er war 23 Jahre alt, als Deutschland im September 1939 nach Polen einmarschierte und damit den Zweiten Weltkrieg auslöste. Harris machte am Northern State Teachers' College in Süd-Dakota sein Lehrerexamen und unterrichtete in einem kleinen Ort des Staates. Er meldete sich sofort bei der Reserve der US-Navy für eine seemännische Verwendung.

Schließlich gelang es ihm, als Fluganwärter in die fliegerische Laufbahn übernommen zu werden. Vier Monate später – nur Tage nach seinem 25. Geburtstag – griffen die Japaner Pearl Harbor an. Er war einer der Amerikaner, der nicht zögerte, seine zivile Beschäftigung aufzugeben, und sich gleich zu den Waffen meldete.

Harris durchlief die fliegerische Auswahlschulung auf dem Marinestützpunkt Minneapolis, Minnesota, und wurde dann zum Marinefliegerhorst Corpus Christi in Texas versetzt. Weil dringend fliegendes Personal benötigt wurde, war bei seinem Lehrgang Eile geboten, der am 11. Februar 1942 abgeschlossen wurde – zu einer Zeit, wo der Krieg im Pazifik zu schlimmsten Befürchtungen Anlaß gab.

Im Frühjahr 1942 wurde Harris in die 27. Jagdstaffel der US-Navy versetzt und erhielt seine Fortgeschrittenenausbildung bei der Flugzeugträger-Ausbildungsgruppe Atlantik. Seine erste Frontverwendung bekam er während der alliierten Landung in Nordafrika, wo er vom Flugzeugträger Einsätze zur Heeresunterstützung flog.

Anfang 1943 kam er nach Guadalcanal, wo er zwei japanische Flugzeuge abschoß – seine zwei ersten Luftsiege von insgesamt 24 bestätigten im Zweiten Weltkrieg. (Nur wenige wissen, selbst die vielen, die mit oder unter ihm dienten, daß er der zweitbeste Jagdflieger der US-Navy im Zweiten Weltkrieg ist.)

Nach dem Kriege kehrte Harris in den Lehrerberuf zurück und unterrichtete in einem kleinen Schulhaus in Süd-Dakota, wo er sich sehr wohl fühlte. Diese Tätigkeit wurde durch die Einberufung zum Dienst in Korea unterbrochen. Harris wurde wie viele andere kriegserfahrene Männer, die schon ausgebildet und kampferprobt waren und demnach sofort gebraucht wurden, den jüngeren Jahrgängen vorgezogen, die ja eigentlich die Masse der Kämpfer im Korea-Konflikt hätten stellen sollen.

Interessanterweise stammten Harris und Joe Foss, der beste Jagdflieger des US-Marine Corps im Pazifik, aus Süd-Dakota, diesem Staat weit im Landesinnern, wo man vom Meer und von kreuzenden Flugzeugträgern nicht viel verstand.

Wir wollen uns hier jedoch mit dem Zweiten Weltkrieg befassen. In diesem Kriege hat der Lehrer aus Süd-Dakota angesichts mehrfacher feindlicher Überlegenheit Schneid bewiesen, und infolge seiner erfolgreichen Tätigkeit an der Front wurden ihm neun Tapferkeitsorden verliehen.

In diesem Kapital werden wir uns einem Einsatz widmen, den Harris mit der Task Force 38 (Träger-Kampfverband der US-Navy) gegen Formosa flog. Bevor wir im Geiste diesen Einsatz »mitfliegen«, sollen einige andere Feindflüge nicht unerwähnt bleiben.

Für einen Einsatz, der fünfzehn Tage später stattfand, erhielt Harris das Navy-Cross. In der Verleihungsurkunde hieß es unter anderem:

»Für außerordentliche Tapferkeit als Jagdflieger der 18. Jagdstaffel der U.S.S. *Intrepid* beim Einsatz auf Luzon, Philippinen, am 29. Oktober 1944.

In schneller Folge fing er zwei japanische Jagdschwärme ab, die unsere eigenen Bomber- und Torpedostaffeln nach dem Angriff auf Clark Field bedrohten, und führte seinen Schwarm in schneidigem Ansatz gegen die Feindflugzeuge, wobei er zwei Abschüsse erzielte und die anderen Japaner in die Flucht schlug . . . Gegen feindliche Übermacht schoß er in erbittertem Luftkampf zwei Feindflugzeuge ab und trug wesentlich zur Abwehr des Feindverbandes bei, ohne daß eigene Flugzeuge in Verlust gingen . . .«

Obwohl Harris vier Feindflugzeuge abgeschossen hatte, blieben den Amerikanern Verluste erspart.

Bei allen seinen Einsätzen und Luftkämpfen im Kriege hat er

niemals an seiner Maschine Treffer einstecken müssen. Wie seine Kameraden bestätigen, lag es an seinen außergewöhnlichen fliegerischen Fähigkeiten und hatte nichts damit zu tun, daß er im Einsatz nur geringen Gefahren ausgesetzt gewesen wäre.

Einen Monat bevor Harris den in diesem Kapitel noch zu beschreibenden Einsatz flog, schoß er vier weitere Feindflugzeuge ab. Dafür wurde er mit dem Goldenen Stern ausgezeichnet.

Bei anderer Gelegenheit schoß er drei Feindflugzeuge ab, die seinen Trägerverband angriffen. In einem Falle erfolgte der Abschuß inmitten des fahrenden Verbandes, und zwar im Kreuzfeuer eigener Flakabwehr. Dafür erhielt er das Distinguished Flying Cross. In der Schlacht im Leyte-Golf erhielt er einen weiteren Goldenen Stern, wie auch nach einem Feindflug über Luzon, Philippinen, wobei er drei, wahrscheinlich sogar vier im Luftkampf bezwang. Der Feind hatte bei diesem Gefecht elf Maschinen verloren.

In der Schlacht im Leyte-Golf bekämpfte er ein feindliches Schlachtschiff eines großen japanischen Flottenverbandes und beschädigte es schwer, insbesondere zog er das feindliche Flakfeuer auf sich, um es von den verwundbareren Torpedo- und Sturzkampffliegern abzulenken.

Solch einen Kampfgeist zeigte der bescheidene Mann vom Lande, der erst Lehrer und dann Jagdflieger wurde. Woran sich seine Staffelkameraden noch gut erinnern, ist lediglich: »Er war der beliebteste Kerl in unserem Haufen.«

Der Tag, dem wir uns jetzt zuwenden wollen, ist der 12. Oktober 1944. Massive Luftangriffe des US-Trägerverbandes 38 am 12., 13. und 14. Oktober 1944 waren Teil der vorbereitenden Kämpfe um die Einnahme und Befreiung der Philippinen. Die Angriffe galten Formosa, wo 18 japanische Flugplätze aufgeklärt wurden. Auftrag war es, diese große Luftbasis zu zerschlagen, damit die Japaner keine Verstärkungen mehr auf die Philippinen verlegen konnten.

Der US-Trägerverband war der stärkste Flottenverband, der je von den Vereinigten Staaten oder jeder anderen Seemacht gebildet worden war. Er bestand aus vier selbständigen Trägergruppen. Damals flog Harris vom Flugzeugträger *Intrepid,* der zur Trägergruppe 2 (38.2) gehörte.

Der 12. Oktober war der erste Tag einer drei Tage dauernden Luftangriffswelle gegen Formosa, die von den Japanern mit schwersten Angriffen landgestützter Flugzeuge gegen amerikanische Flottenverbände beantwortet wurden. Sie ließen sich nur mit den Kämpfen in der Schlacht in der Philippinen-See vergleichen. Anfang des Krieges hatten sich landgestützte japanische Flugzeuge als sehr wirksam bei der Bekämpfung alliierter Schiffe erwiesen.

In schneller Folge versenkten sie die ohne Jagdschutz operierenden großen Schlachtschiffe der englischen Fernost-Flotte vor Malaya und versetzten amerikanischen Kriegsschiffen bei zahlreichen Gelegenheiten empfindliche Schläge. Der amerikanischen Führung waren die beachtlichen japanischen Luftstreitkräfte, die auf Formosa stationiert waren, nicht entgangen. Man entschloß sich, die Luftoffensive gegen diese japanische Inselfestung am frühen Morgen mit allen verfügbaren Jagdkräften – im Rahmen freier Jagd – zu eröffnen.

Zu den Piloten, die für den Einsatz in der Morgendämmerung vorgesehen waren, zählten auch die Piloten der 18. Fliegergruppe, die an Bord der *Intrepid* lag. Zu dieser Gruppe gehörte die 18. Jagdstaffel mit F6F *Hellcat,* die 18. Sturzkampfstaffel und die 18. Torpedobomberstaffel. Mit Piloten wie Harris hatte die 18. Jagdstaffel bereits einen Spitznamen weg: »Die-täglich-zwei-18er«.

Der Taifun, der Anfang Oktober die Pazifik-Flotte noch zu behindern drohte, war vorbeigezogen. In der Nacht des 11. Oktober 1944 schnitt der US-Flugzeugträger *Intrepid* (27 000 t) mit seinen Schwesterträgern *Hancock, Bunker Hill* und *Independence* von der Trägergruppe 2 unter sternklarem Himmel auf Nordwestkurs durch die Fluten des Pazifik. Alle näherten sich der Luzon-Straße, die sich etwa 350 Kilometer weit zwischen der Insel Luzon und Formosa erstreckte.

An Bord der *Intrepid* machte sich der Einsatzstabsoffizier der 18. Jagdstaffel, Kapitänleutnant Cecil E. Harris, daran, die Einsatzplanung seiner Staffel für den morgendlichen Einsatz für die freie Jagd zu erstellen. Normalerweise war der rangdritte Offizier der Staffel der Einsatzstabsoffizier, aber niemand hatte etwas dagegen, als Harris diesen Posten erhielt. Der 29jährige ruhige Fliegeroffizier hat außerordentliche fliegerische Fähigkeiten und Begabung bewiesen.

Sechzehn Jagdflieger der 18. Jagdstaffel waren für die freie Jagd im Morgengrauen eingeplant. Nachdem Harris sie ausgesucht hatte, schrieb er ihre Namen an die Einsatztafel. Die nicht für den Einsatz eingeteilten Piloten waren natürlich sehr enttäuscht, denn

Einsätze im Rahmen der freien Jagd waren gesucht.

Der US-Trägerverband 38 plante, vor Aufsteigen der Morgendämmerung eine vorausberechnete Startposition zwischen 80 und 150 Kilometer ostwärts der Küste von Formosa einzunehmen. Der Staffelkapitän, Korvettenkapitän Ed Murphy, und Harris setzten den Start der Maschinen vor Büchsenlicht an. Jeder an Bord wußte, daß die Flotte beschattet wurde, daher rechnete man mit einem Feindangriff in erster Stunde. Ein Start im Büchsenlicht würde nicht nur die Decks der Flugzeugträger freimachen, was die Flakabwehr begünstigte, sondern auch die Piloten in die Lage versetzen, die Feindflugplätze bei Sonnenaufgang zu erreichen, in der Hoffnung, die feindlichen Maschinen vor dem Start noch bekämpfen zu können.

Harris hatte sich als die Nummer 9 eines Verbandes von 16 Jagdmaschinen eingeteilt, und zwar als Führer des dritten Schwarms mit vier F6F *Hellcat.*

Während sich die abgedunkelten Schiffe in jener Mittwochnacht Formosa näherten, versammelten sich Harris, die sechzehn zum Einsatz für den Feindflug im Morgengrauen eingeteilten Piloten und die Ersatzleute zu einer ungezwungenen Einsatzbesprechung. Fragen wurden gestellt über die Luftverteidigung und Abwehr über Formosa; die Feinlageunterlagen ließen auf schwerste Abwehr schließen. Angesichts des großen Schlages gegen die Insel hingen Unsicherheit und Ungewißheit in der Luft. Zum erstenmal hieß es in diesem Kriege, freie Jagd auf diese Insel.

Auf dem Mitteldeck, gleich unter dem Hangar-Deck, gegenüber der steuerbords liegenden Offiziersmesse der *Intrepid* wurde Harris um 4 Uhr morgens durch das Hupen des Bosch-Horns über Lautsprecher geweckt. Er wühlte sich aus seiner unteren Koje, rasierte sich, zog sich seine Khaki-Sachen und Marinestiefel an, und zehn Minuten später saß er in der Offiziersmesse beim Frühstück. Auf Flugzeugträgern gab es für Piloten gutes Essen. Selbst wenn die Milch aus Milchpulver angerührt wurde, bestand Harris Verpflegung aus Eiern, Schinken, Toast, Kaffee und Saft.

Bald darauf blökte der Lautsprecher: »Fliegendes Personal zur Einsatzbesprechung!« Harris und alle anderen Piloten rannten zum Bereitschaftsraum der Staffel, der sich über dem Hangar-Deck befand. Nachdem die Vollzähligkeit aller festgestellt worden war, begann die Einsatzbesprechung. Der Feindlageoffizier wies warnend darauf hin, daß über Formosa mit Japans besten Jagdstaffeln zu rechnen sei. Harris gab den Anflugkurs bekannt. Nach dem Unternehmen könne jeder Pilot nach eigenem Gutdünken seinen Rückflug zum Träger bestimmen. Der Meteorologe versprach gutes Wetter für den ganzen Tag, was Trägerpiloten immer äußerst gerne hörten.

Auf einer großen Karte großen Maßstabs wies Murphy auf den Flugplatz, den die Männer der 18. Jagdstaffel an der Nordostküste Formosas angreifen sollten. Das bedeutete Nordwestkurs zum Ziel und Südostkurs zurück zur *Intrepid.* Allen Piloten wurde befohlen, strikte Funkstille zu wahren. Im Schwarm war engster Verbandsflug zu halten. Der Anflug der geschlossenen Staffel sollte in etwa 4600 Meter Höhe erfolgen. Jeder Rotte wurde eingehämmert, den rückwärtigen Sektor der Nachbarrotte zu sichern.

Dann sprach der Militärgeistliche mit den Fliegern ein Gebet und bat um die Gnade einer sicheren Rückkehr vom Feindflug. Über den Lautsprecher kam die vertraute Aufforderung: »Piloten! Sitzbereitschaft – marsch, marsch!« Die Piloten hasteten aus dem Bereitschaftsraum die Leiter hinauf zum Flugdeck, um an Bord ihrer *Hellcat* zu gelangen. Die *Intrepid* hatte für den Start der Maschinen zwei Katapulte. Murphy startete als erster. Nach seinem und dem zweiten Schwarm war Harris mit dem seinen an der Reihe.

Die *Intrepid* hatte voll in den Wind gedreht und durchschnitt mit 30 Knoten (55,6 km/h), noch bei Dunkelheit, die Wellen des Pazifiks, während es im Osten zu dämmern begann. Auf dem Flugdeck begann sich etwas zu tun, Leben kam auf, als die dreiblättrigen Propeller zu drehen begannen, gelbblaue Flammen aus den Auspuffen schlugen und die Warte eilig hin- und herrannten. Die Piloten überprüften ein letztes Mal Motor, Instrumente und alle Schalter im Führerraum. Murphy legte seinen Kopf an die Kopfstütze seines Sitzes und ließ den Motor aufheulen. Als sich die Flagge des Signaloffiziers senkte, schleuderte ihn der Katapult nach vorne, sein Körper wurde mit aller Wucht in den Sitz gepreßt. Nach dem Verlassen des Decks sackte er etwas ab und rührte schnell am Steuerknüppel und glich mit den Seitenruderpedalen aus. Stück für Stück gewann die *Hellcat* langsam mit Vollgas an Höhe. Schon bald sprach der 2200-PS-Pratt & Whitney-Doppelsternmotor an und gab eine gute Steigleistung her.

Murphy und sein Rottenflieger kurvten seitwärts weg, um den

Abflugsektor vor dem Bug nicht durch ihre Propellerböen zu stören. Zwei weitere Jäger folgten. Und so ging es weiter, bis auch Harris von der Deckbesatzung in den Katapult gehakt wurde. Als der Startoffizier seine ausgestreckten Arme senkte, schleuderte ihn der Katapult vorwärts, als ob ihn die Hand eines Riesen bewegte. Jetzt war er vom Deck frei und ging über dem Wasser mit Vollgas langsam in den Steigflug über.

Staffelführer Murphy flog geradeaus. Nachdem Harris mit seinem Schwarm und auch der letzte Schwarm in der Luft waren, leitete Murphy eine Kehrtkurve ein, um zurück zum Flugzeugträger zu fliegen. Währenddessen schnitten die anderen *Hellcat* ihm den Weg ab, um aufzuschließen. Als Murphy den Träger überflog, hatte sich der Verband gesammelt. Jetzt kurvte Murphy auf Nordwestkurs und nahm Richtung auf Formosa.

Sechzehn graue *Hellcat* steigen mit 280 km/h in den Himmel, der in der Morgendämmerung schimmert. Die Staffel fliegt schwarmweise gegliedert jeweils in der sogenannten ›Vier-Finger-Formation‹. Der Rottenflieger von Murphy fliegt rechts von ihm, die andere Rotte ist nach hinten links gestaffelt versetzt. Dahinter, etwas nach rechts gestaffelt, fliegt der zweite Schwarm. Links von dessen Schwarmführer fliegt sein Rottenflieger, und die zweite Rotte fliegt nach rechts hinten versetzt.

Gut nach hinten links gestaffelt fliegt der Schwarm von Harris, dessen Rottenflieger, Franklin Burley, sich rechts hinter ihm hält, während sich seine zweite Rotte unter Führung von Oberleutnant zur See, Bill Zeimer, weit zurück auf seiner linken Seite hält. Der vierte Schwarm fliegt ganz links hinter Harris. Der Rottenflieger des Schwarmführers hängt rechts, etwas zurückversetzt, und die letzte Rotte fliegt ganz am linken Flügel.

Die *Intrepid* ist jetzt eine kleine, kaum sichtbare Silhouette, die immer mehr im Grau der Dämmerung verschwimmt. Harris schaut auf seine Tragflächen und sieht, daß ihm seine Warte mit Polierwachs ein paar Kilometer mehr Fahrt herauspoliert haben. Mit polierten Flächen und der Wassereinspritzung für Notleistung seines Motors hat Harris in seiner F6F gegenüber den feindlichen Jägern einen Geschwindigkeitsvorteil. Die Piloten schärfen die Bordwaffen. Die Sterne am Himmel sind verglimmt.

Die Maschinen der 18. Jagdstaffel setzen ihren Steigflug nach Nordwesten fort. Andere Staffeln des US-Trägerverbands 38 nehmen von verschiedenen Flugzeugträgern auf Kurs Nordwest Richtung auf all die Ziele in Formosa.

Abgesehen vom Dröhnen der Motoren ist die Stille fast unheimlich. Zwanzig Minuten sind verstrichen, seit die 18. Staffel vom Deck des Flugzeugträgers abhob und jetzt in 4600 Meter Höhe den Steigflug beendet. Die erste Stufe des Höhenladers hat bereits zugeschaltet.

Am Horizont voraus sieht Harris die Ostküste von Formosa mit ihren schönen grünen Hügeln und Bergen herüberleuchten. Mit einem Mal hört er über Funk die Befehle von Murphy sich überschlagen. Harris will sich mit seinem Schwarm einen Flugplatz nahe der Küste näher vornehmen. Er meldet sich über Funk ab und drückt den Steuerknüppel nach vorne. Die vier graublauen *Hellcat* stechen nach unten und nehmen Fahrt auf. Zwölf *Hellcat* verharren in 4600 Meter Höhe auf Kurs. Die grüne Küstenlinie wird immer deutlicher, und die Berge und Hügel werden immer größer.

Harris entdeckt in der Nähe der Küste ein offenes Gelände. Das muß der Flugplatz sein. Er kurvt leicht, um sein Flugzeug in die Richtung zu drehen. Sein Rottenflieger Burley, rechts, und seine links fliegende Rotte sind in Position. Er überlegt sich, ob er mit seinen vier Maschinen überraschend angreifen kann, oder ob der Gegner sie schon mit Radar angemessen und Jäger alarmiert hat, um sie abzufangen.

Die Küste kommt näher. Während Harris an Höhe verliert, dreht sich die Nadel des Höhenmesser nach unten und die Fahrt nimmt zu. Er muß tief runtergehen, um sich den Flugplatz genau anzuschauen. Er macht eine große Startbahn aus, die in Richtung Südost-Nordwest verläuft. Am Ostrand des Platzes befindet sich ein Industriekomplex.

Er renkt sich fast seinen Hals aus, um Ausschau zu halten, denn er weiß, daß sein Schwarm im Anflug auf einen feindlichen Flugplatz, zumal noch im Tiefflug, sehr verwundbar ist. In niedriger Höhe sind die Japaner sehr wendig und erfolgreich.

Die Küste Formosas liegt voraus. Harris fliegt jetzt in 600 Meter Höhe. Darüber fliegen *Hellcat* und kurven am Nordrand des Flugplatzes links ein. Harris, der mit seinem Schwarm der Staffel voraus ist, will sich nördlich des Platzes halten und dann links einkurven. Mit Vollgas haben sie die Küste hinter sich gelassen und im Sinkflug 460 km/h erreicht. Im Süden des Platzes sieht er viele abgestellte japanische Flugzeuge stehen. Er rollt aus und wird den Platz mit Bordwaffen angreifen, um die feindliche Flak herauszufordern. Der Motor nimmt das Vollgas gut an, während er den Steuerknüppel nach vorne drückt.

Über ihm werden Murphy und die anderen Piloten die Flakstellungen auszumachen versuchen. Die vier *Hellcat* werden immer schneller und befinden sich nur wenige hundert Meter über den Baumkronen.

»Feindflugzeuge!« gellt es über Funk!

Das war Zeimer, sein Rottenführer, der da rief. Er hatte fünf feindliche Bomber entdeckt.

Harris schaut nach vorne, nach links und nach rechts, kann sie aber nicht finden. Harris bedeutet Zeimer, den Schwarm in die Richtung auf die Flugzeuge zu führen. Zeimer zieht etwas hoch und reißt in eine atemberaubende Linkskurve. Die vier *Hellcat* kurven so hart wie möglich bei dieser Geschwindigkeit und befinden sich jetzt hinter und über den Bombern, die nach Südwesten Kurs halten. Harris hat sie entdeckt! Fünf . . . landgestützte . . . Zweimotorige. Der japanische Verbandsführer hat zu seiner Rechten vier Bomber nach rückwärts gestaffelt. Die roten »Fleischklößchen« (abwertender Landserjargon für die japanischen Hoheitsabzeichen – eine symbolische rote Sonne –; d. Ü.) sind auf den Tragflächen gut zu erkennen. Die Bomber müssen gerade erst gestartet sein, denn sie fliegen noch ziemlich tief. Mit überlegener Geschwindigkeit schließen die *Hellcat* unter Führung von Zeimer schnell auf. Harris folgt mit seiner Rotte.

Der Schwarm rast in Baumwipfelhöhe dahin. Eine gefährliche Situation, falls feindliche Jäger in der Nähe sind. Durch sein Zielgerät sieht Harris die Bomber größer werden. Zeimer hat sich sehr gut in eine Lage manövriert, um den letzten Bomber des Verbandes, der ganz rechts außen fliegt, anzunehmen. Harris reißt seine Maschine nach links herüber und beobachtet, wie Zeimer schon fast in Schußweite ist.

Die Bomber werden durch einen Angriff von hinten überrascht. Jetzt! Über die Tragflächen der *Hellcat* von Zeimer streicht weißer Mündungsrauch, während seine sechs 12,7-mm-MGs ihre Geschosse in den braungrünen Bomber jagen. Innerhalb von Sekunden beginnt er zu qualmen. In einer Feuerwolke zerlegt sich der Bomber in der Luft!

Zeimer gibt seiner *Hellcat* einen kleinen Schubs nach links und nimmt sich den nächsten Bomber von hinten vor, er schießt sofort. Harris konzentriert sich auf die Nummer drei in der Linie. Jetzt hat er ihn sauber im Visier. Die feuernden MGs schütteln seine Maschine. Richtig angehalten! Treffer im Ziel. Keiner der Bomber hatte eine Bewegung gemacht. Die bisher nicht getroffenen haben die *Hellcat* noch gar nicht bemerkt. Harris MGs zerfetzen den zweimotorigen Gegner im wahrsten Sinne des Wortes. Er kippt über die Fläche ab und stürzt zur Erde.

Wieder Seitenruder und Steuerknüppel nach links, und den nächsten Bomber unter Feuer nehmen. Grauschwarze Wölkchen platzen am Himmel auf. Die japanische Flak beschießt die *Hellcat.* Harris hält den Finger am Abzug. Der Bomber ist schwer getroffen, Teile lösen sich von ihm und er beginnt zu qualmen. Plötzlich ein Feuerblitz . . . der Bomber explodiert, und Harris rast durch Trümmer und Rauch. Sein Kabinendach und die Tragflächen sind ölverschmiert.

Bis jetzt ging alles ganz einfach. Aber Harris bleibt keine Zeit für Selbstgefälligkeit. Ein Warnruf über Funk: »Zero!« Von oben, aus der Überhöhung. Harris guckt nach oben und nach hinten, aber er sieht keine. Schnell ist der übriggebliebene Feindbomber vergessen.

Eine von oben herabstechende *Zero* feuert auf Zeimer, der sofort getroffen wird. Harris sieht jetzt weitere Japaner von hinten rechts herabstoßen. Der *Zero*-Pilot, der Zeimer überraschend erwischt hat, sticht zwischen Zeimer und seinem Rottenflieger hindurch. Harris senkt rechts und links im Wechsel seine Tragflächen und schaut zurück. Sein Rottenflieger hängt wie eine Klette an ihm. Die F6F von Zeimer qualmt und zieht eine dicke Rauchfahne hinter sich her. Er muß aussteigen. Ein Fallschirm entfaltet sich voll – Zeimer. Während er feindlichem Boden entgegenschwebt, jagt sein Rottenflieger, Oberleutnant zur See, Egidio Di Batista, der *Zero* nach, die seinen Rottenführer abgeschossen hat. Bald sieht man die *Zero* brennend über eine Tragfläche abstürzen.

Harris jedoch kann den feindlichen Jägern ausweichen. Er sieht eine F6F am Boden aufschlagen und dahinter gleich eine *Zero.* Wo die *Hellcat* herkam, weiß er nicht. Vorne fliegt Zeimers Rottenflieger Di Batista, und rechts hinter Harris sein Rottenflieger Burley. Er muß Di Batista Feuerschutz geben, und alle drei müssen unbedingt zum Gefechtsverband aufschließen. Bevor ihm das gelingt, sieht er von oben einen dunklen Punkt herabkommen. Der Punkt wird größer und immer größer, und er entpuppt sich als Silhouette einer *Zero*. Sie kommt aus zehn Uhr und stürzt genau auf die Zwölf-Uhr-Position von Di Batista zu. Harris drückt den Mikrofonknopf:

»Dir hängt eine *Zero* hinten oben im Nacken!« Die *Hellcat,* die oben die Höhendeckung übernommen haben, haben die *Zero* entdeckt und geben auch Warnungen über Funk ab. Harris schiebt Vollgas hinein, um hinter der *Zero* aufzuschließen. Di Batista fliegt in etwa 500 Meter Höhe. Der feindliche Jäger rollt genau hinter ihm aus, um das Feuer zu eröffnen. Der Amerikaner liegt genau in Schußlinie, und die *Zero* kommt näher. Gleichzeitig bekommt Harris den Gegner ins Visier, schnell aufschließend. Hintereinander rasen die drei Jagdflugzeuge mit voller Motorleistung über die grüne Hügellandschaft. Seiner Sache sicher, das Visierbild stimmt, eröffnet Harris als erster und zum Glück für Batista das Feuer. Aber die feindlichen 2-cm-Bordgranaten treffen auch ›Debat‹, wie ihn seine Kameraden nennen. Harris trifft noch besser. In Rumpf und Flächen von den Bord-MGs getroffen und zersiebt, kippt die *Zero* qualmend nach unten weg. Harris hört zu schießen auf, schaut der *Zero* nach, aber auch gleichzeitig fast nach oben und nach hinten sichernd. Der Gegner schlägt brennend im Waldgelände auf. Luftsieg Nummer 3.

Bevor Harris Höhe gewinnen kann, ein Funkruf wieder. Di Batista . . . schwer getroffen. Die *Zero* war gut. Harris gibt Di Batista durch, nach links abzudrehen und Kurs auf die *Intrepid* zu nehmen. Er und sein Rottenflieger werden ihn begleiten. Die Schadensmeldung von Di Batista läßt Schlimmes ahnen. Er plant eine Notwasserung an der Küste. Harris drängt ihn, die *Intrepid* zu erreichen zu versuchen. »Wir übernehmen deine Deckung und sichern dich ab«, verspricht er ihm. Di Batista meldet, daß sein Motor unruhig läuft, das Hydrauliksystem Schaden genommen hat und die Flugsteuerung nicht richtig funktioniert. Harris besteht darauf, daß er es auf einen Versuch ankommen lassen soll. Murphy, der aus großer Höhe zuschaut, wie die drei *Hellcat* Kurs auf die *Intrepid* nehmen, gibt über Funk durch, er werde ihnen mit seinen acht F6F Begleitschutz geben.

Während Harris zu Di Batista aufschließt, bekommt er einen Schreck, als er oben einen Verband von *Zero* sichtet. Wird Murphy sie rechtzeitig packen können? Seine *Hellcat* kippen ab zum Angriff. Sie haben den Feind entdeckt. Aber einige tiefer fliegende

Zero nehmen sich der drei *Hellcat* an! Harris setzt sich direkt hinter Di Batista, um ihn nach hinten zu sichern. Die Küste ist überflogen, und die drei *Hellcat* steigen langsam nach Südosten übers Meer. Die *Zero* holen auf.

Ein feindlicher Jäger schließt von hinten oben auf. Andere folgen. Der am nächsten fliegende hat einen Höhenvorteil und ist im Sturzansatz auf Di Batista. Harris kann den *Zero*-Jäger nicht von vorne annehmen. Dadurch ist Di Batista um so mehr gefährdet, und seine zwei Kameraden sehen sich schwerster Abwehr ausgesetzt, denn von hinten tauchen mehr als zwanzig *Zero* auf. Er wird sich dumm stellen, weiterfliegen und den Gegner in Schußweite gelangen lassen, als ob er ihn nicht bemerkt hätte.

Er wird Di Batista bis zum letzten Augenblick Deckung geben und seine Kehrtkurve verzögern. Diese Taktik erfordert genaueste Abschätzung. Läßt er die auf ihn zufliegende *Zero* zu nahe herankommen, wird er ihr Opfer, zumal die *Zero* sehr viel wendiger ist, so daß er sie nicht abschütteln kann.

Harris läßt es darauf ankommen. Der Feind kommt näher. Harris schaut rechts zu Burley hinüber . . . hält gut seine Position. Die *Zero* kommt von hinten näher. Knapp 1000 Meter hinter ihm und von oben kommend. Harris fliegt stur geradeaus.

Der *Zero*-Pilot nimmt Fahrt auf und setzt zum Angriff an. Die anderen *Zero* bereiten sich darauf vor, ihrem Verbandsführer zu folgen. Sie schließen schnell auf.

Der Gegner ist hinter ihm fast auf gleicher Höhe. Harris bleiben nur noch Sekunden. Genau wie er es erwartet hat, setzt sich der Feindjäger hinter ihn, und nicht hinter ›DeBat‹. Die *Zero* ist fast in Schußweite. Jetzt reißt Harris seine Maschine scharf nach links herum. Sie schüttelt sich unter dieser brutalen Kraftanwendung. Harris und Burley, der wie angekettet an ihm hängt, lassen den angeschlagenen ›DeBat‹ alleine weiterfliegen. Sie befinden sich in etwa 300 Meter über Grund.

Nach dem Ausrollen aus der Kurve schaut Harris schnell zurück. Wird ihm der Feindjäger gefolgt sein? Nein, die *Zero* folgt natürlich der angeschlagenen *Hellcat*! Harris knallt den Steuerknüppel nach rechts und tritt mit aller Kraft in das rechte Seitenruderpedal. Ihm wird schwarz vor Augen, als er seine *Hellcat* in die gerissene Gegenkurve nach rechts wirft. Mit voller Motorleistung dreht er auf die *Zero* zu, die nun in seiner Drei-Uhr-Position liegt.

›DeBat‹ und die *Zero* sind schon bis auf 150 Meter über Grund.

Der Japaner spannt genau, was sich jetzt abspielen wird, denn zwei *Hellcat* kurven von links auf ihn ein. Sie haben sich nicht verdrückt. Die *Zero*, die sich wenige Meter über Grund befindet und noch nicht in Schußweite zu ›DeBat‹ war, macht sich über den Baumwipfeln aus dem Staube.

Die zwei *Hellcat* jagen hinterher. ›DeBat‹, sichtlich erleichtert, setzt im Tiefflug Kurs Südost. Mit allem, was der Motor hergibt, jagen die einsame *Zero* und die zwei *Hellcat* über die Baumwipfel mit höchster Geschwindigkeit der Küste zu.

Die *Hellcat* gewinnen Raum. Harris hängt mit seinen Augen am Visier, um die Silhouette des Feindjägers in den Zielkreis zu bekommen. Die Tragflächen werden größer. Sie füllen den inneren Kreis und nähern sich dem äußeren. Der Japaner ist über der Küste eingekurvt, aber die *Hellcat* läßt nicht locker. Jetzt hat Harris den Gegner voll im Visier. Sein rechter Zeigefinger zieht zum viertenmal an diesem Morgen den Abzugknopf der MGs durch. Die Bordwaffen seiner Maschine spucken je Sekunde einhundert Geschosse in Richtung des Luftgegners. In Rumpf und Tragflächen der *Zero* spritzen Löcher im Blech auf. Bevor der geschlagene Pilot ein Ausweichmanöver einleiten kann, quillt schwarzer Qualm aus seiner Maschine.

Harris ist fast so nahe, um dem Gegner den Gnadenstoß zu geben. Dessen linke Fläche hebt sich, und der grüne Jäger rutscht über die rechte Tragfläche nach rechts ab. Harris sieht ihn Baumberührung bekommen und wie der *Zero* dabei eine Tragfläche abreißt. Die zwei *Hellcat* rasen über den Aufschlagbrand hinweg. Burley schreit über Funk: »Du hast wieder einen erwischt!«

Harris schaut dankbar nacht rechts hinüber, wo »Chink« Burley fliegt, der ihn nie im Stich gelassen und stets vor feindlichen Überraschungsangriffen abgeschirmt hat. Der Gegner hat vor einer Gefechtsrotte Respekt, aber nicht vor einem alleine fliegenden Jäger.

Harris schließt zu Di Batista auf, der schon Kurs auf die *Intrepid* genommen hat. Immer wieder ein kurzer Blick zurück, ob nicht doch ein paar *Zero* folgen. Seine schnellen Abschüsse und die Höhendeckung durch Murphy haben die anderen Feindjäger offensichtlich abgeschreckt, denn sie hielten sich in respektvollem Abstand.

Harris sucht den Himmel nach hinten und oben ab und entdeckt zahlreiche Jäger. Er erkennt die Silhouetten . . . *Hellcat*! Die *Zero*-Jäger, die weiter unten herumkurven, sind im Nachteil und jetzt dazu noch die Gejagten, die sich schnell aus dem Staube machen. Nun hört er über Funk auch Murphy, der Kontakt mit der *Intrepid* aufnimmt. Der Rest der Staffel sammelt und folgt ihnen auf dem Wege zum Mutterschiff. ›DeBat‹ meldet weiterhin Schwierigkeiten mit der Flugsteuerung, kann aber Kurs halten. Jede Flugminute bringt sie näher an den Träger heran. Wird ›DeBat‹ seine angeschlagene Maschine sicher aufs Deck des Trägers aufsetzen können?

Voraus sieht Harris die Außensicherungskräfte der Trägergruppe 2. Je näher die *Hellcat* herankommen, um so klarer zeichnen sich die schemenhaften Objekte als Schiffe ab. Bald sieht man den gesamten Flottenverband am Horizont stehen. Für jeden Piloten, der jemals alleine über dem Meer unterwegs war, ist dieser majestätische Anblick stets einer der schönsten Augenblicke.

Innerhalb von Minuten nähern sich die drei *Hellcat* und die Staffel der *Intrepid*, die voll in den Wind dreht, um die Jäger landen zu lassen. ›DeBat‹ soll als erster landen. Wird sein Flugzeug steuerfähig bleiben? Mit voller Fahrt läuft der Flugzeugträger genau am Wind. Über Funk meldet ›DeBat‹, daß seine Maschine steuerlos wird, sobald er die Fahrt zurücknimmt. Er kann unter diesen Umständen nicht landen, was er dem den Flugdienst leitenden Offizier an Bord der *Intrepid* erläutert. Nicht nur ›DeBat‹, sondern auch der Flugzeugträger würde in Gefahr geraten, denn eine steuerlose *Hellcat* mit hochexplosivem Flugkraftstoff könnte eine Katastrophe für das Schiff, die anderen Flugzeuge und mehr als 2000 Mann Besatzung an Bord heraufbeschwören.

Der Flugdienstleitende befiehlt ›DeBat‹, sein Flugzeug aufzugeben und auszusteigen. Seine Kameraden beobachten ihn aus der Luft, wie er an Höhe gewinnt. Begleitzerstörer der *Intrepid* werden in Alarmbereitschaft versetzt. Wenn ›DeBat‹ aus seiner Maschine herauskommt und im Wasser aufkommt, muß er sich sofort aus den Fallschirmleinen befreien und seine Schwimmweste aufblasen.

Die angeschlagene F6F steigt weiter und fliegt eine Position nach Backbord voraus an. ›DeBat‹ schiebt das Kabinendach zurück und versucht, einen sauberen Absprung zu erreichen. Nur die taumelnde *Hellcat* benimmt sich daneben! Er schlägt gegen das Leitwerk. Trotzdem bleibt ›DeBat‹ bei Bewußtsein und kann die Fallschirmreißleine betätigen. Der Fallschirm entfaltet sich, als die F6F ins Meer stürzt.

Alle Augen der Staffelkameraden folgen dem verletzten Piloten, der am Fallschirm niederpendelt und hinter der *Intrepid* aufs Wasser klatscht. Der Schirm fällt über ihm zusammen, er kann freikommen und die Schwimmweste aufblasen. Ein Zerstörer läuft auf seine Position zu, die von Piloten aus der Luft laufend durchgegeben wird.

Harris und die anderen setzen jetzt zur Landung auf der *Intrepid* an. Innerhalb von Minuten schweben sie mit ausgefahrenem Fanghaken an und haken in die auf dem Achterdeck liegenden Fangseile ein, die sie mit einem Ruck zum Halten bringen.

Kaum hat Harris den Motor abgestellt, überfallen ihn die Warte mit Fragen zu seinen Luftkämpfen, die sie teilweise über Funk mitgehört haben. Harris sagt ihnen, er habe zwei Bomber und zwei Jäger abgeschossen. Die Tragflächen und das Kabinendach seiner Maschine sind noch von dem zweiten Bomberabschuß ölverschmiert, aber kein einziges Beschußloch ist zu finden! Wie das im gesamten Verlauf des Krieges gewöhnlich bei ihm der Fall war.

Im Gefechtsstand unter Deck meldet er, daß sein Schwarm insgesamt vier zweimotorige Feindbomber und drei *Zero* abgeschossen hat.

Di Batista wurde von dem Zerstörer aus dem Wasser gerettet. Er hatte sich ein Bein gebrochen.

Voller Spannung hörten die Feindnachrichtenoffiziere den Schilderungen von Harris zu, die ihm gar nicht so besonders vorkamen. In ein paar Stunden hob er wieder vom Deck der *Intrepid* ab, um Begleitschutz für Bomber gegen Formosa zu fliegen. Sein Staffelkapitän jedoch, der alles miterlebt hatte, wußte um die außergewöhnlichen Leistungen von Harris. Er schlug Harris zur Verleihung des silbernen Sterns vor. Dies Auszeichnung erhielt er dann mit einer Verleihungsurkunde, aus der im folgenden auszugsweise zitiert wird:

»Für hervorragende Tapferkeit und Unerschrockenheit als Jagdflieger der 18. Jagdstaffel . . . über dem Nordteil von Formosa, am 12. Oktober 1944, griff er trotz starker, feindlicher Jagdkräfte einen kriegswichtigen feindlichen Flugplatz an und konnte im schneidigen Einsatz gegen überlegene Feindkräfte im Luftkampf . . . vier Feindflugzeuge abschießen . . . in zwei Fällen bewahrte er zwei seiner Fliegerkameraden vor dem sicheren Abschuß . . .«

An jenem Tage schickte der US-Flugzeugträgerverband 38 dreimal seine Fliegerkräfte zur Bekämpfung von Formosa. 48 eigene Flugzeuge kehrten vom Einsatz nicht mehr zurück, wohingegen die feindlichen Verluste mehr als das Dreifache betrugen. Samuel E. Morison beschreibt in seinem Buch »Leyte«, dem 12. Band der vierzehnbändigen Geschichte über den Einsatz der US-Navy im Zweiten Weltkrieg, daß der japanische Admiral, der für die Verteidigung Formosas verantwortlich war, angesichts der Angriffe amerikanischer Marineflieger gegen seine Jagdkräfte am Himmel über der Insel bestürzt äußerte, seine Jäger wären wie rohe Eier an einer Mauer feindlicher Jagdabwehr zerbrochen.

Kurz nachdem Harris sein drittes ›Quartett‹ voll hatte, wurde die *Intrepid* von zwei Kamikazefliegern getroffen. Harris war gerade gestartet und kreiste über dem angeschlagenen Schiff. Stundenlang mußte er mit ansehen, wie der brennende Flugzeugträger ums Überleben kämpfte. Als Trost gleichsam konnte er noch einen Erfolg verbuchen. Wieder tauchten feindliche Flugzeuge auf. Harris kurvte hinter eine *Zero* ein, die ja ein Kamikazeflugzeug hätte sein können, und schoß sie ab. Das war sein 24. Luftsieg im Kriege!

Mit der havarierten *Intrepid* wurde auch die 18. Jagdstaffel der US-Navy, die eine der besten Jagdstaffeln der US-Navy im Zweiten Weltkrieg war, für einige Zeit aus dem Einsatz genommen.

Zurück in den Vereinigten Staaten, wurde die Staffel wieder aufgefrischt, auf den neuen F8F-Jäger umgerüstet und von Harris auf neue Aufgaben vorbereitet. Zu der vorgesehenen Rückverlegung kam es nicht mehr, weil die Japaner am 14. August 1945 kapitulierten. Hätten japanische Kamikazeflieger die *Intrepid* nicht getroffen und damit den Einsatz der berühmten Jagdstaffel unterbrochen, besteht kaum Zweifel daran, daß der Kriegsfreiwillige aus Süd-Dakota noch mehr Erfolge im Luftkrieg erzielt hätte.

KAPITEL 12

Norwegen – Torpedoeinsatz bei Nacht

Der Krieg war schon fast zu Ende und für Deutschland verloren, als sich der junge irische Kapitänleutnant John Godley am 13. Januar 1945 bei seinem Kommandeur auf einem Flugplatz der Royal Navy nahe Londonderry/Nordirland melden mußte. Während des ganzen Krieges hatte Godley die langsame *Swordfish,* beim Landser eher als ›Mehrzweckkiste‹ bekannt, geflogen. (Auch Percy Gick flog sie, wie sich der Leser vielleicht erinnert, vier Jahre zuvor beim Einsatz gegen die *Bismarck.*) Die letzten zwei Jahre stand er im Einsatz der U-Boot-Abwehr als U-Boot-Jäger und flog im Rahmen von Begleitschutzaufgaben für Atlantik-Handelsgeleitzüge von Bord eines Behelfsflugzeugträgers (MAC-ship – merchant aircraft carrier – Handelsschiffe, die zu Flugzeugträgern umgebaut wurden; d. Ü.). Mit diesen Einsatzaufgaben war er sehr vertraut, und er fühlte sich gleichermaßen als Teil der Handelsflotte. Er wußte wie alle anderen, die den Kriegsverlauf all die Jahre aufmerksam verfolgt hatten, daß das Ende bevorstand. Daher wunderte er sich insbesondere, daß er zum Korvettenkapitän befördert wurde unter gleichzeitiger Ernennung zum Staffelkapitän der 835. Staffel, ausgerüstet mit *Swordfish.* Um so mehr wunderte sich der zukünftige Lord Kilbracken, als er hörte, er würde mit seiner Staffel von Bord des Royal-Navy-Begleitträgers *Nairana* ab sofort Geleitzüge nach Murmansk beschützen müssen. Das hatte noch gefehlt – im Winter nach Murmansk und zurück! Die wenigsten Piloten würden so eine Aufgabe begrüßen. Und was sein Kommandeur ihm dann im einzelnen erzählte, bestätigte das düstere Bild um so mehr. Der bisherige Staffelkapitän war total abgeflogen, wie man so sagte, mit anderen Worten reif für Urlaub und anschließende Kur. In der 835. Staffel war die Kampfmoral äußerst niedrig. Godley sollte die Staffel umgehend übernehmen – und zwar übermorgen!

Für den 24jährigen Altphilologen vom Oxforder Balliol College und Reserveoffizier der Royal Navy, der noch nie an Bord eines Kriegsschiffes gedient hatte, bedeutete die neue Dienststellung in der Tat eine beachtliche Herausforderung. Godley war jetzt einer der zwei oder drei jüngsten Korvettenkapitäne der Royal Navy. Er führte das Kommando über 20 Flugzeuge, Jäger und Torpedobomber und 200 Mann. Von nun an hieß es für ihn, seine bei ihm wohnende Frau und den erst zwölf Tage alten Sohn zurückzulassen, nach Schottland zu fliegen und wochenlang im schlimmsten arktischen Wetter von Bord der *Nairana* im Einsatz zu stehen. Wenngleich er schon etwas kriegsmüde war, was er sich nicht eingestehen mochte, war Godley dennoch bereit, sich dieser Herausforderung zu stellen und auch in seiner Dienststellung erfolgreich zu sein.

Als er am 15. Januar auf seinem neuen Stützpunkt Machrihanish in Schottland bei grimmigem Wetter eintraf und erste Gespräche mit Angehörigen der 835. Staffel geführt hatte, wurde ihm erst richtig deutlich, wie tief die Stimmung der Truppe und ihre Kampfmoral wirklich war. Die Piloten waren niedergeschlagen, und sie hatten einfach Angst, weil sie ständig unter schlechtesten Wetterbedingungen fliegen mußten. Die Schuld schoben sie dem Kapitän der *Nairana* in die Schuhe, der natürlich kein Mann des fliegenden Personals war. Zahlreiche Piloten, die schon zu lange in einer Frontverwendung standen, litten unter nervösem Muskelzucken; Ersatz für sie war für die nächsten Tage angekündigt. Godley hatte nur eine Woche Zeit, um seine Staffel auf Vordermann zu bringen, seine Männer kennenzulernen und die Neuzugänge in die Staffel mit den alten, erfahrenen Besatzungen zu integrieren. Die Staffel war mit der *Swordfish* III ausgerüstet, die durch die Beule unter dem Rumpf auffiel, in der eines der neuesten Radargeräte untergebracht war. Dieses Gerät nahm soviel Platz in Anspruch, daß eine Besatzungsposition entfiel, nämlich die des Bordschützen. Die *Swordfish* III hatte als Besatzung lediglich den Flugzeugführer und einen Beobachter. Neu an diesem Flugzeug war auch, daß es unter jeder Tragfläche einen Raketenbehälter trug, nicht für den Einsatz gegen den Feind, sondern als zusätzliche Starthilfe gedacht. RATOG genannt (**r**ocket **a**ssisted **t**ake-**o**ff **g**ear – Starthilfsgerät mit Raketenantrieb; d. Ü.), wurden diese Hilfsgeräte gezündet, wenn das Flugzeug beim Start etwa die Hälfte des Flugdecks erreicht hatte, wodurch die Fahrt beträchtlich anstieg und einen schnelleren und sichereren Start ermöglichte. Das beste Stück in der jahrzehntealten ›Mehrzweckkiste‹ war noch der Pegasus-XXX-Motor. Bis zum Kriegsende mußten die ›Vögel‹ unbedingt halten.

Godley mühte sich sehr, in den nächsten paar Tagen die Stimmung und Ausbildung seiner Leute zu heben, damit die 835. Staffel zu einer einsatzbereiten Torpedobomberstaffel zusammenwuchs. Viel Zeit blieb ihm dafür nicht. Er spürte, daß die Kampfmoral zunahm, wußte aber auch, daß seine Truppe irgendein Erfolgserlebnis brauchte, damit die Staffel zu ihrem alten Waffenstolz zurückfand. Und bald sollte sie dazu Gelegenheit haben.

Kurz nachdem er mit seiner Staffel an Bord der *Nairana* eingefallen war, rief ihn der Kapitän zu sich auf die Brücke. Er eröffnete ihm, daß der Begleitträger mit einem kleinen Kampfverband am 27. Januar 1945 von Scapa Flow auslaufen werde, um vor der norwegischen Küste feindliche Schiffseinheiten zu bekämpfen. Danach erst sollten sie Begleitschutzaufgaben wahrnehmen.

Am 28. Januar 1945 war Vollmond. Man rechnete mit sehr guten Sichtbedingungen. Godley erklärte seinen Männern die neue Lage und forderte sie auf, am nächsten Tage persönlich die eigene Maschine zu überprüfen, denn er hatte Nachtlandeübungen angesetzt. Die Spannung stieg. Niemand beklagte sich, daß es keinen Landurlaub gab. Godley freute sich, daß die Stimmung in der Staffel schon wesentlich besser war. Den jungen Flugzeugführern, die neu in die Staffel versetzt worden waren, sagte er, er werde die Einweisungen in Nachtlandungen mit ihnen übernehmen. Er selbst hegte ernsthafte Zweifel an der Entscheidung, diese alten Doppeldecker für einen derartigen Einsatz vorzusehen. Aber er wollte sein Bestes tun, die Sache zum Erfolg zu führen. Seinen Piloten erklärte er Sinn und Zweck der Nachtangriffe gegen den Schiffsverkehr vor der norwegischen Küste, ohne seine eigenen Zweifel darüber zu offenbaren. Er erinnert sich:

»Seinerzeit transportierte der hartbedrängte Feind von Nordnorwegen große Mengen kriegswichtiger Güter, vor allem Eisenerz. Knapp unter der Küste fuhren Geleitzüge oder einzeln fahrende Schiffe. Nachdem sie bei Tage durch RAF-Angriffe mit *Mosquito*-Bombern schwere Verluste erlitten, verlegten sie ihre Fahrten in die Nacht. Angeblich hatte die RAF nichts aufzubieten, um Tiefflugangriffe bei Nacht durchzuführen, die einzig Erfolg versprachen. Uns schien diese Begründung unglaubhaft. Da die RAF ihrem ureigensten Auftrag nicht nachkommen konnte, wurde wieder die ›Mehrzweckkiste Stringbag‹ herangezogen. Offensichtlich war sie im Jahre 1945 mit ihrer geringen Fluggeschwindigkeit und dem engen Kurvenflugvermögen der einzige ›Vogel‹, der für derartige Einsätze taugte.

Wenn ich heute daran zurückdenke, war der angesetzte Einsatz so tollkühn und unnötig zugleich. Unser Zielgebiet lag gut innerhalb der Reichweite der RAF-Fliegerhorste, von denen Nacht für Nacht Hunderte modernster Bomber starteten. Warum standen sie nicht zur Verfügung, um in mondhellen Nächten diese Aufträge zu erledigen? Um zwei Staffeln alter Doppeldecker – die 835. an Bord der *Nairana* und die 813. an Bord der *Campania* – in Reichweite zu den Schiffswegen zu bringen, mußten alleine neun Kriegsschiffe in Gewässer auslaufen, die etwa 100 Kilometer von einer vom Feind besetzten Küste entfernt lagen und in denen vielleicht U-Boote auf der Lauer lagen, ganz abgesehen von feindlichen Bombern und Jägern, die auf küstennahen Plätzen stationiert waren. Unser Verband umfaßte außer den zwei Flugzeugträgern einen Kreuzer (*Berwick*), zwei Zerstörer (*Algonquin* und *Cavendish*) und vier kleinere Kriegsschiffe. Und dazu alles riskiert, für nichts und wieder nichts, wie schon einmal vier Wochen zuvor, um einen einzigen Einsatz gegen einen möglicherweise gar nicht vorhandenen Feind zu fliegen, der überhaupt kein wichtiges Ziel war. Tja, und dann wieder zurück nach Scapa Flow dampfen.

Wir hatten aber über die Gründe nicht zu befinden. Wir liefen am 27. Januar um 19.00 Uhr mit der *Nairana* unter dem Kommando von Kapitän V. N. Surtees aus und würden nach 25 Stunden Fahrt unsere Startposition erreichen, etwa 260 Kilometer nordwestlich von Bergen, von wo es ungefähr 130 Kilometer bis zur norwegischen Küste waren. Bestes Wetter, kaum Seegang, hervorragende Sicht. Seit den Morgenstunden des 28. Januar wechselten wir uns mit der *Campania* ab, mindestens eine ›Stringbag‹ in der Luft zu haben, um das Seegebiet in unserem Marschraum nach U-Booten abzusuchen oder voraus zu sichern. Während der kurzen Tageslichtperiode – unsere nördlichste Position war 62 Grad Nord – hielten wir an Bord eine Rotte *Wildcat* in Bereitschaft, falls ein Fühlungshalter und Beschatter uns entdeckt hätte. Sie brauchten aber nicht zu starten. Eine meiner Maschinen und zwei der *Campania* wurden leider bei der Landung beschädigt, was unsere einsatzbereiten Maschinen auf 25 absinken ließ.

Um 18.30 Uhr führt Korvettenkapitän John Ball die Einsatzbesprechung durch. Er ist Leitender Offizier für den fliegerischen Einsatz, fliegt aber selbst nicht und hat den Spitz- und Rufnamen ›Wings‹ (in etwa ›Flieger‹, aber etwas abfällig gemeint; d. Ü.). Schon 180 Kilometer vor der Küste Norwegens. Kapitän zur See

Surtees nimmt auch im kleinen Lageraum an der Einsatzbesprechung teil. Wir sollen in zwei Wellen starten. Der erste Feindflug ist für 20.00 Uhr angesetzt mit sieben Maschinen von der *Nairana* und sechs von der *Campania*. Beide Gefechtsverbände sollten unabhängig voneinander in verschiedenen Suchbereichen operieren. Uns von der 835. Staffel wird der Rovde-Fjord zugewiesen. Das ist kein Fjord im üblichen Sinne, sondern eine Meerenge zwischen dem Festland und einer Inselgruppe vor der Küste, etwa zwei bis vier Kilometer breit mit beiderseits bis zu 1000 Meter hohen Bergen, durch die feindliche Schiffe Kurs zu nehmen pflegen. In dieser Meerenge sollen wir auf einer Strecke von ungefähr 75 Kilometer jedes Ziel bekämpfen. Die sechs Maschinen von der *Campania* hatten ihren Einsatzraum 80 Kilometer weiter nördlich.

Korvettenkapitän Ball sagt mir, ich könne meine Position am besten orten, wenn ich Kurs auf Riste nehme, eine kleine Insel, einige Meilen vor der Küste gelegen, die sich gut auf dem Radargerät (Sichtschirm) abzeichnet. Er versichert mir, es gibt dort nur so feindlich gesinnte Wesen wie ein paar Bauern mit ihren Kühen! Es ist mir unerklärlich, nachdem wir den langen Anmarschweg hatten, warum wir nur 75 Kilometer feindlicher Schiffswege überwachen sollen, was lediglich eine halbe Flugstunde dauert, aber eineinhalb Stunden Flugzeit für den Hin- und Rückflug erfordert. Wir hätten mindestens zwei Stunden im Zielgebiet Überwachung fliegen können, wobei wir vier- oder fünfmal soviel Strecke hätten zurücklegen können. Und dann noch der Befehl, uns bei Riste in Kleinverbände von zwei oder drei Flugzeugen aufzuteilen mit jeweils eigenem Suchraum, um sich gegenseitig zuzuflüstern, wenn jemand ein Ziel entdeckt hat.

Zweiter Einsatz mit jeweils sechs Maschinen von jedem Träger, Startzeit 20.40 Uhr. In sicherem Abstand vor der Küste kreisen in Abrufposition und auf weitere Befehle der Verbandsführer warten, die ihre Maschinen zu Teilverbänden im Suchgebiet zusammenfassen.

Ich befehle in meinem Verband, jeweils eine Maschine mit sechs Bomben und die anderen mit acht panzerbrechenden Raketen zu beladen. Um 19.15 Uhr, in mondheller Nacht, stehen die sieben weißen Maschinen, die nur auf den Tragflächen einen grün-braunen Tarnanstrich tragen, die für die erste Angriffswelle vorgesehen sind, in Reih und Glied aufgereiht auf dem Flugdeck. Meine eigene, die A wie Anton, steht ganz vorne mittschiffs im Wind. Die anderen Maschinen standen dahinter, die Tragflächen schon verriegelt. Um 19.40 Uhr steige ich in die Maschine und mache letzte Überprüfungen von Gerät und Instrumenten. Über der Uniform trage ich meine braune, pelzgefütterte Lederjacke, habe den Seidenschal, die Fliegerstiefel, Schwimmweste, den Helm und die Fliegerbrille angelegt. Links am Rumpf kurbeln zwei Warte das Schwungrad des Anlassers auf Touren. Sobald der typisch hohe, singende Ton zu hören ist, rufen sie mir zu: ›Einkuppeln!‹ Ich ziehe den Griff zu meiner Linken. Der Pegasus-Motor beginnt zu bullern. An allen Maschinen fangen die Propeller an zu drehen. Um 19.55 Uhr drehen sich alle Propellernasen in den Wind. Beide Schwärme, insgesamt neun ›Vögel‹, starten unmittelbar hintereinander. George Strong, mein Beobachter, sitzt ganz still hinter mir. Die *Campania* fährt nahe steuerbords mit uns auf gleicher Höhe. Jetzt sind wir startklar, und mein Blick geht von meinem Wart, der auf das Zeichen zum Wegziehen der Bremsklötze achtet, hinüber zur Brücke. Schon blitzt das grüne Licht von der Brücke der *Nairana* auf. Über meinem Kopf winke ich mit dem Arm als Zeichen dafür, daß die Bremsklötze weggezogen werden. Inmitten der Propellerböen und des Motorengedröhns huscht mein Wart unter die Maschine und zieht die Bremsklötze weg; ich drücke auf die Bremsen und gebe Vollgas. Nach ein paar Sekunden löse ich den Bremsdruck und beginne zu rollen. Nach 80 Metern Rollstrecke drücke ich den Knopf für die Zündung der Starthilfsraketen und werde mit einem Male in den sternklaren Winterhimmel geschoben. Eiskalt bläst mir der Propellerwind ins Gesicht. Ich nehme das Gas etwas zurück, um weniger als 130 km/h am Stau zu halten und leite eine leichte Linkskurve ein, damit die anderen schnell aufschließen können. Um Zusammenstoßrisiken aus dem Wege zu gehen, kurvt der Staffelkapitän der 813. Staffel entsprechend nach rechts weg. In weniger als fünf Minuten fliegen wir in gelockerter Staffelreihe. Ich nehme Kurs Nordost, genau 042 Grad, und steige mit 150 km/h langsam über die im Licht der Mondnacht glitzernden Wellen der Nordsee in Richtung auf Riste vor der norwegischen Küste, etwa 120 Kilometer ostwärts gelegen und 45 Flugminuten entfernt.

Ich fühle mich absolut ruhig und zuversichtlich. Es gibt nichts Schöneres, als Staffelkapitän zu sein! Der silberne Vollmond am wolkenlosen Himmel strahlt so hell, als wäre fast Tageslicht. Wir haben die Anflughöhe von knapp 400 Metern erreicht und erkennen schon 50 Kilometer voraus die schneebedeckten Berge der feindlichen Küste. Riste zeichnet sich deutlich ab, nachdem mir George eine Radarortung gegeben hatte mit kleiner Kurskorrektur, die mich genau darauf zuführen wird, wo aber auch die erste Überraschung auf uns warten sollte. Aus Gründen, die mir entfallen sind, und ob ich sie je gewußt habe, wer weiß, jedenfalls hatte ich den Auftrag, die Insel in etwa 400 Meter Höhe zu überfliegen, um dann nach eigenem Gutdünken weiterzufliegen. Welch ein Unsinn, es wäre besser gewesen, tief über See zu fliegen, um länger vom feindlichen Radar unerkannt zu bleiben. Na ja, ich führte also sieben Maschinen im Verbandsflug an, stur geradeaus und mit 150 km/h am Stau, in einer gefährlichen Flughöhe und dazu noch wunderschön vom Mond beschienen in dieser Inselwelt. Mit einem Male verändern zwei Batterien mit Bofors-Kanonen alle unsere romantischen Vorstellungen von einer Insel mit Bauern und Kühen! Vielfarbige Leuchtspurmunition strömte rasend auf uns zu. Wie immer, erst langsam und dann mit tödlicher Beschleunigung.

Wir hätten eigentlich mausetot sein müssen. Zumindest George und ich, denn die Flak hatte sich auf uns eingeschossen. Wir waren ja auch das einfachste Ziel. Wieder einmal war unsere geringe Fluggeschwindigkeit unsere Rettung. Vertraut mit der Angriffsgeschwindigkeit der *Mosquito,* die mindestens viermal schneller flog, konnten die Flakkanoniere einfach nicht glauben, daß wir mit müden 150 km/h durch die Gegend flogen. Einige Sekunden lang jagt die Leuchtspur etwa 50 Meter vor uns in den Himmel. Ihre Chancen stiegen. Bevor sie korrigieren können, habe ich meine A wie Anton in eine steile Linkskurve nach unten gelegt, und meine Männer folgen mir unverzüglich. In einer Reihe von Kurven nach rechts und links arbeite ich mich bis auf Seehöhe hinunter. Diesen Bewegungen können die Flakkanoniere nicht mehr folgen. Über den Wellenkämmen bin ich ihren Visieren entkommen. Wir sind in Sicherheit.

Das Flakfeuer hat andere Batterien alarmiert. Schon vor dem Abschwung in Ausweichmanöver habe ich den Eingang zu unserem Fjord ausgemacht. Er lag zwar noch einige Kilometer entfernt, aber ich sah ein richtiges Kreuzfeuer mit Leuchtspurgeschossen sich darüber hinweg abspielen. Es kam vom Festland und einer Insel, die nächst der Küste lag. Was werden sie sich dabei gedacht haben, auf wen wollten sie schießen? Ich mußte meine Maschinen durch diesen tödlichen Vorhang hindurchführen. Es gibt für mich keinen Ausweg. In diesem Moment denke ich an meinen Sohn

Christopher, der gerade vier Wochen alt ist. Viel Zeit kann ich mit Sicherheit diesen Gedanken nicht widmen.

Um alles noch zu verschlimmern, sehe ich, daß einer meiner jungen Piloten vor lauter Aufregung aus Versehen seine Positionslampen eingeschaltet hat. Er strahlt wie ein Weihnachtsbaum. George ruft ihn über Funksprech an: ›Hopscotch X, um Himmels willen, schalte die Funzeln aus!‹ Keine Bestätigung der Aufforderung. ›Hopscotch X, von Hopscotch A, hören Sie mich?‹ Keine Antwort. Wir sind immer so stolz auf unsere Funkdisziplin und deren Einhaltung, aber in diesem kritischen Moment versagt sie! Mit Blinklicht geben wir ihm mittels Morsezeichen die Aufforderung durch. Der Groschen fällt, als wir uns dem Festland nähern. Er schaltet seine Navigationslichter aus, aber mit Sicherheit hat jede Flakstellung unseren Verband gesichtet.

Vielleicht liege ich falsch mit meiner Ansicht, aber ich glaube, er hat uns einen Gefallen getan. Man stelle sich die gut geschützte Meerenge vor, in der uns ein wahrlich heißer Empfang bevorstand. Wir fliegen in gelockerter Gefechtsformation so tief, wie man es nur wagen durfte, um nicht erkannt zu werden. Und die Flak eröffnet das Feuer nicht auf uns. Und ich glaube, sie müssen angenommen haben, gewöhnt an die modernen Feindflugzeuge, daß dieser kleine Verband von einmotorigen Doppeldeckern, der mit weniger als 180 km/h dahinflog, das Fahrwerk ausgefahren hatte – wir konnten es ja auch nicht einfahren, ob sie das wohl wußten? – dazu noch seine Lichter zeigte, keineswegs als feindlich angesprochen werden konnte. Wer immer diese Jungs von der Flak gewesen sein mögen, vielleicht waren sie noch in Ausbildung und haben ein wenig die Übersicht verloren. Wer war für den Einsatz dieser Batterien verantwortlich, die jetzt schwiegen und versagten, aber Minuten vorher auf nichts drauflos schossen?

Jetzt fliegen wir über den Wellenkämmen in den engen norwegischen Fjord hinein. Beiderseits voraus gehen in Häusern Lichter an, Menschen stehen vor den Türen, als ob sie uns den Weg weisen wollten. Das Land ist tiefverschneit, die hohen Berge rechts und links glitzern im Mondlicht. Dann sehen wir ein Ziel. Ein Handelsschiff, ein Einzelfahrer. Ich überfliege ihn genau, zögere erst, entschließe mich dann aber, die restlichen 20 Kilometer unseres Suchgebiets auf der Suche nach einem größeren Pott abzufliegen. Aber im Fjord ist nichts mehr zu finden. Ich kehre um und steige auf 500 Meter Höhe, ideale Höhe für den Einsatz von Bordraketen.

Ich kann es heute kaum begreifen, aber damals dachte ich überhaupt nicht an die Männer an Bord dieses einsamen Küstenfahrers, den wir drauf und dran waren zu versenken. Im Vergleich zu den schweren nächtlichen Bombenangriffen beider kriegführenden Parteien war das gar nichts. Aber es war ein kriegswichtiges Ziel, nicht eine Stadt, in der die Zivilbevölkerung am meisten leiden mußte. Es wundert mich, daß ich nicht einen Augenblick an die Männer an Bord des Schiffes gedacht habe, das weiß ich heute noch ganz genau. Alles war so völlig unpersönlich. Ich legte den Schalter um, der die Raketen schärfte.

Ich kurvte völlig ruhig in den Stechflug ein, den ich genau mit 20 Grad Neigung gegen das todgeweihte Schiff ansetzte. Ich wollte meine Raketen unterhalb der Wasserlinie einschlagen sehen. Die Flak mag geschossen haben, das merkte ich aber nicht, weil ich mich nur auf mein Ziel konzentrierte. Ich hatte soviel Erfahrung, und die Bedingungen waren so hervorragend, daß ich sicher sein konnte, innerhalb weniger Meter meine Raketen ins Ziel zu bringen. Das gelang auch. Während des Bahnneigungsfluges drückte ich viermal auf den Auslöseknopf am Gashebel, so daß jeweils paarweise im Abstand von je zwei Sekunden die acht Raketen zwischen 300 bis 180 Meter vom Ziel entfernt ausgelöst wurden. Fauchend zogen sie mit einem Feuerstrahl ihre Bahn. Wie geplant schlugen sie mittschiffs, etwa ein bis zwei Meter vor der Bordwand ein.

Steilkurve nach rechts, um nach den anderen zu schauen. Die nächsten beiden Piloten, Roffey und Payne, treffen auch. Meine Treffer hätten wahrscheinlich schon ausgereicht. Jetzt wußte ich, daß der 1500-t-Küstenfahrer keine Überlebenschance mehr hatte. Er ist gestoppt und brennt. Den anderen vier Maschinen befehle ich, den Angriff abzubrechen und Gelegenheitsziele an der Küste zu bekämpfen. Zwei von ihnen, Gough und Supple, nahmen sich die Flakstellungen am Eingang des Fjords vor. Sie müssen erfolgreich gewesen sein, denn von dort wurde nicht mehr auf uns geschossen.

Selbständig fliegen die Maschinen aus meinem Verband zum Träger zurück. Ich drehe noch einmal um und schaue mir das jetzt tief im Wasser liegende Schiff an, von dem Rettungsboote ausgesetzt werden. Dann fliege ich ein letztes Mal meinen Suchstreifen ab. Nach einigen Minuten Tiefflug über Wasser entdecke ich zwei Handelsschiffe, die aus einem Inlandfjord gerade in den Rovde-

Fjord einlaufen. Über Funk rufe ich sofort den zweiten Schwarm, geführt von meinem Einsatzoffizier, Geoffrey Summers, der noch nicht weit von der Küste entfernt war. Jeweils drei Maschinen sollen sich ein Schiff vornehmen. Nach kurzer Zeit tauchen sie auf, und ich weise sie auf die Ziele ein, eines ist ein 1500-t-Schiff, das andere etwas größer, vielleicht 2000 t. Sie laufen mit geringer Fahrt in den Fjord ein, dem Tode geweiht.

Um mich herum nur schweigende Berge. Deutlich sehe ich die Hütten und Häuser am felsigen Festland. Ruhig brummt mein Motor vor sich hin. Welch ein Gegensatz zu dem, was sich gleich da unten abspielen wird! Summers, Paine und Cridland stechen hinunter auf das Schiff. Mindestens sechs Raketen treffen. Zwei meiner jüngsten Piloten schießen mächtig daneben. Das erste Ziel brennt, aber die Mannschaft kann es noch am Ufer auf Grund setzen, bevor es sinkt. Das zweite Schiff sackt schnell ab. Drei Schiffe entdeckt, alle drei erfolgreich bekämpft! Ich kann nicht länger bleiben. Ich bin seit über drei Stunden in der Luft. Mit Bewaffnung beträgt die normale Flugzeit vier Stunden und fünfzehn Minuten, und wir müssen die *Nairana* orten und auf ihr auch noch landen können. Wir gehen auf Westkurs für den 45minütigen Rückflug. Bald verschwindet die norwegische Küste hinter uns am Horizont. Nach dreißig Minuten bekommen wir im Westen die *Nairana* in Sicht.

Vor Mitternacht sind wir beim Schiff. Ich prüfe meine Kraftstoffanzeige und sehe, daß ich fast 180 Liter habe, das reicht für mehr als eine Flugstunde. Wirklich, habe einen verdammt guten Motor. Seit mehr als einer Stunde waren die sechs Maschinen des ersten Verbandes schon gelandet. Jetzt rufen einige Piloten der zweiten Welle, die glauben, sie hätten Flaktreffer oder Motorschwierigkeiten, und bitten um Notlandeerlaubnis. ›Wings‹ beruhige ich, ich hätte noch genügend Restkraftstoff, obwohl ich ja vierzig Minuten vor ihnen gestartet war. Daher werden sie vor mir zur Landung hereingelassen. Als letzter bekomme ich um 0.17 Uhr, nach vier Stunden und achtzehn Minuten Flugzeit, das Signal zum Landen. Ich habe die Positionslichter meiner Maschine ganz schwachleuchtend eingestellt. Auf dem Flugdeck der *Nairana,* die mit 20 Knoten durch die ruhige Nordsee pflügt, sehe ich die Reihe weißer Lichter als Anflughilfe. Der Einweiser signalisiert mit Handleuchten, ich solle anfliegen. Ich halte 120 km/h am Stau. Ich nehme etwas Gas heraus und ziehe ein wenig den Steuerknüppel an, um 10 km/h langsamer zu werden. Der Einweiser ändert sein Signal: Ein bißchen niedriger, aber nicht zuviel! Ein wenig Gas heraus und den Knüppel leicht nach vorne. So ist es gut, das Signal vom Einweiser jetzt, dann eine letzte Korrektur von ihm: Komm runter! Ich nehme das Gas zurück und schwebe in fünf Meter Höhe über das Heck des Trägers an. Der Einweiser kreuzt die Signallampen vor seiner Brust, für mich Befehl, das Gas ganz in Leerlaufstellung zu ziehen. Ganz leicht setze ich mit einer Dreipunktlandung meine Maschine auf und erwische auch gleich das erste Fangkabel. Nach mehr als vier Stunden Flugzeit beginne ich mich zu entspannen. Warte rennen und lösen den Fanghaken aus der Fangvorrichtung, über die ich hinwegrolle, und den Motor stelle ich danach ab. Sechs Mann schieben meine Maschine an ihren Platz. Strong und ich steigen aus, um bei Ball und Kapitän Surtees unsere Gefechtsmeldung zu erstatten. Beide freuen sich sehr über unseren Erfolg.

Wir laufen schon auf Heimatkurs. Ein Gegenangriff wird erwartet. Der Horchdienst hat Meldungen von einem deutschen Kriegsschiff abgehört, denen man entnehmen konnte, daß von wenigstens einem Flugzeugträger die Position bekannt war. Aber nichts geschah. Nach einer lange dauernden Einsatznachbesprechung gehe ich unter Deck in den Hangar, um zu schauen, ob irgendwelche Beschädigungen an meiner Maschine sind. Kein einziger Kratzer. Die am Vortage beschädigte Maschine ist wieder repariert, so daß alle meine Flugzeuge wieder einsatzbereit sind.

Ein paar Stunden Schlaf. Bei Büchsenlicht stellen wir die *Wildcat* an Deck bereit, falls mit einem Bomberangriff zu rechnen ist. Auch zwei ›Stringbag‹ stehen für die U-Boot-Jagd in Bereitschaft. Sie brauchten nicht zum Einsatz starten.

Wieder im Hangar, um nach den Maschinen zu sehen. Spreche mit meinen Männern. Stimmung ist bestens. Tolle Sache gestern nacht, Sir. Haben wir mit links gemacht. Mein erster Wart, der am Motor gerade herumarbeitet, schaut auf mich herunter.

– Sir, wußten Sie, wieviel Sprit Sie bei der Landung noch hatten?

– Ja, Titchmarsh. Habe doch eine Mordskiste. Über 130 Liter nach viereinviertel Flugstunden.

– Na ja, Sir, ich weiß gar nicht, ob ich es Ihnen sagen soll. Ich konnte nicht glauben, wie das möglich sein sollte. Also nahm ich einen Meßstab und prüfte nach. Sir, die Kraftstoffanzeige funktionierte nicht. Sie hatten so wenig Sprit, daß kein Tropfen am Meßstab hängen blieb. Höchstens 15 Liter waren noch drin.

– 15 Liter! Das reichte für fünf oder sechs Minuten Flugzeit.
Nach einem Augenblick des Schweigens, stürmisches Gelächter.
– Gut Titchmarsh, um Himmels willen, dann reparieren Sie gefälligst das Kraftstoffinstument.
– Schon geschehen, Sir.
– Gut, gut, dann sorgen Sie dafür, daß es in Zukunft nicht mehr ausfällt.

Die zwölf Maschinen der *Campania* kehrten ohne Ergebnisse vom Einsatz zurück. Sie sollen einen Angriff geflogen haben, ohne zu wissen, welche Einsatzwirkung erzielt wurde, weil angeblich kein Beleuchterflugzeug dabei war. Komisch, es war doch fast so hell wie am Tage. Was soll's, so haben die es eben gemeldet.

Kurz nach 20 Uhr gingen wir in Scapa Flow vor Anker. Wir waren alle in bester Stimmung.

Durch einen Zufall hatten wir den einen Erfolg, der die Staffel zusammenschweißte. Genau zum richtigen Zeitpunkt, als wir ihn so dringend brauchten.«

Godley wurde für Tapferkeit und hervorragende Führereigenschaften beim Einsatz mit der veralteten *Swordfish,* von 1940 bis 1946, mit dem Distinguished Service Cross ausgezeichnet. Der Autor lernte ihn erst lange nach dem Kriege kennen, als er mit den Vorarbeiten zu diesem Buche begann. Godley erinnerte sich daran, was er ja auch niedergeschrieben hat, daß im Sommer 1945 sein Nervenkostüm durch die dauernden gefährlichen Einsätze recht angeschlagen war. Feindflüge bei jedem Wetter weit hinaus über die drohende See und miterleben zu müssen, wie über all die Jahre hinweg Kameraden Opfer von Unfällen, Motorausfällen oder Feindeinwirkung wurden, haben tiefe Spuren hinterlassen und ihren Tribut gefordert. Den Rest haben ihm die Einsätze im Begleitschutz für Geleitzüge nach Rußland gegeben, die er nach dem erfolgreichen Einsatz vor der norwegischen Küste fliegen mußte.

Begleitschutzfliegen war härtester Dienst, der an den Nerven zerrte und aufrieb. Die Konvois nach Murmansk und zurück, die oft bei schlechtestem Wetter fuhren, wurden dauernd von Ju-88-Bombern beschattet und häufig angegriffen. Wenngleich dies die letzten Kriegswochen für die Luftwaffe waren, konnte das keiner der Piloten wissen, die damals im Winter bei grimmigster Kälte vom Deck der Begleitträger zum Einsatz starteten. Godley hielt durch, biß die Zähne zusammen und flog die gefährlichsten Einsätze selbst. Alle Besatzungen an Bord der Träger waren stärksten Belastungen ausgesetzt. Gefahr drohte von der Luftwaffe und den U-Booten, Schiffe sanken und Flugzeuge stürzten ins Meer, wo es wegen der bitteren Kälte praktisch keine Rettung gab.

Godley erinnert sich an einen Flug hoch droben im Nordmeer, als der Konvoi in eisiger See nach Osten einschwenkte. Es war für ihn der unangenehmste Flug, den er je gemacht hat. Die Temperaturen bewegten sich um die minus 20° Celsius, der Sturm peitschte mit Böen über 100 km/h, und in der offenen Kabine war er dem Wetter gnadenlos ausgesetzt. In pechschwarzer Nacht mußte er nur nach Instrumenten blindfliegen. Die Wolkenuntergrenze lag in weniger als 300 Meter über Seehöhe. Er und sein Beobachter, George Strong, suchten nach einem U-Boot, das sie nie fanden. Beide wußten genau, daß ihre Überlebenschancen gleich null waren, wenn der Motor bei diesem Wetter Schwierigkeiten macht oder ausfällt. Der Konvoiführer würde kein Schiff zur Suche nach ihnen abstellen können. Bei diesen Kältegraden hätten sie in der See nur ein paar Minuten überleben können. Godley führte seinen Einsatz durch und fand die *Nairana* schließlich wieder. In schwerer See gelang es ihm, auf dem rollenden und stampfenden Deck zu landen. Bei der Landung hat er höchstens 20 km/h Fahrt über Deck gehabt, so stark peitschte in jener Nacht der Wind über das Trägerschiff, das in dem Sturm in zwölf Stunden nur 110 Kilometer zurücklegte. Vor Sonnenaufgang mußte Godley noch einmal zum Feindflug starten!

Die Belastungen durch derartige Einsätze begannen sich niederzuschlagen. Gegen Kriegsende wußte Godley, daß seine Nerven zermürbt waren, er demnach nicht mehr fliegen dürfte und dieses seinen Vorgesetzten melden müßte. Aber er wartete und wartete. In den letzten Tagen des Krieges in Europa wurde ihm die 714. Staffel anvertraut, die mit *Barracuda* ausgerüstet war. Ihm grauste vor dem Alleinflug in diesem Typ. Trotz aller Angst hielt er durch und schaffte ohne Schwierigkeiten, sich auf der *Barracuda* freizufliegen. In Europa war am 8. Mai 1945 der Krieg zu Ende, aber noch nicht in Japan. Am 18. Mai meldete sich Godley auf dem Marinestützpunkt in Aberdeen zum Dienstantritt in neuer Funktion. Er bekam zuweilen düstere Vorahnungen, daß er abstürzen würde. Bestärkt wurde er darin noch, als er mitansehen mußte, wie ein alterfahrener *Swordfish*-Pilot beim Landeanflug mit einer der gefürchteten *Barracuda* zu Tode stürzte.

Was die Belastungen der Flugzeugführer noch zusätzlich steigerte, war ein fehlerhaftes Hydrauliksystem in der *Barracuda,* aus dem gelegentlich Äther in die Kabine entwich, wodurch die Piloten betäubt wurden und abstürzten. Nach den ersten tödlichen Unfällen wußte man keinen Grund für die Unfallursache zu finden. Am 28. Juni machte Godley seinen letzten Flug. Vor der Landung trat in der Kabine Äther aus. Kurz vor dem Aufsetzen wurde er ohnmächtig, schaffte aber mit letzter, verzweifelter Anstrengung doch noch, die Maschine auf das Gras zu setzen, dann fiel er in Bewußtlosigkeit. Die *Barracuda* rollte selbständig irgendwo zum Halt. Sanitäter hoben ihn aus der Kabine und schafften es, ihn wiederzubeleben. Als er zu sich kam, wußte er, das war sein letzter Flug. Er weigerte sich jedoch, den wahren Grund – seine Nervenverfassung – zu offenbaren, und er hoffte auf eine Verlegung nach Fernost, sobald er seine 714. Staffel vollends ausgebildet und einsatzbereit melden konnte. Ohne am Flugdienst teilzunehmen, trieb er die Ausbildung voran.

Irgendwie hatten alle Verständnis für ihn. Niemand stellte Fragen. Dann warfen die Amerikaner die erste Atombombe und der Krieg war bald beendet. Erst danach meldete er sich schließlich beim Fliegerarzt und berichtete ihm von seinem Zustand. Natürlich wurde er sofort vom Flugdienst entbunden. Die Einsatzjahre an der Front und ein Absturz im Atlantik während der Begleitschutzaufträge für Geleitzüge hatten ihn über das Zumutbare hinaus belastet und ausgebrannt.

Nie wieder würde Godley die Freude des Fliegens genießen. In den ersten fünf Jahren nach dem Kriege flog er überhaupt nicht, nicht einmal als Flugpassagier. Im übrigen war ihm in den Nachkriegsjahren klar geworden, wie er sagt, daß die ganzen Kriegsanstrengungen gewissermaßen umsonst waren, denn Gewaltanwendung ist sinnlos. Feinde werden zu Alliierten und Alliierte werden zu Feinden.

Nachdem er zwei Jahre lang nach dem Kriege Philosophie, Politik und Wirtschaft studiert hatte, begann Godley die ganze Welt zu bereisen. Das machte er zwanzig Jahre und berichtete darüber von den verschiedensten Plätzen auf dem Globus. Nach und nach überwand er seine Angst vorm Fliegen. Dann kehrte er in seine Heimat Irland zurück, wurde der dritte Baron von Killegar in Cavan und Mitglied des Oberhauses. Er wohnt auf seinem Gut und beschäftigt sich mit Viehzucht und Schreiben. Viele seiner Bücher wurden Erfolge, so auch sein Buch »Bring Back My Stringbag«, das 1980 erschienen ist. Darin schildert er seine fliegerische Laufbahn als *Swordfish*-Pilot, sowohl als Flieger im Atlantik zum Schutz der Geleitzüge als auch als Flieger im letzten Kriegswinter zum Schutz der Konvois nach Murmansk, die immer gefährlich bedroht waren, und auch den Einsatz gegen Schiffe vor der norwegischen Küste, im Januar 1945, von dem wir in diesem Kapitel hier hörten.

Heute, Ende sechzig, ist Lord Kilbracken noch viel mit dem Flugzeug unterwegs. Aus reiner Zweckmäßigkeit hat er schon lange alle Angst vorm Fliegen abgelegt. Er wechselte von der Liberal zur Labor Party, widmet sich der Vogelkunde und Bienenzucht und schreibt immer noch, was er schon 1937 vortrefflich tat, als er in Eton den Schulpreis für englische Lyrik gewann.

Vor dem Kriege studierte er in Oxford am Balliol College und hörte die alten Klassiker. Der Zweite Weltkrieg hat alles verändert. Plato und Vergil schienen weniger wichtig. Keiner von beiden hat schließlich eine ›Stringbag‹ geflogen über eiskalten Nordmeeren, bei Nacht, in peitschenden Stürmen, und alles im offenen Führersitz Jahr für Jahr, und über viele Jahre hinweg.

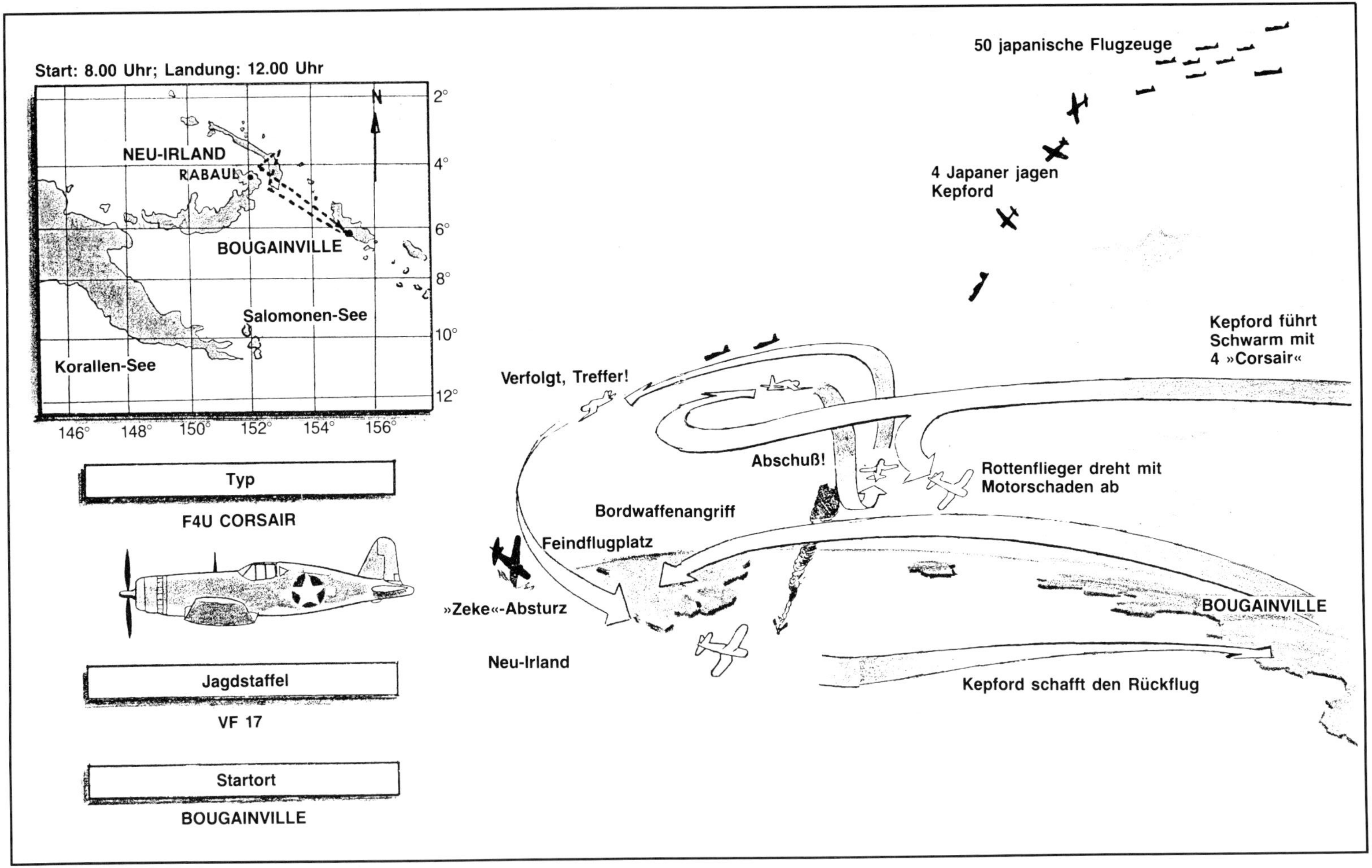

Der Einsatz von Kapitänleutnant Ira C. Kepford, Reserveoffizier US-Navy, vom 19. Februar 1944 (s. Kap. 9)